新视角下的
我国二元经济结构问题

侯冠平　芦江涛　著

北京理工大学出版社
BEIJING INSTITUTE OF TECHNOLOGY PRESS

内容简介

本书共七章，第一章对我国城乡“二元结构”做了初步的探讨；第二章介绍了英国的圈地运动和工业革命；第三章主要说明知识化必须贯穿解决“三农”问题的全过程；第四章是我国二元经济结构问题的实证分析；第五章主要说明怎样用知识化推动城乡“二元结构”一元化，解决“三农”问题；第六章根据海南的实际情况，对海南二元经济结构问题进行了探索；第七章为结论部分，对相关内容进行了简单展望。

图书在版编目（CIP）数据

新视角下的我国二元经济结构问题/侯冠平，卢江涛著．—北京：北京理工大学出版社，2013.6

ISBN 978－7－5640－7984－0

Ⅰ.①新… Ⅱ.①侯…②卢… Ⅲ.①二元经济－研究－中国 Ⅳ.①F121

中国版本图书馆CIP数据核字（2013）第172380号

出版发行／北京理工大学出版社有限责任公司
社 址／北京市海淀区中关村南大街5号
邮 编／100081
电 话／（010）68914775（总编室）
82562903（教材售后服务热线）
68948351（其他图书服务热线）
网 址／http：//www.bitpress.com.cn
经 销／全国各地新华书店
印 刷／保定市中画美凯印刷有限公司
开 本／710毫米×1000毫米 1/16
印 张／11.75
字 数／217千字
版 次／2013年6月第1版 2013年6月第1次印刷
定 价／35.00元

责任编辑／王俊洁
文案编辑／王俊洁
责任校对／周瑞红
责任印制／吴皓云

前　言

二元经济结构问题是我国日益凸显的重要问题。二元经济结构问题在我国主要表现为“三农”问题，即农业、农村和农民问题，其核心是收入差距问题。城市不是一开始就有的，从逻辑上来说，城乡收入差距自从城市产生开始就已经存在。因为城市的产生是有一定条件的，这些条件可以是得天独厚的自然条件，如地理位置优越、人口集中、交通便利等。便利的交通或者说交通枢纽，容易使人们聚集在一起进行商品交易，聚集在这些地方的人往往容易富裕起来；肥沃的土地使得人们产出较多，就会产生交换的需求，居住在这些地方的人中有一部分慢慢脱离农业生产而变成商人。这些条件也可以是政治军事目的地，如军事要塞也常常容易发展成为城市，国家常常会在这些要塞投入大量的资财，也会使得这里的居民容易富裕起来。就我国二元经济结构问题而言，又有其自身的特点。

我国城乡“二元结构”的形成又具有自身的特点：1958 年 1 月，全国人大常委会第 91 次会议通过的户籍制度人为地将我国城乡分离成“互不往来”的两个社会；对农业农民过多地索取，使得农民不堪重负。经营农业效益比较低，影响农民收入和农民的生产积极性。二元经济结构问题能否较好地解决，关系到我国能否达到共同富裕的目的，关系到我国能否长治久安，关系到整个社会福祉的提高和人民生活水平的改善。为此，我们对我国二元经济结构问题做了一系列有益的探索。

本书在构思与写作过程中运用了马克思主义的辩证唯物主义（全面的观点和普遍联系的观点）和历史唯物主义的基本观点和方法，认为只有充分发挥人民群众的主观能动性，充分发挥人民群众的首创精神，才能最大限度地促进我国经济的发展。同时，在构思与写作过程中，本书还运用了生产力与生产关系的关系、劳动价值论、决定生产力的要素地位和决定的转换等基本理论和原理［生产力是由五个要素决定的，即“工人的平均熟练程度、科学的发展水平和它在工艺上应用的程度、生产过程与社会的结合、生产资料的规模和效能、自然条件”（见《资本论》第Ⅰ卷第53页），在不同时期，决定生产力的这五个要素的地位和作用是不相同的，并在一定条件下相互转换］。另外，本书在写作过程中还运用了西方经济学的一些基本理论，如市场经济的基本原理。

此外，本书在写作过程中，主要运用了文献研究法、调查法、观察法、规范分析和实证研究法、定量分析和定性分析法、系统科学方法等，涉及经济学、计量经济学、管理学、旅游学、旅游经济学、社会学、统计学等多门科学。

引言部分主要介绍问题提出的原因、时代背景和主要理论依据，介绍了我国经济“二元结构”的状况以及国内外对该问题的研究状况，并对这些观点做了简单的述评。

正文部分共七章，第一章对我国城乡“二元结构”做了初步的探讨，介绍了城乡“二元结构”在我国的主要表现、形成过程和原因，城乡“二元结构”对我国的影响，消除城乡“二元结构”的意义。第二章介绍了英国的圈地运动和工业革命，认为资本主义国家用“工业化”带动“农业化”的道路不符合我国国情，说明我国必须走符合我国国情的发展道路。第三章主要说明知识化必须贯穿解决“三农”问题的全过程，认为在我国，决定生产力的要素及其地位和作用相互转换的原理，客观上要求要用知识化推进城乡“二元结构”一体化，用知识化推进“二元结构”一元化具有必然性，提出了城乡素质“二元结构”模型，并对模型进行了简单分析，说明素质“二元结构”问题是制约城乡“二元结构”一体化的主要因素。第四章是我国二元经济结构问题的实证分析，主要运用现代计量经济学的理论与方法，分析研究影响城乡收入差距的各因素之间的关系，从中找出规律，并为解决我国“三农”问题提供合理化建议。该章中的每个小节都是相对独立的，所以参考文献也是相对独立地列出。第五章主要说明怎样用知识化推动城乡“二元结构”一元化解决“三农”问题，认为消除城乡人口素质“二元结构”是消除经济“二元结构”、解决“三农”问题的前提和基础；解决“三农”问题必须用知识化带动城镇化、加速知识型小城镇建设，要用知识化推进农业产业化，要推进知识化进程、变人口压力为人口优势，要提高农村干部素质、培养村级优秀骨干，要统筹城乡发展、提高县域经济的科技含量，要深化农村产权制度改革、促进农村多种形式联合企业的发展，解决“三农”问题还必须实现教育创新，并把政府的有效扶持与农民的积极自救相结合。

第六章根据海南的实际情况，对海南二元经济结构问题进行了探索，并提出发展休闲农业，解决海南二元经济结构问题，让三沙海洋体验为海南旅游注入活力，用渐进式稳健开发蓝色海洋体验式旅游的策略，带动海南新一轮旅游业发展等观点。该章中的每个小节也都是相对独立的，所以参考文献也是相对独立地列出。第七章为结论部分，对解决“三农”问题进行了简单展望。

本书著述分工：引言、第一章和第四章由侯冠平著；第五章至第七章由芦江涛著。侯冠平所著字数大约为11.7万字，芦江涛所著字数为10万字。

另外，为了逻辑的严密性，在计量分析的章节里，具有独立完整的内容体系。

当然，由于作者的水平、时间、精力的限制，本书在写作过程中还存在很多不足。因此，还有很多没有涉及的领域。另外，在进行计量分析时，没有考虑各省的情况。这也是我们今后要努力的方向。在此，也欢迎各位读者批评指正，我们将竭尽所能，为我国二元经济结构问题奉献自己的微薄之力。

CONTENTS

目 录

引 言

1 问题提出的原因

目前我国城乡经济“二元结构”问题日益突出并严重。改革开放以来，我国经济取得了长足进展，按 1978 年不变价格计算，2010 年我国国内生产总值与 1978 年相比增长了 26.1 倍，成为仅次于美国的世界第二经济大国。而我国的人口规模已从 1978 年的 9.6 亿增加到 2012 年的 13.7 亿，虽然印度人口有迎头赶上的趋势，但我国一直是“遥遥领先”。与此同时，城乡差距也逐渐扩大，按 1978 年不变价格计算，1978 年城镇居民家庭人均可支配收入与农村居民家庭人均纯收入相差 209.8 元，1980 年达到 264.8 元，1983 年这一指标降为 188.6 元，达到改革开放后至今的最低点，以后这一指标稳步增长，到 2010 年达到 3 246.5 元，是 1978 年的 15.5 倍、1983 年的 17.2 倍。经济增长使得人们福利增加；实行计划生育政策，提高医疗卫生水平和健康水平，使得婴儿死亡率降低、平均寿命增加，从而使得人口增加；城乡收入差别的变化，是由于经济增长在城乡经济发展中并不平衡引起的，一方面，由于改革开放是从农村开始的，农村经济体制改革使得农村经济增长，并一度使得城乡收入差距缩小；随着改革开放的进一步深入，城市经济也开始突飞猛进地发展，农村经济体制改革给农民带来的利益在城市经济也进行改革的时候就失去了比较优势，城乡收入差距逐渐扩大。另一方面，由于城乡实行的人口计划生育政策不同，使得城乡人口增长率存在一定差距，这种人口增长率的差距加大了城乡收入差距。如此，在这些错综复杂的关系中，如何正确处理好经济增长、教育发展、人口增长、城镇化等和城乡收入差距的关系，成为摆在政府与经济研究者面前的重大课题。

为了解决我国二元经济结构问题，缩小城乡收入差距，我国学者做出了很多有益的探索，政府部门也为此付出了巨大的努力，但就我国社会主义经济建设的理论与实践而言，在解决城乡经济“二元结构”问题上，我们所走的道路实质上几乎仍然是数百年前资本主义国家所走过的用“工业化”带动“农业化”的道路，是一种以大中城市为依托的城市化道路。

可是，当今世界早已跨进了知识经济时代，科技进步和劳动者素质的提高日益成为经济增长和社会生产力发展的决定性因素（在对国民经济增长的贡献中，科学技术的进步要占60% ~80%，劳动者素质的提高则要占10% ~30%，资本投入的增长仅占10%）。如果我们仍然走别人走过的路——紧抱着用“工业化”带动“农业化”解决我国城乡经济“二元结构”问题的思路，就难以给我国经济注入应有的生机与活力。

解决我国城乡经济“二元结构”问题应该适应知识经济发展态势的要求，绝不能照抄照搬几百年前别人用过的方法，必须用能够适应知识经济发展态势要求的新思维、新道路解决城乡经济“二元结构”问题，要用知识化推进城乡“二元结构”一元化。

知识化就是为适应知识经济时代的要求和世界经济一体化的需要，结合我国的实际情况，大力提高我国城乡居民（尤其是农村居民）的知识文化水平和整个中华民族的综合素质，大力提高各产业产品的科技含量、提高劳动生产力，进而提高我国人民的物质生活水平和精神文化生活水平的一个过程。知识化是一个动态的过程：一方面，知识化是一个全民族整体素质尤其是全民族的知识文化技术水平不断提高的过程；另一方面，知识化的内容随着科学技术的进步被赋予崭新的内容。

什么是“二元结构”？在各种资料中，我还没有看到一个准确、完整的关于“二元结构”概念的定义。在这里，我想把“二元结构”理解为发展中国家存在的这样一种不协调：由于城市经济社会的发展速度远远高于农村经济社会的发展速度，从而引起城乡之间在经济、文化、生活等方面存在较大差别，并进一步引起一种城乡之间在经济、政治、文化等方面相互隔绝甚至产生断层的状况，这种状况直接影响着城乡经济乃至整个社会的发展。

从概念的起源来说，“二元结构”这一概念是荷兰经济学家J·H·伯克(J. H. Boeke)最早提出来的。他认为，“社会二元性是一种引入的社会制度与另一种土著的社会制度的冲突”，前者“在新环境里获得了存在的权利，却未能取代或同化那里早已形成并与之对立的社会制度”。他对“二元结构”进行了描述。

阿瑟·刘易斯把“二元结构”与一国经济发展模式联系起来。他首先创立了二元经济结构模型，把发展中国家的经济结构概括为两大部门：一个是以现代方法进行生产的劳动生产率和工资水平相对较高的资本主义部门，一个是以传统方法进行生产的劳动生产率很低的非资本主义部门，以自给农业部门为代表。资本主义部门劳动的边际生产力较高，而自给农业部门中，劳动的边际生产力很低，甚至为零或负数，在该部门中，工资不是由农民的边际生产力决定，而是取决于劳动者平均分享农业的产量。自给农业部门的收入又决定了资本主义部门工资的下限。由于人多地少，劳动力相对于资本和土地过于丰富，以至于把一部分劳动力从农业中转移出来，农业产量也不会下降。也就是说，对资本主义部门按照现行工资所提供的就业机会来说，劳动力供给是无限的。因此，刘易斯模型的实质就是在劳动力无限供给条件下，资本主义部门的扩大和自给农业部门的缩小。也就是说，伴随劳动力的转移，二元经济结构将会消除。

“二元结构”问题主要表现在农业、农村、农民问题即“三农”问题上。在我国，“二元结构”问题日益突出，已成为制约经济和社会发展的障碍，是经济和社会发展的瓶颈。中国统计年鉴显示：2002年年底，城镇居民家庭平均每百户年底电冰箱、彩电数和家用电脑数分别为87.38、126.38、20.63，而农村居民家庭相应的电冰箱、彩电指标分别为14.83、60.45，相应的电脑指标为0；占全国总人口约三分之二的农村人口大约只消费了全国消费品的三分之一。在2011年，城镇居民家庭平均每百户年底耐用消费品拥有量中的洗衣机、电冰箱、空调、热水器、照相机、摄像机、计算机的台数分别为97.05、97.23、122、89.14、44.48、9.42、81.88，而农村居民家庭平均每百户年底耐用消费品拥有量中的洗衣机、电冰箱、空调、照相机、计算机台数分别为62.57、61.54、22.58、4.55、17.96，而热水器、摄像机指标为0。另外，城乡居民每百户年底的摩托车拥有量分别为21.13、60.85，表面看来农村比城市更加富有，其实不然，因为城市居民已经不再是买摩托车，而是买小轿车，城镇居民家庭平均每百户家用汽车拥有量由2002年年底的0.9辆，增加到2011年年底的18.6辆。而每百户农村居民家庭拥有汽车数量几乎为0。中国统计年鉴统计的数字是否准确暂且不提，单从耐用品的质量来说，城乡之间差别很大：城市居民的耐用品常常是叫得响的“牌子货”，质量好、价格高、有好的售后服务；而农村居民购买的有相当一部分是“杂牌货”，或是就要淘汰的产品，质量没有保证，价格低廉，有一部分甚至是城市居民弃之不用的“破烂货”。这些指标反映了人们物质文化生活条件的一个重要方面，而这些指标的差异也就反映了城乡居民物质文化生活条件的差异。

从《2003年中国统计年鉴》来看，农村居民人均纯收入和城镇居民人均可支配收入差距，从1978年到80年代中期这个差距逐渐缩小，到1985年农村居民人均纯收入已达到城镇居民人均可支配收入的53.80%。然后差距开始拉大，1994年农村居民人均纯收入只有城镇居民人均可支配收入的34.92%。之后，这种差距有所缩小，1997年该指标达到40.50%。可是，之后的每年，这个差距稳步扩大，到2002年，农村居民人均纯收入只有城镇居民人均可支配收入的32.14%，或者说三个农村居民人均纯收入还不如一个城镇居民人均可支配收入。这是官方统计的数字，实际上的差距比这个数字还大，而且可能大得多。2002年11月1日《中国青年报》的文章“城乡居民收入差距过大值得警惕”中说：“中国国家统计局副局长邱晓华日前指出，中国城乡居民收入差距大大高于账面上的3∶1，这个差距应该为5∶1，甚至达到6∶1。”邱晓华解释说，去年农民人均收入中实物性收入占到40%，用于购买商品、服务的货币只有1 800多元，平均每月150元左右。在这150元中，还有20%用于第二年扩大再生产的开支，如买种子、农药、化肥、柴油等。去年每个农民每月真正能用做商品性消费的货币收入只有120元，而城市居民的货币收入平均每月接近600元，城乡差距为5∶1左右；而城市居民收入中还有一部分并没有纳入统计范围，如各种各样的隐性福利、住房、教育、卫生，甚至是用电都比农民有更多的优惠。若将城市居民的一些隐性福利、优惠折算成收入，中国城乡居民收入差距可能达到6∶1。

从《2012年中国统计年鉴》来看，农村居民人均纯收入和城镇居民人均可支配收入差距不断扩大，到2009年城镇居民人均可支配收入是农村居民人均纯收入的2.33倍，以后虽有减少，但相差还是在2.1倍以上。

城乡差别过大也会直接影响农村消费，进而影响工业生产和工业化的进程，成为经济发展的瓶颈，从而制约经济的发展，影响我国的社会主义建设。

城乡差别过大不仅是个经济问题，也是一个影响社会安定的政治问题。过大的城乡差别不符合社会主义国家的国情，与共同富裕的社会主义生产目的也相抵触，与我国在新世纪新阶段全面建设小康社会的奋斗目标也不相符合。而且城乡差距过大城乡差距扩大的趋势会使得社会稳定的潜在威胁更加复杂，影响社会安定。

2 问题提出的主要理论依据

生产力是由五个要素决定的，即“工人的平均熟练程度、科学的发展水平和它在工艺上应用的程度、生产过程与社会的结合、生产资料的规模和效能、自然条件”[①]。在不同时期，决定生产力的这五个要素的地位和作用是不相同的，并在一定条件下相互转换[②]。这要求不同的生产关系与之相适应。

当今世界已经跨进了知识经济时代，科学技术的进步、劳动者素质的提高已日益成为经济增长和社会生产力发展的决定性因素，可是，在农村，知识的作用无论在理论界还是在实践中都没有得到应有的重视，特别是城乡人口素质“二元结构”问题没有被充分认识。

3 对中外“二元结构”理论一些观点的述评

1）“二元结构”理论述评

最早将“二元结构”概念运用于分析人类社会经济现象的是荷兰经济学家和社会学家J·H·伯克（J. H. Boeke），他在1953年出版的名为《二元社会的经济学和经济政策》一书中，对荷兰政府于1860年企图在其属地——东印度（即印度尼西亚）推行经济自由政策而遭到失败的反思中发现：在一个社会文化和经济制度方面存在巨大差别的两种经济形态所组成的社会中，推行单一的经济政策是注定会失败的。在伯克看来，当时的印尼社会是一个典型的“二元结构”社会，这种“二元结构”表现为：一方面是资本主义社会以前的传统社会；另一方面是资本主义现代部门，两者之间在社会文化方面存在明显差异。导致在两个不同性质的部门中存在两种迥然不同的行为模式。因此，以描述现代部门经济行为的新古典经济理论及其政策来解释传统部门的资源配置和收入分配，当然是不会奏效的。其原因除了社会文化方面的差异所导致的个人效用函数、行为准则以

① 见马克思《资本论》第一卷第53页，人民出版社，1994年7月北京第7次印刷。
② 这一理论是湘潭大学博士生导师刘桂斌教授对马克思决定生产力五因素理论的继承与发展。

及工作态度方面的差异外，还由于在非资本主义部门中，资源或生产要素是不能流动的。伯克上述分析的政策含义是：对一个非同质的经济社会，采取单一的经济政策是不能奏效的，或者说某一经济政策对于一个经济部门是有效的，对另一个经济部门则可能是无效的。

自从J·H·伯克提出"二元结构"概念后，中外学者开始了对"二元结构"问题的探讨，其理论主要有：社会"二元结构"论、技术"二元结构"论、经济"二元结构"论（除了刘易斯的"经济'二元结构'理论"外，还包括"金融'二元结构'论"和"地理二元经济结构论"）、组织或制度"二元结构"论。其中，在"二元结构"理论中影响最大的莫过于刘易斯的"经济'二元结构'理论"或者"二元经济结构理论"。

1954年，刘易斯在《曼彻斯特学报》上发表了一篇著名论文《无限劳动供给下的经济发展》。刘易斯在经济学方面的成就，主要是关于不发达国家经济发展的理论。他长期研究发展中国家的经济和政治问题，先后写出过许多有影响的著作和论文，如《经济计划原理》《公摊成本》《经济增长理论》《关于经济发展的几个问题》。其中《经济增长理论》一书，被公认为是他的代表作。1979年，刘易斯与另一位美国经济学家舒尔茨因为"他们在经济发展研究中的先驱工作，特别是他们重视发展中国家的问题"而被授予诺贝尔经济学奖。刘易斯成为第一位获得诺贝尔经济学奖的黑人经济学家。

在这篇论文中，刘易斯首次提出了发展中国家经济"二元结构"的理论模型。在这一模型中，传统农业部门的边际生产率为零或负数，劳动者在最低工资水平上提供劳动，因而存在无限劳动供给。该模型由一个弱小的现代部门和一个强大的传统部门组成，即资本主义部门和维持生计部门。维持生计部门主要是传统农业；资本主义部门是指经济中使用再生产性资本，并用这种使用向资本家支付报酬的那些部门。工业部门工资比农业部门工资稍高点，并假定这一工资水平不变。由于两部门工资有差异，诱使农业剩余劳动力日益向城市工业部门转移。经济发展的关键是资本家利润即剩余的使用，当资本家进行投资，现代工业部门的资本量就增加了，从农业部门吸收的剩余劳动力就更多了。当剩余劳动力消失时，劳动的边际生产率也提高了，当农村劳动的边际生产率与工业劳动的边际生产率达到一致时，经济中的"二元结构"也就消失了。

刘易斯模型包含了以下两种含义：认为现代城市部门的资本积累能带来固定比例的劳动力就业的增长，意味着不存在劳动力节约型的技术进步，资本积累越快，创造的就业机会增长也越大；认为农业只是工业化中的一个消极部门，忽视了农业发展的重要性，忽视了农业发展与工业发展之间的关联。这两点大大地削弱了该模型的现实意义，并且也是后人对其批判的主要依据。

拉尼斯、费景汉对刘易斯模型进行了改进，他们认为，因农业生产率提高而出现农业剩余是农业劳动力流入工业部门的先决条件。因此，他们把劳动力向工业部门的流动过程划分为三个阶段：第一阶段，类似于刘易斯模型；第二阶段，工业部门吸收那些边际劳动生产率低于农业部门平均产量的劳动力；第三阶段，经济完成了对二元经济的改造，农业完成了从传统农业向现代农业的转变。

从上面的分析可以看出，他们的“二元经济结构”理论是一种从农业向工业转化、用工业化带动农业化发展道路。

可是，在这些二元经济结构理论中，无论是谁的“二元结构”理论，都忽视了物质财富和精神财富的创造者在社会生产力发展中的决定性作用，忽视了这些生产活动和社会活动的主体的自身因素对整个社会的影响，忽视了影响城乡交流、制约生产力发展的重要因素，即城乡居民之间的素质差异对发展中国家的政治、经济、文化及生产活动的重大影响。

在我国，有许多的经济学家和其他经济工作者对二元经济结构问题有自己独到的见解，也提出了许多非常宝贵的意见，但大多数只是“实用”而已，顶多只能缓解燃眉之急，不能够彻底解决“三农”问题。在这一群体中，林毅夫在“二元结构”理论方面的影响较大。在他看来，解决“三农”问题就是要“跳出农业看农业”，要用大中城市带动广大的农村。他认为，要想把农民转移出来，转移出来的产业就要有竞争力，能够更多地吸收就业。如果产业没有比较优势，它就缺乏竞争力，就很难发展。同时，它还必须有一个群聚效应。比如纺织业、电子加工业，都是劳动密集型产业。但是，一个厂不会是大而全的，一般只是生产产业当中的一个工序或者是零部件产品。这就需要有很多配套的厂与之相配合。这些配套厂也必须符合比较优势，才能够把这一产业变成有竞争力的产业。如果是在小城市，这种产业群就很难形成，也就不会有足够大的产业成功。这样的产业，即使是劳动密集型的，也不会真正有竞争力。这种观点虽然有一定的借鉴作用，但它远远不能完全解决作为我国“二元结构”现状的主要表现——“三农”问题。这种方法用于解决我国“三农”问题的实践不仅收效甚微，而且是一个漫长而痛苦的过程，顶多只能缓解燃眉之急。要解决我国“三农”问题，既要“跳出农业看农业”，更重要的是要立足于我国的实际情况，化人口压力为人口优势。这就要求我们必须提高整个中华民族的素质。可是，在我国，农村人口的素质较低，无法适应知识经济发展的需要，这一问题不解决，就无法实现化人口压力为人口优势的转变。

2）我国二元经济结构与“三农”问题的认识与实践

二元经济结构现状的主要表现就是“三农”问题，城乡“二元结构”一元化就是要消除城乡差别，主要就是解决“三农”问题。解决“三农”问题的重点难点就在于提高农村居民收入、缩小城乡收入差距。但是，就我国学者对“三农”问题的认识而言，经历了一个过程，存在一定的差别。主要有以下几个方面：

（1）在对“三农”问题根源的认识上

① 归因于户口制度，并认为取消户口制度就可以消除城乡差别。户口制度毫无疑问是农村人口流往城市的一道屏障，而且扩大了城乡差别，使“三农”问题更加突出。但是为什么在户口制度逐步取消后的今天，“三农”问题不但没有解决，反而还在加深呢？因此，户口制度只不过是一个人为的障碍而已，而不是“三农”问题的根本原因。

② 归因于农民负担。农民负担重是相对而言的，农村居民每年所缴纳的税费与人均纯收入之比远远大于城镇居民的相应指标。但是，就农民负担的绝对数而言，农民每年人均所交纳的税费大大低于城市居民。农民负担重只不过是相对于其收入水平和城市居民的相应指标而言的。因此，问题的关键不在于农民所交纳的税费，而在于农民收入太低。但造成农民收入低的原因又是什么呢？

③ 归因于人才外流，即农村人才流向城市。农村人才流向城市确实使城乡经济“二元结构”加重了。但，是什么原因使农村留不住人才？怎样才能使农村能留住人才？而且，毛泽东时代的知识青年“上山下乡”为什么不能解决“三农”问题？人才外流虽是一个非常重要的方面，但却不是根本原因。

城乡差别自从城市产生之日起就已经存在。城市不是一开始就有的，其产生往往由于两种原因：一是自然产生，一些农村由于地理位置优越、人口集中、交通便利等有利因素，使其经济发展速度与其他农村相比较快，从而慢慢发展为城市；二是人为产生，统治阶级为了其政治原因（如建都设郡）或军事原因等而使某些地方的经济发展比其他地方迅速。

（2）在对“三农”问题的归宿上

“三农”问题的归宿，即“三农”问题到底归结于解决什么问题，几乎所有学者都认为应归结为怎样提高农民收入的问题：认为农民收入提高了，“三农”

问题就解决了。提高农民收入当然是解决“三农”问题的一个非常重要而且是非常根本的问题，这也是“三农”问题的难点和重点，但农民收入不可能凭空提高。怎样才能提高农民收入呢？提高农民收入就是最终目的吗？当然不是！提高农民收入固然重要，但提高农民的生活质量更加重要。众所周知：高收入未必有高的生活质量。生活质量的高低不仅仅是物质的，也是精神方面的；既与农民生活条件的外部因素密切相关，又与农民自身的精神状态紧密相连。由于篇幅和精力的限制，在此不作探讨。

此外，在我们的经济工作者大声疾呼提高农民收入的同时，有一个异常重要的方面被忽略了：几乎没有人提到农民素质问题，没有把农民收入与农民素质联系起来。而这一点却对于提高农民收入显得异常重要：低素质怎么可能导致高收入呢？

（3）在“三农”问题的解决方法上

在“三农”问题的解决方法上，我国经济学家提出发展经济、解决“三农”问题，要以大中城市为依托，充分发挥大中城市的辐射作用的观点。这种观点认为，大中城市发展了，就会带动中小城市的发展，从而带动农村的发展，就会吸引更多的农村居民到大中城市生活。

林毅夫认为，解决增加农业收入的关键在于：① 把农村的劳动力转移出来，则人均耕种土地增加、农村劳动力会减少，劳动力价格上升；② 转移出来的人，从农业生产者变为农产品需求者，解决收入弹性低的特性。（《入世对农业的影响要具体分析》，《中国经济时报》2002－06－11）

我国其他学者提出了取消户籍制度、减轻农民负担的建议，以及用城镇化、农业产业化提高农业科技含量等合理化建议。毫无疑问，这些建议都是非常好的，都能为解决我国“三农”问题起到一定的作用。但是，这些建议只是从外部来考虑农民问题，而没有从提高农民素质和充分发挥农民的首创精神的角度来思考“三农”问题。因此，这些方法顶多只能治标，无法治本。其理论的实质仍然还是刘易斯的经济“二元结构”理论，其道路选择，究其实质而言，仍然是数百年前资本主义国家所走过的用“工业化”带动“农业化”的道路。

这些方法的重大缺陷在于从外部来解决“二元结构”问题，完全忽视了农民的首创精神，抹杀了农民的主观能动性。

如前所述，就我国现行的社会主义经济建设的实践而言，在解决城乡经济“二元结构”问题上，走的道路实质上仍然是数百年前资本主义国家所走过的用

"工业化"带动"农业化"的道路，以缩小乃至消除城乡经济上的差别。《中共中央关于完善社会主义市场经济体制若干问题的决定》（2003 年 10 月 14 日中国共产党第十六届中央委员会第三次全体会议通过）指出："农户在承包期内可依法、自愿、有偿流转土地承包经营权"，也就是说，允许农民失去土地。但是这些失去土地的农民都能够被"工业化"所吸收吗？允许土地转让利弊并存：在有利于城市化、工业化进程的同时，如果没有安置好失去土地的农民，如果失去土地的农民没有维持生存的能力，就有可能成为社会不稳定的因素。同时，这也为有关部门强迫征收农民土地提供了借口和可乘之机。

因此，农民收入水平低、生活质量差，这不是"三农"问题的原因，这仅仅是"三农"问题外在表现的一个方面。"三农"问题的根本原因在于农业生产力水平低下，农民素质偏低。

4 研究思路和方法

本书在构思与写作过程中运用了马克思主义的辩证唯物主义（全面的观点和普遍联系的观点）和历史唯物主义的基本观点和方法，认为只有充分发挥人民群众的主观能动性，充分发挥人民群众的首创精神，才能最大限度地促进我国经济的发展。同时，在构思与写作过程中，本书还运用了生产力与生产关系的关系、劳动价值论、决定生产力的要素地位和决定的转换等基本理论和原理〔生产力是由五个要素决定的，即"工人的平均熟练程度、科学的发展水平和它在工艺上应用的程度、生产过程与社会的结合、生产资料的规模和效能、自然条件"（见《资本论》第Ⅰ卷第 53 页），在不同时期，决定生产力的这五个要素的地位和作用是不相同的，并在一定条件下相互转换〕。本书在写作过程中还运用了西方经济学的一些基本理论，如市场经济的基本原理。

此外，本书在写作过程中，运用了文献研究法、调查法、观察法、规范分析和实证研究法、定量分析和定性分析法、系统科学方法等，涉及经济学、计量经济学、管理学、旅游学、旅游经济学、社会学、统计学等多门科学。

5 本书的结构

引言部分主要介绍问题提出的原因、时代背景和主要理论依据，介绍了我国经济“二元结构”的状况以及国内外对该问题的研究状况，并对这些观点做了简单述评。

正文部分共七章，第一章对我国城乡“二元结构”做了初步的探讨，介绍了城乡“二元结构”在我国的主要表现、形成过程和原因，城乡“二元结构”对我国的影响，消除城乡“二元结构”的意义。第二章介绍了英国的圈地运动和工业革命，认为资本主义国家用“工业化”带动“农业化”的道路不符合我国国情，说明我国必须走符合我国国情的发展道路。第三章主要说明知识化必须贯穿解决“三农”问题的全过程，认为在我国，决定生产力的要素及其地位和作用相互转换的原理，客观上要求要用知识化推进城乡“二元结构”一体化，用知识化推进“二元结构”一元化具有必然性，提出了城乡素质“二元结构”模型，并对模型进行了简单分析，说明素质“二元结构”问题是制约城乡“二元结构”一体化的主要因素。第四章是我国二元经济结构问题的实证分析，主要运用现代计量经济学的理论与方法，分析研究影响城乡收入差距的各因素之间的关系，从中找出规律，并为解决我国“三农”问题提供合理化建议。该章中的每个小节都是相对独立的，所以参考文献也是相对独立地列出。第五章主要说明怎样用知识化推动城乡“二元结构”一元化解决“三农”问题，认为消除城乡人口素质“二元结构”是消除经济“二元结构”、解决“三农”问题的前提和基础；解决“三农”问题必须用知识化带动城镇化、加速知识型小城镇建设，要用知识化推进农业产业化，要推进知识化进程、变人口压力为人口优势，要提高农村干部素质、培养村级优秀骨干，要统筹城乡发展、提高县域经济的科技含量，要深化农村产权制度改革、促进农村多种形式联合企业的发展，解决“三农”问题还必须实现教育创新，并把政府的有效扶持与农民的积极自救相结合。第六章根据海南的实际情况，对海南二元经济结构问题进行了探索，并提出发展休闲农业，解决海南二元经济结构问题，让三沙海洋体验为海南旅游注入活力，用渐进式稳健开发蓝色海洋体验式旅游的策略，带动海南新一轮旅游业发展等观点。该章中的每个小节也都是相对独立的，所以参考文献也是相对独立地列出。第七章为结论部分，对解决“三农”问题进行了简单展望。

另外，为了逻辑的严密性，在计量分析的章节里，具有独立完整的内容体系。

6 本书的不足之处

“二元结构”问题不是一个独立的问题，而是一个牵涉到城乡结构、中央与地方、东中西地域等关系的结构性、整体性、全局性的复杂问题，因此，采取“头疼医头，脚疼医脚”的办法必将收效甚微，必须把“二元结构”问题放在战略的层面上来解决，要统筹城乡发展，要把“二元结构”问题放在全国范围内甚至全世界范围内解决（我这里所说的“要把‘二元结构’问题放在全国范围内甚至全世界范围内解决”，意思是我国在制定经济政策时不仅要考虑到我国的实际情况，而且要充分利用世界经济一体化的契机来发展我国经济）。我国近十几年解决“三农”问题的努力和实践也说明，不存在一个在短期内就能全面解决我国“三农”问题的一揽子方案。

由于作者的水平、时间、精力的限制，无法从每一个方面来简单阐述“二元结构”一元化的问题。因此，还有很多没有涉及的领域。另外，在进行计量分析时，没有考察各省的情况。这也是我今后要努力的方向。在此，也欢迎各位读者批评指正，我将竭尽所能，为我国二元经济结构问题奉献自己的微薄之力。

参考文献

[1] 马克思．资本论［M］．北京：人民出版社，1994.

[2] 江泽民．在中国共产党第十六次全国代表大会上的报告：“全面建设小康社会开创中国特色社会主义事业新局面”［R］．2002.

[3] 刘桂斌．全国泛股份制理论与实践研讨会论文：“论公有制为主导的两种联合产权制度”［D］．2001.

[4] ［美］R·科斯，A·阿尔钦，D·诺斯，等．财产权利与制度变迁——产权学派与新制度学派论文集［M］．上海：上海人民出版社，2003.

[5] 中共中央关于完善社会主义市场经济体制若干问题的决定［R］．2003年10月14日中国共产党第十六届中央委员会第三次全体会议通过，2003.

[6] 温家宝. 在省部级主要领导干部“树立和落实科学发展观”专题研究班结业式上的讲话——提高认识　统一思想　牢固树立和认真落实科学发展观 [R]. 2004.
[7] 徐寒晶. 统筹城乡发展与农村劳动力的转移 [J]. 北京：农村经济，2005.
[8] 林毅夫. 中国的就业突破口　到大中城市去 [J]. 北京：21 世纪经济报道，2008.

第一章 我国城乡“二元结构”初探

“二元结构”问题包含的内容非常广泛，由于时间和精力的限制，本书仅将“二元结构”问题局限于二元经济结构问题。在本书提到的二元经济结构概念中，一般指的都是二元经济结构。由于二元经济结构问题仍然非常复杂，包含的内容非常广泛，所以，本书还将我国二元经济结构问题具体化为“三农”问题。在“三农”问题中，最为重要的是农民收入问题。农民收入问题是比较而言的，是与城镇居民收入水平比较而言，所以，“三农”问题的核心在于缩小城乡收入差距。因此，在本书的计量分析中，主要以城乡收入差距来衡量二元经济结构问题。

此外，在所有的经济问题中，二元经济结构问题是重大的经济问题之一，是属于发展经济学中的重大课题。因此，对二元经济结构问题的来龙去脉作一般性的了解是必要的。

1 城乡“二元结构”的主要表现

我国城乡二元经济结构问题的特点主要表现在以下几个方面：

1）农业技术水平低下

二元经济结构问题主要表现为“三农”问题，“三农”问题首先表现在农业方面，在农业方面又表现为农业不发达，技术水平低下，比较效益过低，产业化、市场化程度不高。目前，农村在生产方式上依然是家庭分散经营，在很多地方，绝大部分生产工具还是封建社会甚至是奴隶社会时期传袭下来的手工工具

(如镰刀、锄头、犁耙、水车等)，很多人还是几户人共用一头牛，干的都是苦力活，经济增长方式基本上也是粗放型的，而且在很大程度上都是靠天吃饭。我的家乡情况就是这样的，我们村有两三百户人家，没有任何现代化农业生产工具的家庭至少占95%以上，柴油抽水机几乎是唯一被现代化大生产“文明”了的证据。当然我不否认还有机动车辆，如手扶拖拉机等，但那些东西，与其说是农用车，倒不如说是当地“有钱人”赶集时交通用的奢侈品。我还曾下乡在一个拥有两万多人口的乡工作了两年，那里的情况更加落后。

2）城乡居民收入差距逐渐扩大

二元经济结构问题的核心表现就是农民收入问题，即城乡收入差距问题。农民收入增长缓慢，城市居民收入水平快于农村居民收入水平，导致城乡居民收入差距逐渐扩大。从1978年到80年代中期，农村居民人均纯收入和城镇居民人均可支配收入差距逐渐缩小，到1985年，农村居民人均纯收入已达到城镇居民人均可支配收入的53.80%。然后差距开始拉大，1994年，农村居民人均纯收入只有城镇居民人均可支配收入的34.92%。之后，这种差距有所缩小，1997年该指标达到40.50%。可是，之后的每年，这个差距逐步扩大，到2002年，农村居民人均纯收入只有城镇居民人均可支配收入的32.14%，或者说三个农村居民人均纯收入还不如一个城镇居民人均可支配收入。这是官方统计的数字，实际上的差距比这个数字还大，而且可能大得多。2002年11月1日《中国青年报》的一篇文章《城乡居民收入差距过大值得警惕》中说：“中国国家统计局副局长邱晓华日前指出，中国城乡居民收入差距大大高于账面上的3∶1，这个差距应该为5∶1，甚至达到6∶1。”邱晓华解释说，2001年农民人均收入中实物性收入占到40%，用于购买商品、服务的货币只有1 800多元，平均每月150元左右。在这150元中，还有20%用于第二年扩大再生产的开支，如买种子、农药、化肥、柴油等。2001年每个农民每月真正能用做商品性消费的货币收入只有120元，而城市居民的货币收入平均每月接近600元，城乡差距为5∶1左右；而城市居民收入中还有一部分并没有纳入统计范围，如各种各样的隐性福利、住房、教育、卫生，甚至用电都比农民有更多的优惠。若将城市居民的一些隐性福利、优惠折算成收入，中国城乡居民收入差距可能达到6∶1。2002年的情况是这样，其他各年度的情况又是怎样的呢？其结论不得而知。

从《2012年中国统计年鉴》来看，农村居民人均纯收入和城镇居民人均可支配收入差距不断扩大，到2009年城镇居民人均可支配收入是农村居民人均纯收入的 2. 33 倍，以后虽有减少，但相差还是在 2. 1 倍以上。

城乡差别过大也会直接影响农村消费，进而影响工业生产和工业化的进程，成为经济发展的瓶颈，从而制约经济的发展，影响我国的社会主义建设。

1978—2011 年城乡居民收入差距趋势如图 1－1 和图 1－2 所示。

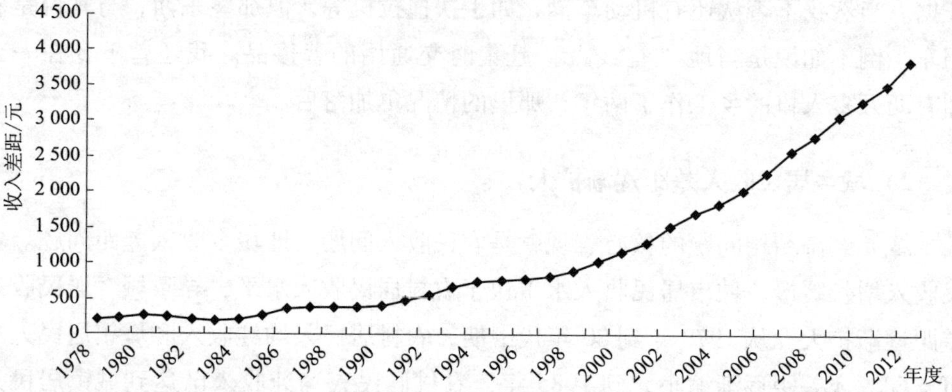

图 1－1　1978—2011 年城乡居民收入差距的绝对数

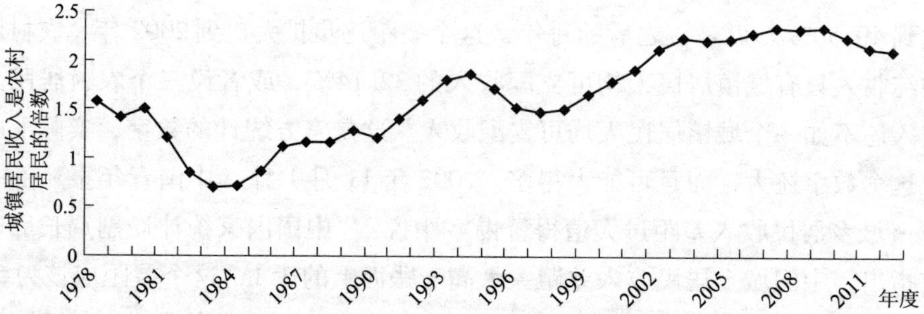

图 1－2　1978—2011 年城乡居民收入差距的相对数

图 1－1 是按照 1978 年不变价格进行平减后的城乡收入差距，是城乡收入差距的绝对数；图 1－2 是城乡收入差距的相对数，即城镇居民人均可支配收入是农村居民人均纯收入的倍数。

城乡差别过大不仅是个经济问题，也是一个影响社会安定的政治问题。过大的城乡差别不符合社会主义国家的国情，与共同富裕的社会主义生产目的也相抵触，与我国在新世纪、新阶段全面建设小康社会的奋斗目标也不相符合。而且城乡收入差距过大、城乡差距扩大的趋势会使社会稳定的潜在威胁更加复杂，影响社会安定。

3）农民享受教育程度低

据2000年的调查，农村人口中初中及以上文化程度仅占总人口的39.1%，低于城市人口近30个百分点。小学程度占到42.8%，高于城市约20个百分点，15岁以上文盲率高达8.3%，高于城市约5个百分点。每百名农业劳动者的文化程度，是初中及以上的为59.8%，小学程度为32.2%，文盲为8.1%。农村人口15岁以上的文盲率实际上要高于这个数字。我生活在农村，就我所知，我的父母早都已经被“扫盲”了，可到现在，我母亲连阿拉伯数字都不认识，电话都不会打。农村扫盲存在很大的水分，据了解：扫盲对象大多数是当地的高中生和初中生。有些地方政府领导为了政绩，欺上瞒下，让当地的高中生和初中生来冒充扫盲对象，以应付有关部门的检查。

4）农民社会保障的程度低

我国农村社会保障制度的建立可以追溯到20世纪50年代，该时期的农村社会保障以集体经济为依托，主要包括五保供养制度和合作医疗制度。改革开放后，农村普遍实行了家庭联产承包责任制，集体经济瓦解，原有的农村社会保障已不复存在。20世纪90年代，我国开始恢复重建农村合作医疗制度，完善农村五保供养制度并探索建立农村社会养老保险制度。从2003年起，各地开始设立新型农村合作医疗制度的试点，之后逐渐在全国推开。这一时期，五保供养制度的发展已经得以完善。2007年，我国建立起农村最低生活保障制度，而1992年开始试点的农村社会养老保险制度的探索却陷入困境。2009年，国务院颁布《国务院关于开展新型农村社会养老保险试点的指导意见》，我国开始新型农村社会养老保险制度的试点，农村社会养老保险的参保人数大幅上升。

我国农村社会保障制度相比城镇建立时间晚，发展基础弱，保障项目不全，与城镇社会保障制度相比，在保障内容、覆盖面和待遇水平方面均有较大差距。

据2000年的调查，我国农村的社会保障覆盖率仅为3%，城市却高达66%，在保障费用上的差距还要大。广大农民长期生活在无安全感，充满后顾之忧的生活状态之中。虽然近些年有些改善，但还是存在很大问题。如我国农村养老保险基金来源渠道少，保障水平偏低，农村养老基金的运营和管理有待完善，农民参保意识有待加强等诸多问题。

5）农村地域差距明显

我国不仅存在着城乡差距，而且在农村之间还存在着地域差距。我国沿海地区的农业发展明显快于中西部地区，而且差距正在扩大。就是在同一地域之间差距也非常大。

6）农村就业压力越来越大，劳动力转移困难

由于农民素质偏低，难以适应知识经济时代的要求，再加上资本和技术大规模地替代劳动力，农民转移到乡镇企业或进城就业的机会就更少。

7）农村经济发展缓慢，城乡消费差距越来越大

农村经济发展缓慢，乡村企业受资金、技术等条件的制约和本身市场竞争条件劣势的影响，发展受阻，整个农村经济不景气，无力去进行生产生活基础设施建设，致使农村的生产生活条件很差，加上农民收入低，造成消费严重不足。

恩格尔系数（Engel's Coefficient）是食品支出总额占个人消费支出总额的比重。19 世纪德国统计学家恩格尔根据统计资料，对消费结构的变化得出一个规律：一个家庭收入越少，家庭收入中（或总支出中）用来购买食物的支出所占的比例就越大，随着家庭收入的增加，家庭收入中（或总支出中）用来购买食物的支出比例则会下降。联合国根据恩格尔系数的大小，对世界各国的生活水平有一个划分标准，即一个国家平均家庭恩格尔系数大于60% 为贫穷；50% ~60% 为温饱；40% ~50% 为小康；30% ~40% 属于相对富裕；20% ~30% 为富足；20% 以下为极其富裕。按此划分标准，20 世纪 90 年代，恩格尔系数在 20% 以下的只有美国，达到 16%；欧洲、日本、加拿大，一般在 20% ~30%，是富裕状态。东欧国家，一般在 30% ~40%，相对富裕，剩下的发展中国家，基本上分布在小康。

城乡居民的恩格尔系数如图 1 –3 所示，从图 1 –3 中可知，城市居民的恩格尔系数一直都远大于农村居民的恩格尔系数。

8）国际农产品市场的竞争压力越来越大

根据 WTO《农产品协议》规则，2004 年，我国把农产品的进口关税降至17%，有些农产品的关税甚至要降至 14.5%，并将撤销长期实施的对美国西北部各州小麦进口的禁令。同时，美国的牛肉、柑橘、玉米等农产品也将进入我国。

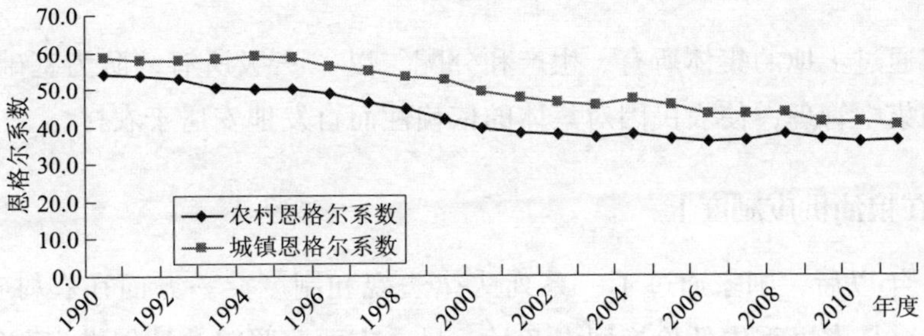

图1-3 城乡恩格尔系数

2 城乡“二元结构”的形成过程和原因

城市是以非农业产业和非农业人口集聚形成的较大居民点。城乡差别自从城市产生之日起就已经存在。城市不是一开始就有的，其产生出于两种原因：一是自然产生，一些农村由于地理位置优越、人口集中、交通便利等有利因素使其经济发展速度与其他农村相比较快，从而慢慢发展为城市；二是人为产生，统治阶级为了其政治原因（如建都设郡）或军事原因等使某些地方的经济发展比其他地方迅速。但是，在我国，由于历史原因①，我国城乡“二元结构”的形成又具有其自身的特点：

1）在户籍制度上

1958年1月全国人大常委会第91次会议通过的《中华人民共和国户口登记条例》规定“公民由农村迁往城市，必须持有城市劳动部门的录用证明、学校录取证明，或者城市户口登记机关的准予迁入的证明，向常住地户口登记机关申请迁出手续”，这一条例的出台，以严格的条件限制着人口从农村流向城市，从而人为地构建了我国城乡“二元结构”。

① 在当时的历史条件下，这些历史原因的合理方面往往大于不合理方面。笔者无意去考究他们的合理成分和不合理成分各占百分之几，只想说明这些因素确确实实使得城乡差别进一步扩大了。任何抛开历史条件去评价历史事件或历史人物功与过的言论都是幼稚和可笑的。

2）在人民公社制度上

国家通过土地的集体所有、生产和分配，以“三级所有，队为基础”，实现对农民的集中管理，使农民因对集体的依赖性而自发地安居于农村。

3）在粮油供应制度上

1953 年以后，国家通过了一系列法律法规和制度，一方面在农村实行统购统销政策，从农民手中低价换回农产品；另一方面按照粮油计划供应政策保证城市非农业户口的粮油供应，这一制度由于原则上规定国家只负责城市居民的粮油供应，使得农村人口几乎无法在城市取得口粮。

4）在城市就业制度方面

自 20 世纪 50 年代初开始实行的劳动用工制度，原则上只负责城市非农业人口在城市的就业安置，不允许农村人口进入城市寻找职业。1952 年 8 月政务院发出的《关于劳动就业问题的决定》指出，在当时的历史条件下，国家还不可能在短期内吸收整批的农村劳动力到城市就业，因此必须做好对农民的说服工作。1957 年 12 月国务院发布《关于各单位从农村中招用临时工的暂行规定》，明确规定城市“各单位一律不得私自从农村中招工和私自录用盲目流入城市的农民。农业社和农村中的机关、团体也不得私自介绍农民到城市和工矿区找工作”。甚至规定“招用临时工必须尽可能在当地城市中招用，不足的时候，才可以从农村中招用。”

5）在社会福利制度方面

早在 1951 年 2 月，政务院就发布了《劳动保险条例》，1953 年又进行了修改。该条例详细规定了城市国营企业职工所享有的各项劳保待遇。国家机关、事业单位工作人员的劳保待遇，国家是以病假、生育、退休、死亡等单项规定的形式逐步完善起来的。至于城市集体企业，大都参照国营企业的办法实行劳保。除上述在业人员享有劳保待遇外，20 世纪 50 年代形成的城市社会福利制度还保证了城市人口可享有名目繁多的补贴，在业人口可享有单位近乎无偿提供的住房等。

6）对农业索取多，农民负担重

我国工业化发展战略重点、排序和资源配置导向侧重于重工业和城市，客观上需要巨额启动资金，只能通过工农业产品价格“剪刀差”的形式实现，从而导致农业利润外流，农业无力发展。改革开放 20 年以来，农副产品价格有所提高，但农民仍承受着“工农剪刀差”的负担，有人称之为“暗税”，平均每年约 1 000 亿元。城乡居民的税负，农民人均 180 元，城镇人均只有 37 元。同时，农村教育、农村基础设施这些本应由政府承担的项目，却相当一部分由农民承担，再加上某些地方乱集资、乱摊派现象屡禁不止，进一步加重了农民负担，导致农民的相对收入下降。这些原因又使得农村人才通过考学、提干和招工等途径跳出农村，进城后不再返乡，致使农村人才外流严重。农业利润与农村人才的流失必然制约农业的发展，阻碍农民收入水平和农民素质的提高。

7）对农业的长期性投入不足，致使农业基础脆弱

在农业利润与农村人才流失的同时，我国的农业投资比重却不断降低，农业投资比重与国外相比明显偏低，致使农业基础薄弱，农业发展缺乏弹性和后劲。

8）经营农业比较效益低，影响农民收入和农民的生产积极性

导致农业比较收益低的因素主要有两个：一是农业生产人多地少的矛盾突出，无法形成规模效益。二是农用生产资料价格涨幅过大，致使农产品的生产成本越来越高，而农产品的价格又提不上去，所以，城乡居民收入差距越拉越大。

3 城乡“二元结构”对我国的影响

城乡“二元结构”和农村城镇化滞后的长期共存和相互影响，严重阻碍了我国城乡经济、社会的协调发展，成为制约我国城乡经济、社会协调发展的突出问题。其全局性的消极后果主要体现在以下几个方面：

1）加剧了供求矛盾

城市化的滞后和城乡“二元结构”，造成了农民的低收入，制约了农村需求的增长和消费水平的提高，使农村居民占人口多数的我国在人均国内生产总值大大降低，且大部分农村人口只是解决温饱问题，使得经济社会发生了较为严重的供给过剩、需求不足等现象。这种供给过剩、需求不足是相对的，只是相对人们的购买力来说是过剩了。以彩电为例，《2003 年中国统计年鉴》显示：2002 年年底，农村居民每百户家庭彩电指标只有60.45，难道40%的家庭都不需要彩电吗？当然不是。那么，是不是彩电供不应求呢？当然也不是。事实上，市场上有许多的彩电积压。2003年4月18日，《南方日报》发表题为《彩电业为何再掀价格战》的文章，报道了厂家销售彩电的困境。在农村，农民家庭不是不需要耐用品，而是这些群体消费不起太多的耐用品。生活在农村的农民年收入只有两三千元，还有其他的费用，剩下的钱就不多了。即使有点积蓄，他们也不敢随意买那些“昂贵”的东西，万一发生什么事情怎么办？

2）导致了产业结构的不合理

城市化的滞后和城乡“二元结构”，阻碍了城乡资源的合理流动、开发与配置，影响了城乡比较优势的发挥和产业结构的调整，使我国产业结构很不合理。在发达国家，第一产业在经济中的比重约为5%，第二产业约为30%，第三产业超过了60%；在发展中国家，第三产业一般也超过了40%甚至50%。而我国的第一产业仍占17%左右的比重，第三产业只占30%左右。第三产业的比重不仅比发达国家低30个百分点，比一般发展中国家也低10~20个百分点。

3）降低社会居民消费倾向，影响投资增长对经济的拉动作用

居民消费状况是直接影响国民经济增长的重要经济指标。近年来我国城镇居民和农村居民的边际消费倾向与平均消费倾向呈逐年走低之势，《中国统计年鉴》有关资料显示，改革开放初期的1981年，我国城镇居民的边际消费倾向为0.92，至1998年降为0.80，同期农民的边际消费倾向从0.85降为0.74。徐平生（2004）在其文章《教育与住房支出过大，我国居民消费倾向逐年走低》中说：城镇居民平均消费倾向从1990年的0.84降低到2003年的0.77，年均降低速率达0.005，农村居民平均消费倾向则从1990年的0.85降低到2002年的0.74，年均递减速率达0.01。我国城乡居民消费倾向的逐年下降，已引起各方面的关注，而采取综合措施大力提高居民消费意愿和消费能力，更是宏观经济政策的重中之重。

4）导致消费结构断层，新的消费热点难以形成

消费水平的提高不仅表现为原有消费数量的扩大，更重要的是表现为消费结构的不断升级换代。目前工业消费品积压与过剩是农民收入过低和消费水平过低、工业消费品失去农村广阔市场的必然结果。一方面是耐用消费品生产企业开工不足，产品积压；另一方面是农村市场有效需求的不足，再加上城镇家庭总体上正处在向更高层次消费结构积蓄力量的阶段，致使整个市场缺乏消费热点。消费的无热点导致投资的无热点，必然制约经济增长。

4 消除城乡“二元结构”的意义

消除城乡“二元结构”，解决我国“三农”问题，对于建设有中国特色的社会主义具有重要的理论意义和现实意义。

① 消除城乡二元经济结构，解决“三农”问题，始终是关系中国革命、经济建设和改革发展全局的根本问题，是马克思主义中国化的历史进程中必须解决的一个关键问题。中国共产党领导中国人民所进行的 80 多年的奋斗中，“农业、农村和农民问题，始终是一个关系我们党和国家全局的根本性问题。新民主主义革命时期是这样，社会主义现代化建设时期也是这样。”[①] 中国共产党在把马克思主义基本原理同中国实践相结合，实现马克思主义中国化的历史进程中，两次历史性的飞跃都是从农村发端的。

② 消除城乡“二元结构”是扩大内需、刺激农民的消费需求和投资需求，拉动城乡经济的增长、促进经济发展与繁荣，从而提高我国的国际地位的大事。我国国民经济发展中存在的最大问题就是供给过剩，需求不足，市场疲软。究其原因，主要是农村购买力严重不足，城镇化水平很低，多数农民仍过着自然经济的生活方式，绝大部分消费品来源于自给性生产。尽管大量工业制成品销往农村，但农民购买力低，与市场的交换关系很松弛。9 亿农村人口的国家，不能使购买力的增长与生产同步增长，必然出现需求不足，经济停滞，市场疲软。农村、农业、农民问题的出路还没有很好解决。人类生产的最终目的在于消费，而不在于财富的积累，更不在于生产这一过程。没有消费的生产是毫无意义的。

③ 消除城乡“二元结构”，有利于繁荣社会主义的物质文明，也有利于社会主义精神文明建设，有利于提高农民素质，改善农村生活质量，使农民逐步走向文明富裕的现代生活方式；有利于安定团结，巩固改革开放的成果，这也是发展市场经济、深化城乡体制改革的必然要求。如前所述，高收入未必导致生活的高质量。正确认识、处理农民收入与生活质量及生产力发展之间的相互关系，也是

① 江泽民. 论有中国特色社会主义（专题摘编）[C]. 北京：中央文献出版社，2002.

一个值得研究的重大课题。

④ 在我国这样的大国里消除城乡“二元结构”，本身就是对世界的一个伟大贡献。

参考文献

[1] 徐寒晶. 统筹城乡发展与农村劳动力的转移［J］. 北京：农村经济，2005.
[2] 林毅夫. 中国的就业突破口　到大中城市去［J］. 孙雷. 北京：21世纪经济报道，2008.

第二章

工业化带动农业化道路与我国实际

1 英国的发展道路——从圈地运动、工业革命到农业现代化

在解决二元经济结构问题方面，英国的发展道路最具有代表性，所以，我们以英国为例来说明发达资本主义国家的用“工业化”带动“农业化”的发展道路。

英国的农业革命是从传统农业即中世纪自给自足的农业向近代农业的转变，它也是一个向资本主义大农业的转变过程。圈地运动标志着制度变革的开始。圈地运动和以后发生的工业革命使英国实现了工业化，然后带动了农业现代化的发展，最终实现了农业现代化。在这一过程中，圈地运动使中世纪英国自给自足的农业向大农业转变，工业革命带动英国传统农业向现代农业转变。圈地运动的发生有其历史的必然性，它为英国的用“工业化”带动“农业化”的发展道路拉开了序幕。

在 15 世纪以前，英国的生产主要以农业为主，新航路的开辟使得国际贸易扩大，欧洲大陆佛兰得尔地区的毛纺织业的突然繁荣昌盛把英国也带动起来了。毛纺织业的迅猛发展，使得羊毛的需求量逐渐增大，市场上的羊毛价格开始猛涨。养羊业变得越来越有利可图。一些有钱的贵族开始投资养羊业。

圈地运动首先是从剥夺农民的公共用地开始的。在英国，虽然土地早已有主，但森林、草地、沼泽和荒地这些公共用地则没有固定的主人。一些贵族利用自己的势力，首先在这里扩大羊群，强行占有这些公共用地。当这些土地无法满足贵族们日益扩大的羊群需要时，他们又开始采用各种方法，把那些世代租种他们土地的农民赶出家园，甚至把整个村庄和附近的土地都圈起来，变成养羊的牧场。他们强行夺取了农民的住宅、田地、家具和果园，拆毁农民的房屋，有些房屋甚至被他们派人放火烧掉，农民被强行驱逐出去。在圈地运动中，农民以前以各种形式租种的土地，无论是以前定下的终身租地，还是每年的续租地，都被贵族强行圈占了，贵族们的牧业庄园变得越来越大。一时间，在英国到处都可以看到被木栅栏、篱笆、沟渠和围墙分成的一块块草地。被赶出家园的农民变成了无家可归的流浪者。这就是英国著名的圈地运动。

为了使被驱逐的农民很快地安置下来，英国国王在颁布限制圈地法令的同时，也限制流浪者，以迫使那些从家园中被赶出来的农民去接受工资低廉的工作。凡是有劳动能力的游民，如果不在规定的时间里找到工作，一律加以法办。那些流浪的农民，一旦被抓住，就要受到鞭打，然后送回原籍。如果再次发现他流浪，就要割掉他的半只耳朵。第三次发现他仍在流浪，就要处以死刑。

后来，英国国会又颁布了一个法令，规定凡是流浪一个月还没有找到工作的人，一经告发，就要被卖为奴隶，他的主人可以任意驱使他从事任何劳动。这种奴隶如果逃亡，抓回来就要被判为终身的奴隶。第三次逃亡，就要被判处死刑。任何人都有权将流浪者的子女抓去做学徒，当苦役。

圈地的结果，使英国的农民数量越来越少，失去土地的农民只好进入城市，成为城市无产者。为了活命，他们不得不进入生产羊毛制品和其他产品的手工工场，成为资本家的廉价劳动力。在这种手工工场里，工人的工资十分低，而每天则要工作十几个小时。

18 世纪后，英国国会通过了大量的准许圈地的法令，最终在法律上使圈地合法化。即便如此，到工业革命前的 18 世纪 60 年代，英国的农业人口占总人口的百分比仍然高于 80%。这就是世界上著名的羊吃人的圈地运动。据安格斯·麦迪森在其《世界经济千年史》（第 83 页第 2 ~ 3 行）中说：到 1700 年时，农业劳动力占整个劳动力的份额大约为 56%。直到工业革命后的 19 世纪中叶，英国的农业人口急剧下降到总人口的 25%。因此，可以说，如果没有工业革命，英国的圈地运动的历史地位就会大大降低。

英国的圈地运动当然有它积极的方面，它为英国资本主义的发展提供了有利的条件。没有这个过程，英国的土地早已无法养活这些农民，英国也不会有往日的强大，同样不会有今天的繁荣。

圈地运动引发了农村经济变革，如大农场的建立、农村产业结构的调整、生产技术和管理水平的提高等。农村经济变革产生了大量的剩余劳动力。这主要表现在两方面：一方面，英国的农业属混合型结构，种植业和畜牧业差不多各占

50%，随着畜牧业比重的提高，农业对劳动力的需求下降，使相当一部分农村劳动力成为多余；另一方面，圈地运动以及后来的工业革命也推动了农业生产力的提高，引发了农业革命。随着农业生产力的提高，农业耕作制度、生产的规模化程度、农业机械化等都明显提高，使农业释放了大批的劳动力。

圈地运动促进了农业生产的发展，引发了农村经济变革，从而为工业革命提供了廉价的原材料和粮食，为工业革命准备了条件，并由此引发了产业结构的变化。

到18世纪中后期，英国发生了工业革命，机器生产开始代替手工劳动，工厂代替手工工场及家庭作坊，使国家的产业结构发生了重大变化。农业和手工业在国民经济中的比重逐年下降，从事制造业、采矿业、运输业、商业和家庭服务业等众多行业的人口逐年提高。随着生产要素和人口的集中以及工业化的继续推进，19世纪的英国建成了一大批工业城市。城市中的第二、第三产业得到迅速发展，城市工资水平和福利水平开始高于农村，生活环境和文化娱乐设施都有了发展。另外，工业革命也促进了交通运输业的革命。交通的发展为人员和货物运输提供了快速、廉价的交通工具，也为工业化创造了良好的物质条件。

总之，英国的圈地运动使农业发生了巨大的变革，主要包括四个方面：① 在土地关系方面消除了原始的村社公用地的残余，变封建的土地所有制为资本主义的土地所有制，也就是把封建地产变成完全的私有财产。② 使农业从自给自足的状态转变为适应资本主义大工业和城市发展需要的商品化农业。③ 革新农业生产技术。④ 把大批固着于土地的农民变成可以自由流动的劳动者，为大工业和大农业的发展提供劳动力。这场农业革命经历了一个比较长的历史时期，起始于15世纪最后30年开始的圈地运动，结束于19世纪中叶集约化农业的建立。从15世纪后期至19世纪70年代，英国由封建大土地主所有制、农民小土地所有制和资产阶级土地所有制等三种土地所有制并存的局面逐步向后者演进，使得土地所有制发生了质的变化，结果最终确立了资本主义大农业在英国的主导地位，从而为英国工业革命创造了条件并促进了其发展。

工业化为农业提供了农用机械，进而大大地提高了农业生产力的水平，从而带动了农业化的发展。这就是英国的用“工业化”带动“农业化”的发展道路。

1）从轻视农业转为重视农业，实现农业的现代化

18世纪末，资本主义生产方式已在英国农业中占绝对统治地位，当时英国的农业在欧洲居领先地位。到19世纪初，英国仍然是一个农业比较发达，食品基本自给的国家。号称“世界工厂”的英国，继而改为实行“英国工业、其他国家农业”的国际分工。在轻视农业的政策的诱导下，农业逐步衰退，英国在食品供应方面严重依赖于世界市场。在19世纪70年代，国内生产的粮食能够供应当时全国人口的79%，但到第一次世界大战时，英国生产的粮食只能养活36%的人口。1913年谷物播种面积比1870年减少25%，1931年谷物播种面积减为196.3万公顷，比1918年下降41.7%，产量下降20.6%。在第二次世界大战期间，由于德国潜艇击毁英国远洋商船，粮食进口运输受阻，使国内粮食供应发生困难。英国政府不得不实行食品配给制，转而加强对农业的干预，采取重视农业的许多措施，如奖励垦荒、对开垦荒地的农户发给奖金；扩大耕地面积；提高农业机械化水平；大幅度提高农产品价格；各地区普遍建立农业生产管理委员会，对农业生产进行监督。战后，英国花了近15年的时间，扭转了农业衰退的局面，逐步实现了农业现代化。目前英国的农业劳动生产率、单位面积产量都有了很高的水平。1994年，每个农业劳动力可提供谷物38.4吨、肉类6 428公斤①、牛奶29 364公斤、鸡蛋1 224公斤。

2）集约经营，提高农业的单产水平

英国的农业生产不同于美国，属于人多地少的类型，因此，英国较为重视农业土地生产率和单位面积产量的提高，小麦、大麦、燕麦和马铃薯的单产都有大幅度的增长。1992年，英国谷物平均单产达6 940公斤/公顷，高于同期欧洲和美国的单产水平。

3）提高农业机械化水平以提高农业劳动生产率

第二次世界大战后，英国的农业机械化发展迅速。1944年，英国只有农用拖拉机17.34万台，联合收割机2 500台。1993年，英国已拥有农用拖拉机50多万台，联合收割机4.7万台，平均每个农业劳动力拥有1台拖拉机、0.5台联合收割机。目前，英国种植蔬菜的农场和养猪养鸡的农场都实现了机械化。英国的农业机械配套设施、农业机具齐全，从耕作到收获、进仓，每个程序都有相应的机械。中耕机、播种机、割草机、捆草机、脱粒机等农业机械得到了广泛的应用。英国目前使用的拖拉机，多数是大马力和液压传动，并装有电子监测和空调设备。甜菜和马铃薯收获有单行分段作业和多行作业等多种机械，可以适应在多

---

① 1公斤=1千克。

种条件下进行操作。

2 刘易斯的“二元结构”模型的实质

随着资本主义生产关系的发展，资本主义经济制度培养了大批优秀的资本主义经济学家。但是，由于世界经济发展的不平衡性，一些发展中国家的社会问题尤其突出，其中一个问题就是城市与农村发展的不平衡性。阿瑟·刘易斯就是研究城市与农村发展不平衡性问题的杰出代表。

阿瑟·刘易斯把发展中国家的经济结构概括为两大部门：一个是以现代方法进行生产的劳动生产率和工资水平相对较高的资本主义部门；一个是以传统方法进行生产的劳动生产率很低的非资本主义部门，以自给农业部门为代表。资本主义部门劳动的边际生产力较高，而自给农业部门中，劳动的边际生产力很低，甚至为零或负数，在该部门中，工资不是由农民的边际生产力决定的，而是取决于劳动者平均分享农业的产量。自给农业部门的收入又决定了资本主义部门工资的下限。由于人多地少，劳动力相对于资本和土地过于丰富，以至于把一部分劳动力从农业中转移出来，农业产量也不会下降。也就是说，对资本主义部门按照现行工资所提供的就业机会来说，劳动力供给是无限的。因此，刘易斯模型的实质就是，在劳动力无限供给的条件下，资本主义部门的扩大和自给农业部门的缩小。也就是说，伴随劳动力的转移，二元经济结构将会消除。

用阿瑟·刘易斯的这个模型与英国的发展道路相比较可以看出：该模型描述的实质上是发达资本主义国家所走过的道路。

3 用工业化带动农业化道路不符合我国国情

从上面的分析可以看出，英国的“工业化”带动“农业化”的发展道路有其历史的必然性。然而，这种用“工业化”带动“农业化”的发展道路在我国是行不通的。

1）所处的时代不同

从 15 世纪到 18 世纪末是资本主义生产的萌芽到繁荣的过程。在这一阶段，在生产力中起决定作用的是资本，资本的投入直接影响国民经济的发展。可是，当今世界已经跨进了知识经济时代，技术进步和劳动者的素质已经成为国民经济发展的关键。

2）社会制度不同，生产目的发生了变化

英国的“工业化”向“农业化”发展的过程，也是一个由封建社会向资本主义社会过渡的过程。无论是封建社会还是资本主义社会，劳动者都是处于被雇佣、被奴役的地位；生产的目的是地主获得更多的地租或资本家获得更多的利润。而我国现在是社会主义国家，劳动者已经成为国家的主人；社会主义生产目的是实现人民群众不断增长的物质和文化生活的需要，我国绝不允许以“圈地运动”或其他形式做出损害劳动者利益的行为。

3）国情不同

我国人口众多，是一个农业大国，绝大部分人口生活在农村，这样的基本国情决定了农业是我国经济发展、社会稳定和国家自主的基础，在我国具有特殊重要的意义。农业、农村和农民问题是关系我国改革开放和现代化建设全局的重大问题。没有农村的稳定就没有全国的稳定，没有农民的小康就没有全国人民的小康，没有农业的现代化就没有整个国民经济的现代化。稳住农村这个大头，就有了把握全局的主动权。

4）两个不允许

(1) 中国人民不允许

如果我国先实现工业化，再用工业化带动农业化，然后实现知识化以适应知识经济的要求，这将是一个非常漫长而痛苦的过程。这是我国人民所不允许的。但是，如果用知识化推进“二元结构”一元化，使工业化与知识化同步到位，这样就可以大大缩短赶超发达资本主义国家水平的时间。

(2) 某些发达资本主义国家不允许

如果我国的发展速度太慢，就会始终处于落后挨打的被动地位，在世界舞台上就没有立足之地。更严重的是，如果太落后，国家都有可能不完整，甚至消失的危险。

因此，如果我们按照别人走过的发展道路——紧抱着用“工业化”带动“农业化”解决我国城乡经济“二元结构”问题的思路不放，就很难让我国繁荣富强。

5）我国的“二元结构”具有自身的特点

城乡二元经济结构主要表现为：城市经济以现代化的大工业生产为主，而农村经济以典型的小农经济为主；城市的道路、通信、卫生和教育等基础设施发达，而农村的基础设施落后；城市的人均消费水平远远高于农村；相对于城市，农村人口众多等。这种状态既是发展中国家的经济结构存在的突出矛盾，又是这些国家相对贫困落后的重要原因。发展中国家的现代化进程，可以说在很大程度上是要实现城乡二元经济结构向现代经济结构的转换，以尽快完成国民经济工业化与现代化的历史任务。

作为一个发展中的人口大国，我国城乡二元经济结构具有自身特点：我国城乡二元经济结构的形成与政府的战略行为和目的有关；我国城乡二元经济结构突出表现为“三农”问题；我国城乡居民素质相差甚远，呈现出城乡素质“二元结构”，这些都是解决我国城乡二元经济结构问题的瓶颈。

参考文献

［1］马克思．资本论［M］．北京：人民出版社，1994.

［2］刘桂斌．全国泛股份制理论与实践研讨会论文：“论公有制为主导的两种联合产权制度”［J］．2001.

［3］［美］R·科斯，A·阿尔钦，D·诺斯，等．财产权利与制度变迁——产权学派与新制度学派论文集［M］．上海：上海人民出版社，2003.

第三章

知识化必须贯穿解决“三农”问题的全过程

1 用知识化推进“二元结构”一元化的必然性

如前所述，目前我国城乡经济“二元结构”突出而严重的问题几乎已经为理论界所公认。就我国社会主义经济建设的理论与实践而言，在解决城乡经济“二元结构”问题上，目的走的道路在实质上几乎仍然是数百年前资本主义国家所走过的用“工业化”带动“农业化”的道路。《中共中央关于完善社会主义市场经济体制若干问题的决定》（2003 年 10 月 14 日中国共产党第十六届中央委员会第三次全体会议通过）指出：“农户在承包期内可依法、自愿、有偿流转土地承包经营权”，也就是说，允许农民失去土地。但是这些失去土地的农民都能够被“工业化”所吸收吗？农村土地有偿转让利弊并存，其利在于它能推进城市化进程和工业化的发展，但是失去土地后的农民如果没有维持生存的能力与条件，就会成为社会不稳定的因素。如何趋利避害，关键在于政府行为。

发达资本主义国家之所以要用“工业化”带动“农业化”，有其历史的必然性。在发达资本主义国家工业刚刚起步、生产力水平不高、工业中的技术含量也低的时候，只要工人经过简单训练甚至不需要训练就可以完成生产操作。就英国来说，通过“圈地运动”使大量农民失去了土地，因此，决定经济增长主要是资本家用于生产的资本，再加上英国实施了残酷的法律，迫使失去土地的农民在工业部门接受低廉的劳动力价格。劳动力价格的低廉，使资本的原始积累迅速增加。资本的原始积累迅速增加，反过来又可以吸收更多的剩余劳动力。这使工业化的发展得以顺利进行。

可是，当今世界已经跨进了知识经济时代，科技进步和劳动者素质的提高日益成为经济增长和社会生产力发展的决定性因素（在对国民经济增长的贡献中，科学技术的进步要占60%～80%，劳动者素质的提高则要占10%～30%，资本投入的增长仅占10%）。如果我们仍然走别人走过的路——紧紧抓住用“工业化”带动“农业化”解决我国城乡经济“二元结构”问题的“救命稻草”，就难以给我国经济注入应有的活力，更谈不上接近、赶上，甚至超过发达资本主义国家的生产力水平。解决我国城乡经济“二元结构”问题，应该适应知识经济发展态势的要求，绝不能够照搬几百年前别人用过的方法，必须用能够适应知识经济发展态势要求的新思维、新道路，尽善尽美地解决城乡经济“二元结构”问题，这就是：用知识化推进城乡“二元结构”一元化，解决我国“三农”问题。

2 用知识化推进“二元结构”一体化的客观要求

生产力是由五个要素决定的，即“工人的平均熟练程度、科学的发展水平和它在工艺上应用的程度、生产过程与社会的结合、生产资料的规模和效能以及自然条件”。在不同时期，决定生产力的这五个要素的地位和作用是不相同的，并在一定条件下相互转换。这要求不同的生产关系与之相适应。

在原始社会，生产力水平极为低下，人们主要以游猎和采集野果为生，作为生产力要素的自然条件在原始社会的生产中起着至关重要的决定性作用。因而，那时的原始人部落对优越自然条件的占有，具有特殊重要的意义。但由于劳动生产力极度低下，如果有人享有经济特权，就会有其他人挨饿而死。因此，那时实行的是平均分配，部落成员没有私人财产，各部落没有法律，也没有国家的存在，也就不存在产权或产权制度。生产力发展到一定程度后，产品除了维持生存外还有剩余，因此，有人利用自己的身份地位所带来的特权占有公共财产，进而占有他人劳动乃至占有具有劳动能力的劳动者本身（奴隶），并以法律形式规定下来。于是产生了财产所有权（包括对奴隶的所有权），产生了国家和法律，这就是奴隶社会。

在奴隶社会，奴隶主不仅拥有自然资源，而且拥有作为生产力因素的劳动者——奴隶，部落的战俘不再被屠杀，而是成为奴隶。奴隶社会的这种产权关系对人的剥削和压迫是非常残酷的，但是它顺应人类社会发展的客观趋势，对当时生产力的发展起了重要的推动作用。随着人类社会的发展和劳动的进一步分工，劳动工具有了很大改进，生产力有了长足发展，原有的奴隶制度造成生产力的极大破坏，成为生产力发展的桎梏，不再适应生产力发展的要求，于是产生了封建社会。

在封建社会，奴隶从奴隶制中解放出来，成了“自由人”，生产工具也得到了改善，大大促进了生产力的发展。然而，奴隶虽然被解放出来，成为自由人，但大部分人没有或很少有自己的土地，仍然无法独立生产和维持生活，只能依附封建地主而生存。这种超经济强制关系加上技术水平极为低下，使得劳动力在经济关系中的地位显得异常微小；劳动都是简单劳动。因此，耕地好坏与其面积大小成为制约劳动产出的重要因素。由此，那时对可耕地的拥有也就成为财产权的主要象征。由于生产力的进一步发展，出现了手工作坊和加工工业，劳动生产力得到了大大提高，耕地再也无法禁锢封建制度下封建地主（农奴主）与雇农（农奴）的经济依附关系，从而产生了资本主义生产关系和与之相应的产权制度。

在从资本主义社会产生到20 世纪70 年代为止的一段很长的时期内，用于购买生产资料和劳动力资本的增长对产出的贡献起着非常重要的作用，因此，决定生产力发展的因素主要是资本。但是，20 世纪70 年代以后，以微电子技术为中心的新技术革命迅速地改变了生产力的结构。

当今世界已经跨进了知识经济时代，科技进步已成为提高生存能力的基本动力。它不是依靠单方面的技术或技术环节的孤军突进所能解决的，而应是以农业生物、农业资源、农业生态环境三位一体的农业可持续发展技术体系，并且保持不断技术创新，以获得源源不断的动力。（《21 世纪初期我国农业和科技发展的需求与态势》，中国工程院院士，卢良恕，2001）

因此，我们必须用战略的眼光审视“三农”问题，用知识化推进城乡“二元结构”一元化。

用知识化推进城乡“二元结构”一元化，就是以知识，特别是新知识、新技术为主要载体，在保证可持续性发展的条件下，以尽可能快的速度、较大幅度地提高生产过程及其产品的科技含量，提高劳动者的科学文化水平、技术水平和综合素质，使之适应知识经济发展的需要，以解决“三农”问题，消除城乡经济、生活和人口素质上的差别，促进经济的发展、劳动生产力的提高和社会的全面进步。要适应知识经济发展态势的要求，用知识化带动城镇化和农业产业化，促进工业、农业与农村经济协调而全面地发展，促进整个农民队伍素质的提高，促进农村社会的前面进步。只有这样，才能从根本上解决“三农”问题，才能实现我国生产力与国民经济新的跨越，这是我国可持续性跨越式发展的战略重点。

3 城乡人口素质“二元结构”模型

为了找出我国城乡二元经济结构问题的路径，我们可以通过一系列的假设条件，建立一个城乡人口素质“二元结构”模型。

1）城乡人口素质“二元结构”模型假设条件

① 只存在两个区域：城市和农村，且不存在国际部门。这一假设主要是为了研究与说明的方便，使问题简化。

② 存在城乡经济“二元结构”，城市生活条件好，而农村生活条件差。这是“二元结构”的基本表现。

③ 城乡居民素质差异较大，存在城乡人口素质“二元结构”。

④ 居民收入与居民素质相关，居民素质越高，收入也越高；居民素质越低收入也越低。

⑤ 工业的技术进步始终快于农业的技术进步。这是现实。

⑥ 时代已经跨入知识与信息经济时代，农村居民如果不通过培训，就无法适应工厂的工作。

⑦ 不存在利他迁移，如农村居民不存在为了子女能享有更加良好的教育而移居城市。

⑧ 没有政府干预，即政府不干预任何领域。这一假设条件主要是为了问题的简化。

2）城乡经济“二元结构”和人口素质“二元结构”交互作用

由于上述假设条件，势必出现如下情况：

① 人口素质越高，生存能力越强，在竞争中越容易获得有利地位，越容易找到智能型工作，收入水平越高；由于城市的生活条件优于农村的生活条件，这些人往往倾向于向生活条件比较优越的地方（城市）流动。

人口素质越，低生存能力越低，在竞争中处于不利地位，由于缺乏技能而无法完成智能型工作，因而难以找到智能型工作，因此，他们如果留在城市，则慢慢地沦为城市贫民。因此，生活条件比较差的地方（农村）往往更适合素质低的人生活。

因此，一方面，城市中素质高的人往往会留在城市，而农村中素质高的人也会流向城市；另一方面，农村中素质低的人由于在城市中处于不利地位，甚至无法找到工作而不得不停留在农村，而且素质越低，就越无法脱离农村。

② 在生活条件差的地方，抚养子女机会成本小，因而倾向于多生育；相反，在生活条件好的地方，抚养子女机会成本大，因而倾向于少生育。因此，城市人口生育率比较低，人口规模相对稳定；而农村人口生育率比较高，人口规模增长较快，农村人口中培养出来的高素质人口相对较少，而且会流向城市。这样，农村人口平均素质增长相对缓慢，人口较快的增长进一步延缓了农村人口素质的增长。因此，在农村表现为低素质和低素质人的积累，使得低素质人规模扩大。

③ 在农村，由于经济落后，使教育基础设施落后，从事教育的工作人员收入水平低，因而难以留住优秀的教育人才，教育水平低；而在城市，由于经济发达，使教育基础设施先进，从事教育的工作人员收入高，教育水平高，因而容易聚集优秀的教育人才。

这样，素质高的人才慢慢地集中到了城市，低素质人口大多分散在农村，最终形成城乡人口素质“二元结构”，出现城乡人口素质高低两极分化的现象。

因此，如果没有政府干预，城乡经济“二元结构”必然导致城乡人口素质“二元结构”。城乡人口素质“二元结构”又会加深城乡经济“二元结构”。两者交互作用，就会越陷越深。

④ 在农村，聚集的是低素质人口，农业生产技术几乎没有进展，农业生产技术表现为停滞的趋势；在城市，一方面聚集着高素质人才，生产技术进步较快，有技术进步无限发展的趋势；另一方面，由于农村无法购买高技术产品或者购买这类产品非常有限，使得技术进步不得不延缓甚至处于停滞状态。城市的这种技术进步无限发展的趋势和农村技术停滞的趋势并存，其发展速度的快慢取决于这两种力量的较量。

⑤ 在城市，由于技术、人才的聚集，所以具有较高的劳动生产率，资本积累较快；在农村，由于技术、人才的欠缺，大部分还是传统农业耕作，所以具有很低的劳动生产率，生产发展缓慢，资本几乎无积累，相对城市而言，农村日渐贫困。这样就形成城乡两极经济（经济二元结构，导致农村经济凋敝，城乡两极分化。

⑥ 在城市，由于生活条件好，人们有富余的资金追求文化生活水平，文化生活水平较高；在农村，由于生活条件差、资金欠缺，人们难以享受现代文明带

来的成果，相对城市而言，农村文化生活水平日渐贫困。这样就造成城市文化积累和农村愚昧积累的强烈反差。

由于上述各个方面的失衡，造成社会矛盾迭起，就会影响经济发展和社会稳定。城乡人口素质“二元结构”各因素相互作用如图 3－1 所示。

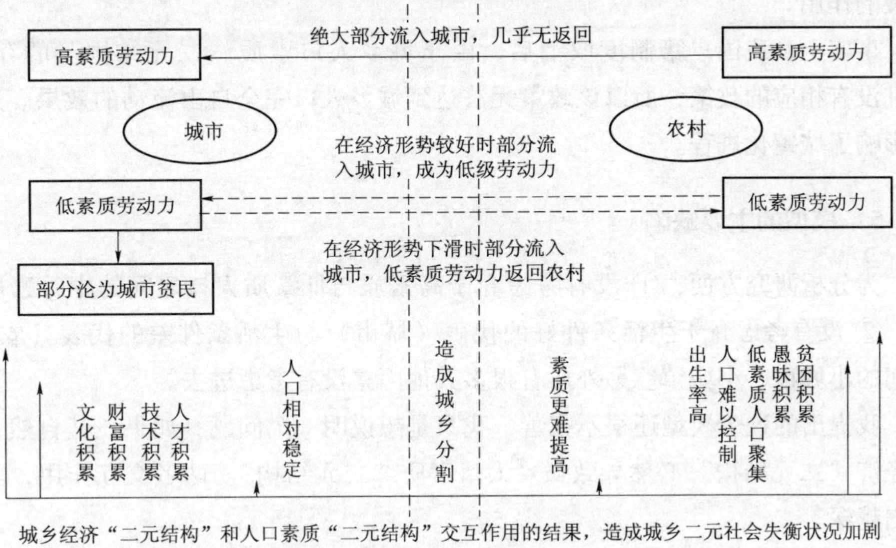

图 3－1　城乡人口素质“二元结构”各因素相互作用

3）人口素质“二元结构”的后果

① 农村人才短缺，造成农村社会经济、文化等的萧条，城乡差距日渐扩大；人口素质“二元结构”加剧。

② 农村经济枯萎，农民收入低微，加剧城乡经济“二元结构”，伤害农民的生产积极性，农业生产增长缓慢，甚至可能影响国家粮食安全。

③ 社会矛盾迭起，成为影响社会稳定的重要因素。

④ 由于占我国绝大多数人口的农村居民买不起工业产品，因此直接影响工业的发展和工业化进程，也影响了城市居民的收入水平。

⑤ 农村居民进城后会遇到住房问题、子女升学问题、其他脱离农村家园的成本剧增问题，这大大阻碍了城镇化进程。

4）一点启示

我国政府干预导致了我国城乡二元经济结构，城乡二元经济结构必然导致人口素质“二元结构”。城乡经济“二元结构”一旦形成，即使政府取消了歧视农村的政策，也难以实现人口真正自由地流动。因此，城乡经济“二元结构”和人口素质“二元结构”无法单纯地依靠市场经济来解决。

为此，在解决城乡“二元结构”的过程中，政府必须发挥其统筹城乡经济发展的作用。

事实上，我国户籍制度取消后，由于城乡人口素质“二元结构”的存在，而且没有相应的政策，所以该政策无法达到城乡人口完全自由流动的效果。这大大影响了城镇化进程。

5）模型的主要缺陷

为分析研究方便，① 没有考虑介于高素质与低素质人口之间的中等素质人口。② 没有考虑介于生活条件好的代表（城市）与生活条件差的代表（农村）之间的小城市、小城镇。另外还有很多其他因素没有考虑进去。

我提出的这个模型还很不完善，我只是想说明一个问题：如果任其自然，城乡经济“二元结构”必然导致城乡人口素质“二元结构”。两者交互作用，就会越陷越深。

参考文献

[1] 江泽民. 在中国共产党第十六次全国代表大会上的报告：“全面建设小康社会，开创中国特色社会主义事业新局面”[R]. 2002.

[2] 刘桂斌. 全国泛股份制理论与实践研讨会论文：“论公有制为主导的两种联合产权制度”[D]. 2001.

[3] [美] R·科斯，A·阿尔钦，D·诺斯，等. 财产权利与制度变迁——产权学派与新制度学派论文集. 上海：上海人民出版社，2003.

[4] 中共中央关于完善社会主义市场经济体制若干问题的决定 [R]. 2003 年 10 月 14 日中国共产党第十六届中央委员会第三次全体会议通过，2003.

[5] 温家宝. 在省部级主要领导干部“树立和落实科学发展观”专题研究班结业式上的讲话——提高认识　统一思想　牢固树立和认真落实科学发展观 [R]. 2004.

第四章

我国二元经济结构问题的实证分析

1 经济增长、教育发展、城镇化与城乡收入差距——基于 VAR 模型的动态分析

随着我国经济的不断增长、教育事业的发展和城镇化进程的加快，我国城乡二元经济结构也在发生深刻的变化。从绝对数来看，以 1978 年不变价格计算，1978 年城市居民家庭人均可支配收入比农村居民家庭人均纯收入高 209. 8 元，到 1983 年，这一差距达到最低（190. 1 元），以后各年度这一差距几乎都是稳步扩大，到 2012 年，这一差距扩大到 3 834. 4 元，是 1978 年的 18. 3 倍、1983 年的 20. 2 倍；从相对数来看，1978 年城市居民家庭人均可支配收入比农村居民家庭人均纯收入高 1. 57 倍，到 1983 年达到最小，只高出 0. 70 倍，到 2009 年达到最大值（2. 33 倍），以后几年略有下降，到 2012 年，城市居民家庭人均可支配收入比农村居民家庭人均纯收入高 2. 10 倍。我国二元经济结构的日趋严重，不仅是一个社会公平问题，也会导致经济效率的损失，甚至会成为影响社会不稳定的隐患。因此，解决我国二元经济结构问题、缩小城乡差距，已经成为摆在政府与经济学者、社会学者面前的日益凸显的重大课题。

1）文献述评

荷兰经济学家 J · H · 伯克在 1953 年出版的《二元社会的经济学和经济政策》是最早将“二元结构”概念运用于分析人类社会经济现象的著作。刘易斯（1954）第一次提出发展中国家二元经济结构理论模型：该模型是由一个弱小现代部门和一个强大传统部门组成，两部门的工资差异诱使农业剩余劳动力不断向城市工业部门转移。当农村剩余劳动力消失，农村劳动的边际生产率也提高，与

工业达到一致时，“二元结构”也就消失了。美国经济学家、统计学家西蒙·库兹尼茨（Simon Kuznets）（1955）提出经济增长与收入分配关系的“倒U假说”，认为“收入分配不平等的长期趋势可以假设为：在前工业文明向工业文明过渡的经济在增长的早期阶段迅速扩大，而后是短暂稳定，然后在增长的后期逐渐缩小”。张世伟、冯娟（2007）通过模拟实验得出经济增长、收入差距会经历一个先扩大后缩小的过程，并认为实施适度的累进税政策会缩小收入差距，促进经济高速增长。陈安平（2009）认为，我国城乡收入差距在短期内有利于经济增长，但收入差距过大会在长期内影响我国经济的持续增长。苏雪串（2002）认为，城市化滞后是导致城乡收入差距扩大的根本原因，据此提出加速城市化进程是缩小城乡收入差距的战略性措施。可目前的情况是，城市人口在2011年就已经超过农村人口，城市化要以什么样的速度才能不算滞后？城乡收入差距扩大应该不是一个纯粹的城市化滞后问题。黄燊珺（2011）认为，城乡收入差距扩大不利于经济增长，人口迁移有助于农民向城市的集聚，有助于缩小收入差距。李宪印（2011）的研究发现，城乡收入差距和城市化、经济增长之间存在长期均衡关系，城乡收入差距的扩大会促进城市化进程，而城市化又反过来对城乡收入差距的扩大产生长期影响；经济增长会在长期内促进城乡收入差距的扩大，但城乡收入差距扩大又会对经济增长起制约作用。他采用的是泰尔系数来度量我国城乡收入差距，这种度量方法并不直观，也未必科学。脉冲响应函数分析所使用的方法受到变量排列顺序的影响，因此，严重削弱了分析的准确性。另外，在实证分析的时候没有深入分析下去，没有深入探讨城市化、经济增长与城乡收入差距之间的关系，而是停留在数理方面的一些直观且表面的分析。傅振邦等（2012）认为，城市化对城乡收入差距都具有长期的正冲击效应，而城乡收入差距对城市化没有明显的冲击效应。龙翠红（2011）认为，收入不均对经济增长有抑制作用，而经济增长又反过来会缩小收入差距；收入分配差距导致教育不平等，但教育不平等的改进却不能改善收入分配差距。温娇秀（2007）认为，教育不平等是城乡收入差距扩大的重要原因之一，教育差距对收入差距的影响随着市场化改革的深入而变得越来越重要。王明华等（2010）发现，人力资本的溢出效应对产出的增长有显著的正向作用，教育的城乡差异是导致收入差距不断扩大的重要原因。陈斌开等（2010）认为，教育水平差异是影响中国城乡收入差距最为重要的因素，我国城市偏向的教育经费投入政策在很大程度上决定了城乡教育水平、城乡收入差距。由于使用的数据、所研究的时间、区域和方法等的不同，得出的结论千差万别，有的结论相似甚至相同，但有些结论甚至彼此相反。中外学者的这些结论虽然有一定的借鉴意义，但要应用于我国实践，缺陷也是非常明显的。按照刘易斯模型，只要农村劳动力转移到城市，就可以解决二元经济结构问题。可事实上，如今中国社会能坚守农村阵地的只有老人、小孩和妇女们，几乎所有的能够劳动的劳动力都已经来到城市，可为什么还是解决不了二元经济结构问题？要解决我国二元经济结构问题，有必要进一步弄清楚经济增长、城镇化和教育发展对城乡收入差距的影响，为解决我国二元经济结构问题提供理论依据。

2）模型的构建与实证分析

（1）分析方法、指标选取与数据说明

要探讨经济增长、教育发展、城镇化与城乡收入差距的关系，可以借助于C. A. Sims（C. A. 西门子，1980）提出的VAR模型，该模型是对经济系统的动态动态分析，它成为当今世界主流模型之一。从模型所赖以建立的数据看，经典回归模型的数据变量是稳定的，但非稳定变量如果使用经典回归模型，就有可能出现虚假回归等问题。为了解决非平稳变量组成的关系式中长期均衡参数估计的技术问题，1981年Granger提出了协整思想：如果各个变量之间有着长期稳定关系，也就是说这些变量之间是协整的（cointegration），那么，就可以使用经典回归模型方法来建立回归模型。在选取计量指标时，经济增长的指标选择了人均GDP，人均GDP的选择剔除了人口增长对经济的影响，同时，也与城乡收入差距相对应，因为城乡收入差距也是一个人均指标；经济的增长在城乡会有差别，从而导致城乡收入差距的变化。城镇化指标用我国城市人口占总人口的比例来衡量，城镇化使得部分农村居民转化成城镇居民，并对收入差距产生影响。我国教育发展为社会发展提供了大量人才，人才流向会影响着城乡居民收入，从而对我国二元经济结构产生了影响。但教育发展形式多样、内涵非常丰富，要在现有的理论与技术水平条件下，准确完整地衡量教育发展的全部内容是不可能的，所以，只能选用代表性指标。高校毕业生可以看作是教育业的产出，因此，文章使用每万人中毕业生人数来衡量教育的发展。收入差距是用城市居民人均可支配收入超过农村居民人均纯收入的倍数计算，计算公式是：城乡收入差距＝（城市居民人均可支配收入－农村居民人均纯收入）÷农村居民人均纯收入。国内外很多文献中，城乡收入差距指标用“城市居民人均可支配收入－农村居民人均纯收入”来衡量，这一指标的缺陷随着经济的发展变得非常明显，如当城乡居民人均收入同时等量增加时，不会影响这一指标的变化，但事实上城乡收入差距已经减少。如1和2相比，2比1大一倍，但等量增加后的10 000和10 001，两者就相差无几了。为了研究方便，用 I_T 表示收入差距，即城市居民人均可支配收入超过农村居民人均纯收入的倍数；用 G_P 表示我国人均国内生产总值，即人均GDP；教育发展用 S_G 表示，即每万人中的毕业生人数，单位为人；城镇化水平用 U 表示。为了消除价格因素对时间序列分析的影响，所有价值指标都用1978年零售商品定基价格指数进行平减，并在此基础上，对所有指标再进行自然对数变换，用以消除可能存在的异方差性，分别用原符号在前面加 ln 表示。各项指标数据源于各年度《中国省统计年鉴》，数据取值范围为1978—2012年。

（2）序列的平稳性检验和协整检验

为了寻找缩小城乡收入差距的路径，理清我国城乡收入差距与经济增长、教育发展和城镇化的关系，可以考虑建立 VAR 模型。VAR 模型是一种动态模型，该模型把系统中每一个内生变量作为本系统所有内生变量的滞后值的函数来构造动态模型，从而使单变量自回归模型推广到多元时间序列变量组成的向量自回归模型。该模型可以用于预测和分析随机扰动对系统构成的动态冲击：冲击的大小、正负及持续时间，适用于处理多个相关经济指标的分析与预测。但是，该模型建立在一定的假设条件的基础之上，所以，需要对文章中所使用的数据进行相应的检验。宏观经济变量通常是非平稳的，为了进一步研究收入差距与经济增长、教育发展和城镇化之间的关系，需要对相关变量进行系列检验。首先需要对文章涉及的各时间序列做单位根检验。用（C，T，L）表示检验方程是否带有常数项、趋势项和滞后项的情况，用C和T为0分别表示不含截距与时间趋势，用L表示滞后期，用D表示一阶逐期差分。选用SIC准则，并自动选择滞后期。用ADF（augmented dickey-fuller）法对各时间序列进行单位根检验，结果如表4-1所示。

表4-1　ADF单位根检验结果

变量	ADF检验值	（C，T，L）	临界值（1%）	DW 值	结论
$\mathrm{Dln}I_T$	-3.191 6	（0，0，0）	-2.626 9	1.609 1	平稳
$\mathrm{Dln}G_P$	-4.380 5	（C，T，3）	-4.296 7	2.000 4	平稳
$\mathrm{Dln}S_G$	-8.788 0	（C，0，0）	-3.646 3	1.728 2	平稳
$\mathrm{Dln}U$	-4.387 1	（C，0，0）	-3.646 3	1.958 7	平稳

由上述检验结果可知，虽然 $\ln I_T$、$\ln G_P$、$\ln S_G$ 和 $\ln U$ 都不是平稳时间序列，但他们的一阶差分 $\mathrm{Dln}I_T$、$\mathrm{Dln}G_P$、$\mathrm{Dln}S_G$ 和 $\mathrm{Dln}U$ 在99%的置信水平下是平稳的，都是1阶单整序列。如果某些自身是非平稳的时间序列的某种线性组合是平稳

的，这说明这些变量之间可能存在着协整关系。上述各变量经过一阶差分后的变量是平稳的，这就是说，它们的一阶差分时间序列的某种线形组合也可能是平稳的，所以，这些变量之间有可能会存在着协整关系。如果这些时间序列存在协整关系，那就说明它们之间存在着长期而稳定的均衡关系。用约翰森（Johansen）的极大似然法进行协整检验，从检验结果可知，$\ln I_T$、$\ln G_P$、$\ln S_G$ 和 $\ln U$ 不存在协整方程的原假设在 0.95 的置信水平下被拒绝，而存在 2 个协整方程的原假设在 95% 的置信水平下被接受。结合上文中的平稳性检验结果可知，在 95% 的置信水平下，变量 $\ln I_T$、$\ln G_P$、$\ln S_G$ 和 $\ln U$ 之间存在一种长期均衡关系，这种长期均衡关系使变量在任何短期内偏离的都会因为协整而回到长期均衡状态上来。

（3）收入差距与经济增长、教育发展和城镇化的 VAR 模型

为了找出收入差距与经济增长、教育发展和城镇化的关系，基于上述分析，可以建立 VAR 模型。建立 VAR 模型主要是便于分析脉冲响应函数和方差分解，从而分析政策工具的影响。为建立 VAR 模型，需要先确定滞后期 p。用 e-views7 计算得到 AIC 与 SC 随滞后期的变化量，选择 SC 最小，且 AIC 最小作为滞后期，所以，可以确定滞后期 $p=5$，建立 VAR（5）模型。由于我们所要研究的是经济增长、教育发展、城镇化对收入差距的反映，所以，我们只取模型矩阵方程中的 $\ln I_T$ 方程，用右上角标 $-n$ 表示滞后 n 期相应的变量，可得 $\ln I_T$ 方程如方程（4-1）所示：

$$\begin{aligned}\ln I_T = {} & -6.4158-0.2176\ln I_T^{-1}+0.1086\ln G_P^{-1}-0.2338\ln S_G^{-1}+5.9642\ln U^{-1}+\\ & 0.4015\ln I_T^{-2}-0.6385\ln G_P^{-2}-0.0168\ln S_G^{-2}+0.9386\ln U^{-2}+0.5090\ln I_T^{-3}-\\ & 0.4578\ln G_P^{-3}+0.0832\ln S_G^{-3}-1.1638\ln U^{-3}-0.0854\ln I_T^{-4}-0.9727\ln G_P^{-4}+\\ & 0.2987\ln S_G^{-4}-0.6438\ln U^{-4}-0.1244\ln I_T^{-5}-0.2566\ln G_P^{-5}+0.1263\ln S_G^{-5}+\\ & 1.3351\ln U^{-5}+\mu \end{aligned} \tag{4-1}$$

$R^2=0.9974$，Adj · $R^2=991\ 8$，$F=175.55$，$AIC=-3.8763$，$SC=-2.8955$

该方程的格兰杰（granger）因果关系检验如表 4-2 所示：

表 4-2　VAR 方程中的 $\ln I_T$ 方程 granger 因果关系检验

原假设	X^2	自由度	p 值
$\ln G_P$ 不是 $\ln I_T$ 的 granger 原因	19.685 2	5	0.001 4
$\ln S_G$ 不是 $\ln I_T$ 的 granger 原因	28.133 9	5	0.000 0
$\ln U$ 不是 $\ln I_T$ 的 granger 原因	15.674 9	5	0.007 8
上述各变量同时不是 $\ln I_T$ 的 granger 原因	105.026 0	15	0.000 0

$\ln G_P$、$\ln S_G$ 和 $\ln U$ 不是 $\ln I_T$ 的 granger 原因均被拒绝，且 $\ln G_P$、$\ln S_G$ 和 $\ln U$ 同时不是 $\ln I_T$ 的 granger 原因也被拒绝，这说明 $\ln G_P$、$\ln S_G$ 和 $\ln U$ 都是 $\ln I_T$ 的 granger 原因，$\ln G_P$、$\ln S_G$ 和 $\ln U$ 同时也是 $\ln I_T$ 的 granger 原因。

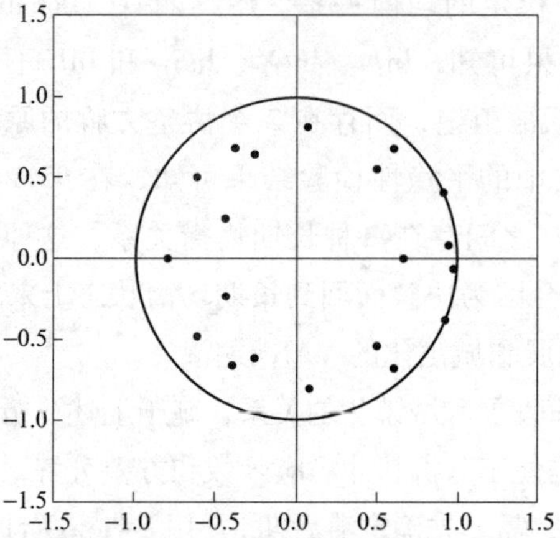

图 4－1　单位根分布图

如果 VAR 模型不稳定，就不能用脉冲响应函数分析和差分分解分析。因此，要进一步分析，需要对模型的稳定性进行检验。如果被估计的 VAR 模型所有根的模的倒数小于 1，即都位于单位圆内，则 VAR 模型是稳定的。为了验证模型的稳定性，我们使用 eviews7 软件计算该模型特征方程的特征根的倒数绝对值，如图 4－1 所示，特征根倒数的模都小于 1，都在单位圆内。这说明该模型是稳定的。为了进一步分析政策的时滞问题，我们可以分析该模型的脉冲响应函数（IRF：impulse-response function）。脉冲响应函数描述的是一个内生变量对新息（称为 Innovation）冲击的反应（响应），即描述在随机误差项上施加一个来自系统内部或外部的标准差大小的冲击后对内生变量的当期值和未来值所产生的动态影响。为了避免正交脉冲响应函数 Cholesky 分解的结果严格依赖于模型中变量的次序的缺点，文章采用由库普（Koop）等（1996）年提出的广义脉冲响应函数，并选取考查期为滞后 30 期。由于要研究的是经济增长、教育发展、城镇化对城乡收入差距的影响，所以只列出其他变量对收入差距的响应函数。该模型的广义脉冲响应函数如图 4－2 所示：

图 4－2 描述的是城乡收入差距对各内生变量一个标准差新息冲击的响应函数，从收入差距对自身的响应来看，收入差距对自身一个标准差新息冲击的响应在第 1~2 期略有下降后，然后迅速上升，到第 3 期达到最高点后开始下降，并在第 5 期达到极低点，完成第一个周期，第二个周期明显变缓变长，就其响应来说，有逐渐减弱的趋势。从总体来说，收入差距对自身信息的响应开始时有迅速扩大的趋势，然后逐渐减弱，最终逐渐趋近于零。从城乡收入差距对经济增长的响应来看，收入差距对经济增长一个负向标准差新息冲击的响应在第 2 期就达到最高点，然后开始下降，在第 5 期达到最低点，从总体来看，经济增长一个负向冲击开始时会使城乡收入差距更大程度地减少，但最终其响应趋向于零。原因可

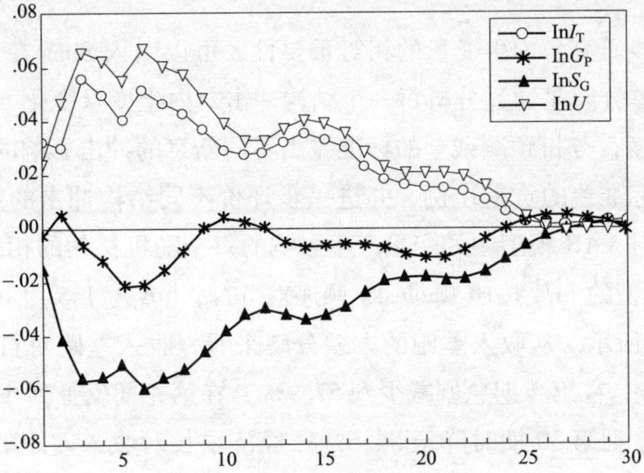

图 4-2　$\ln I_T$ 的广义脉冲响应函数

能是经济的萎缩对城市居民的影响更大，但这种影响不会是永久的。从城乡收入差距对教育发展的响应来看，收入差距对教育发展一个负向标准差新息冲击的响应非常强烈，到第 3 期后其响应开始减弱且变缓，最终趋向于零。这说明教育发展开始时会扩大城乡收入差距。原因可能是：① 教育培养出来的人才更多的是留在城市，成为收入较高的群体，拉大了城乡收入差距；由于比较优秀的人员很难留在农村，造成城乡人口素质“二元结构”，进一步导致收入差距的扩大，甚至造成了这样一种事实：农民花自己的钱为城市输送更多的人才，为城市造福。② 城镇居民享有更优越的教育条件，从而使他们走向社会后具有更高的工资收入。③ 同样多的教育费用（如学费、学生伙食费等）的支出，对于农村居民而言，教育费用占有收入中的比例要比城镇居民大得多，如果在 2011 年学生开支增加 115 元（按 1978 年不变价格计算），它将占农民人均纯收入的 10%，而对于城镇居民而言，却只占人均可支配收入的 3.5%，这也是一种不平等。但从长期来说，其响应趋向于零。从城乡收入差距对城镇化的响应来看，收入差距对城镇化一个标准差新息冲击的响应在前两期响应非常强烈，并在第 3 期达到极高点，以后逐渐变得平缓，并最终趋向于零。这说明城镇化开始时会扩大城乡收入差距，但从长期来说，其响应也趋向于零。

从该模型整体来看，收入差距对各内生变量的冲击开始时的响应都是强烈的，但最终都会趋向于零。这说明该经济系统内部存在着自动稳定的机制，当遇到内生变量的冲击时，虽然收入差距开始时会有较大的波动，但最终会稳定在初始水平上。该模型从另一个方面说明，要缩小城乡收入差距，需要有持续不断的刺激。

为了进一步研究各内生变量的相对重要性，可以引入 Sims 在 1980 年提出的方差分解。方差分解是通过分析每一个结构冲击对内生变量变化（通常用方差来度量）的贡献度，分析预测残差的标准差由不同新息的冲击影响的比例，即对应的内生变量对标准差的贡献比例，并进一步评价不同结构冲击的重要性。因此，方差分解给出对 VAR 模型中的变量产生影响的每个随机扰动的相对重要的信息。将上述 VAR 模型的 $\ln I_T$ 按照 Cholesky 顺序对 $\ln I_T$、$\ln G_P$、$\ln S_G$、$\ln U$ 进行方差分解，如图 4－3 所示。从收入差距的方差分解来看，收入差距对自身的贡献度在第 1 期为 100%，在第 2 期急剧减少到 57. 9%，在第 3 期反弹到 63. 7% 后，其贡献度缓慢减少，到第 30 期时降至 54. 6%。经济增长对收入差距的贡献度在第 2 期上升到 1. 9%，在第 3 期略有下降后开始上升，到第 6 期达到最大值 3. 5%，然后缓慢下降到第 17 期的 2. 4%，然后略有上升后趋于平稳，到第 30 期时达到 3. 2%。从教育发展对收入差距的贡献度来看，其贡献度在第 2 期迅速增长到 31. 0%，然后略有下降后开始上升，到第 11 期时达到 34. 4%，然后略有下降后趋于平稳，到第 30 期时达到 32. 7%。城市化对收入差距的贡献度到第 2 期时达到 9. 2%，然后略有下降后开始上升，到第 6 期时达到 10. 6% 后开始下降，到第 30 期时达到 9. 7%。由于方差分解受 Cholesky 顺序的影响很大，所以，只能对该模型做一般性说明。尽管该方差分解也受 Cholesky 顺序的影响很大，但从总体上来看，各种 Cholesky 顺序的共同特点是第 1～5 期贡献度变化较大，第 6～10 期其贡献度变化趋缓，然后变得非常平稳。

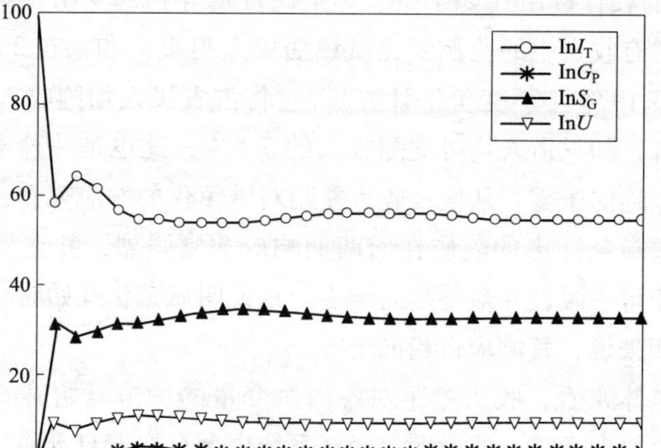

图 4－3　$\ln I_T$ 的方差分解

3）模型的主要结论和政策建议

由上面分析可知，经济增长、教育发展、城镇化都是城乡收入差距的 granger 原因，且三者同时也是收入差距的 granger 原因。城乡收入差距对自身和城市化一个标准差新息冲击的响应开始时都是强烈的，在短期与中期内都会引起城乡收入差距的恶化，但在长期，其响应会逐渐消失。从城乡收入差距对经济增长和教育发展的冲击的响应来看，经济增长和教育发展的负向冲击在短期和中期内会缩小收入差距，但在长期，其响应也会逐渐消失。从该模型整体来看，收入差距对自身及其他各内生变量冲击的响应开始时都是强烈的，但最终都会趋向于零。这说明，该经济系统内部存在着自动稳定的机制，当遇到内生变量的冲击时，收入差距虽然开始时会有较大的波动，但最终会稳定在初始水平上。该模型从另一个方面说明，要缩小城乡收入差距，需要有持续不断的刺激机制。需要进一步说明的是，由于城乡收入差距指标采用的是城市居民人均可支配收入超过农村居民人均纯收入的倍数计算，计算公式是：城乡收入差距 =（城市居民人均可支配收入 - 农村居民人均纯收入）÷农村居民人均纯收入。因此，该结论说明，当经济发展、教育发展和城镇化加快时，城乡收入差距的绝对数也会增加。尽管该方差分解受 Cholesky 顺序的影响很大，但从总体来看，各种 Cholesky 顺序的共同特点是第 1 ~ 5 期贡献度变化较大，第 6 ~ 10 期其贡献度变化趋缓，然后变得非常平稳。因此，要解决我国城乡收入差距问题，就要制定向农村倾斜的长期有效的收入分配政策。要加大农村基础设施建设的力度，加大农村生活保障体系的建设，千方百计增加农民收入，保证农村农民生活水平不断提高。要努力实现城乡教育平等，并鼓励大学生积极投入到农村经济建设中去，为农村经济建设服务。在全面推进城镇化的时候，必须摈弃以中心城市为依托的城市化道路，选择适合我国的、有利于解决我国二元经济结构问题的小城镇化道路，要将农村建设得像城市一样美丽。总之，要解决我国城乡收入差距问题，必须立足于我国的实际情况，充分发挥政府部门在收入分配中的调节功能，统筹城乡发展，正确处理好经济增长、教育发展、城镇化与城乡收入差距的关系，提高农村居民的素质，改善农村生存环境，切实解决农民的实际困难，全面实现城乡经济、政治、教育、社会文化等多方位的平等。

参考文献

[1] W · Arthur · Lewis. Economic Development with Unlimited Supplies of Labour [J]. The

Manchester School, 1954: 55 – 89.

[2] Simon Kuznets. Economic Growth and Income Inequality [J]. The American Economic Review, Vol. 45, No. 1, 1955: 1 – 28.

[3] 张世伟，冯娟．经济增长与收入差距：一个基于主体的经济模拟途径 [J]．成都：财经科学，2007 (01): 41 – 49.

[4] 苏雪串．城市化与城乡收入差距 [J]．北京：中央财经大学学报，2002 (03): 42 – 45.

[5] 陈安平．城乡收入差距与经济增长的关系研究 [J]．北京：中央财经大学学报，2009 (06): 54 – 58.

[6] 李宪印．城市化、经济增长与城乡收入差距 [J]．北京：农业技术经济，2011 (08): 50 – 57.

[7] 傅振邦，陈先勇．城市化、产业结构变动与城乡收入差距 [J]．湖北：中南财经政法大学学报，2012 (06): 8 – 14.

[8] 龙翠红．中国的收入差距、经济增长与教育不平等的相互影响 [J]．上海：华东师范大学学报：哲学社会科学版，2011 (05): 138 – 144.

[9] 温娇秀．我国城乡教育不平等与收入差距扩大的动态研究 [J]．西安：当代经济科学，2007 (09): 40 – 45.

[10] 王明华，张健．人力资本投资、经济增长与城乡收入差距 [J]．山西：生产力研究，2010 (08): 152 – 154.

[11] 陈斌开，等．政府教育投入、人力资本投资与中国城乡收入差距 [J]．北京：管理世界，2010 (01): 36 – 43.

[12] 黄燊珺．城乡收入差距与经济增长的贝叶斯分析 [J]．北京：中国证券期货，2011 (11): 212 – 214.

2 产业发展、财政支出与城乡收入差距——基于 VAR 模型的动态分析

改革开放以来，我国经济迅猛增长，各产业长足发展，综合国力大幅度提升，财政收支大幅度增长。与此同时，我国城乡二元经济结构也变得日趋严重，城乡收入差距逐渐扩大。从城乡收入指标来看，按照 1978 年商品零售定基价格计算，1978 年城镇居民家庭人均可支配收入是农村居民家庭人均纯收入的 2.6 倍，这一差距指标最小的一年为 1983 年，该年差距为 1.8 倍，以后各年差距总体趋势渐渐扩大，到 2011 年，城镇居民家庭人均可支配收入达到农村居民家庭人均纯收入的 3.1 倍；从绝对数来看，1978 年城镇居民比农村居民人均纯收入高

209.8元，以后各年度该指标几乎稳步上升，到2011年，城镇居民平均可支配收入比农村人均纯收入高3 480.2元，是1978年的16.6倍。收入差距的扩大，不仅影响社会的公平，也会导致效率的损失，甚至有可能成为社会不稳定的因素，它是一个经济问题，也是一个政治问题。因此，解决我国二元经济结构问题、缩小城乡差距，已经成为摆在政府与经济工作者面前日益凸显的重大课题。

1）文献述评

最早将“二元结构”概念运用于分析人类社会经济现象的是荷兰经济学家和社会学家J·H·伯克，他在1953年出版的《二元社会的经济学和经济政策》中有相关分析。1954年，刘易斯在他的《无限劳动供给下的经济发展》中首次提出了发展中国家经济“二元结构”的理论模型。该模型由一个弱小的现代部门和一个强大的传统部门组成。由于两部门的工资差异，诱使农业剩余劳动力日益向城市工业部门转移。当剩余劳动力消失，劳动的边际生产率也提高，与工业达到一致时，经济中的“二元结构”也就消失了。刘易斯的追随者拉尼斯、费景汉对刘易斯模型进行了改进，但从实质来说，这些二元经济结构理论描述的是一种资本主义国家所走过的用传统工业化带动农业现代化的发展道路。1955年，美国经济学家、统计学家Simon Kuznets根据经济增长早期阶段（1854—1875年）的普鲁士和处于经济发展后期阶段（1880—1950年）的美国、英国和德国萨克森地区收入差距的统计资料，在他的论文《经济发展与收入不平等》中提出了经济增长与收入分配关系的“倒U假说”，认为“收入分配不平等的长期趋势可以假设为：在前工业文明向工业文明过渡的经济增长在早期阶段迅速扩大，而后是短暂稳定，然后在增长的后期逐渐缩小”。之后中外不少学者企图验证这一假说，也有不少学者企图通过研究收入差距问题的影响因素来寻求解决二元经济结构问题的道路。我国学者对我国特殊历史条件下“二元结构”的成因进行了深入剖析，并探索了解决我国二元经济结构的路径。最具有代表性的观点有以下几种：林毅夫教授等认为，解决“三农”问题要“跳出农业看农业”，用大中城市带动广大的农村；把农民转移到有竞争力的产业就可以解决“二元结构”问题。侯冠平（2004）认为，我国二元经济结构存在的原因主要在于城乡素质“二元结构”，主张用知识化推进“二元结构”一元化。王少平、欧阳志刚（2007）和吕炜、储德银（2011）认为，城乡收入差距对经济增长的长期效应取决于城乡收入差距水平和经济发展阶段，两者之间的关系会随着发展阶段的不同而存在差异性。国家发改委宏观经济研究院课题组（2008）认为我国收入差距的扩大已从正面的动力要素为主向负面的危机效应为主转化，形成收入差距的主因在于收入分配制度，主张加大公共服务支出，特别是教育、医疗、就业及社会保障方面的公共服务支出。李永友、沈坤荣（2007）认为，中国的相对贫困水平有逐步上升的趋势，城乡内部相对贫困水平的上升速度存在差异；农村和城镇，相对贫困与经济的发展速度有关，与经济所处的水平无关；中国相对贫困的产生和日趋严重主要来自于财富初始分配环节中劳动力要素价格在不同行业之间存在的较大差异，而财政在减缓初始分配环节造成的相对贫困方面作用又非常有限，尤其是医疗卫生支出在某种程度上还进一步扩大了相对贫困水平；相对贫困对经济增长的抑制效应非常显著，主张调控初始分配形成的收入分配差距，实施向低收入群体倾向的支出配置政策，降低相对贫困的深度。魏向赤（2008）认为，最好的公共政策就是为最弱势的群体提供最优质的公共服务，我国基础设施和公共服务跟不上农民的进城速度，“城市化”和“现代化”不过是将原来城乡的“二元结构”转换为城市内部的“二元结构”，提出要防止把城乡之间的教育不公平转化为城市内部的教育不公平。李明、李慧中（2011）认为，决策者收入优势导致收入差距，且已经构成中国财政支出迅速扩张和结构扭曲的另一个重要原因，收入分配结构调整已成为建设公共财政的一个重要环节。由于使用的数据不同、条件不同、使用的方法不同，得出的结论千差万别。毫无疑问，这些观点有一定的借鉴作用。但中外学者提出的这些解决二元经济结构问题的各种理论大多是描述了资本主义国家走过的、用工业现代化带动农业现代化的发展道路。虽然这些模型与观点有一定的借鉴意义，但在应用于我国实践的过程中，缺陷非常明显。按照刘易斯的二元经济结构模型，只要农村劳动力转移到城市，就可以解决二元经济结构问题。可事实上，前面已经分析过，如今中国社会能坚守农村阵地的只有老人、小孩和妇女们，几乎所有的能够劳动的劳动力都已经到来城市，可为什么还是解决不了二元经济结构问题？本书想利用一系列模型来分析产业发展、财政支出和收入差距之间的关系，为解决我国二元经济结构问题提供理论依据。

2）模型的构建与实证分析

产业发展、财政支出和收入差距之间有着密切的联系。各产业的协调发展构成了经济发展，经济发展影响国家税收收入，税收为财政支出的重要来源，财政支出的增加又会引起经济的增长。另外，各产业的发展或经济发展有可能对城乡收入差距产生影响，而财政支出也可以作为政府影响城乡收入的重要手段。基于经济发展、财政支出和收入差距之间的这种关系，我们可以构建系列模型进一步分析。为了较好地分析经济发展、财政支出对城乡收入差距的影响，将经济按三大产业划分，并将第二产业进一步区分为工业和建筑业，然后分析城乡收入差距与各产业发展、财政支出之间的关系。

（1）分析方法、指标选取与数据说明

在分析方法方面，可以利用经典的 OLS 法和 VAR 模型。1980 年 C. A. Sims 提出了 VAR（Vector Autoregression）模型，由此推动了对经济系统动态分析的广泛应用，是当今世界上的主流模型之一。从模型赖以建立的数据来看，经典回归模型建立在稳定数据变量的基础上，对于非稳定变量使用经典回归模型，可能会出现虚假回归等诸多问题。1981 年 Granger 提出协整的思想，以适用于非平稳变量组成的关系式中长期均衡参数估计的技术。如果变量之间有着长期的稳定关系，即它们之间是协整的（cointegration），则可以使用经典回归模型方法建立回归模型。在选择计量指标时，可以选择城乡收入差距、人均 GDP、第一产业、工业、建筑业、第三产业以及财政支出。为了研究方便，城乡收入差距以城镇居民人均可支配收入与农村居民人均纯收入之差作为衡量指标，记为 G_I，用 G_P 表示人均 GDP，单位均为元。第一产业、工业、建筑业、第三产业和财政支出分别用 P_I、I、C_L、T_L 和 E_F 表示，单位均为亿元。为了消除价格因素对于时间序列分析的影响，所有的价值指标都用商品零售价格定基指数（按 1978 年价格）进行平减。为了消除可能存在的异方差性，对有些指标数据经过上述处理后再进行自然对数变换，并分别在前面加 ln。指标数据源于各年度《中国统计年鉴》，数据取值范围为 1978—2011 年。

（2）中国 Kuznets 的“倒 U 假说”的验证

Kuznets 的“倒 U 假说”描述的是经济发展与收入分配之间的关系，当经济发展开始时，随着经济的发展和收入的增加，社会分配的不平等程度加深；当经济发展到较高水平时，国民人均收入不公平程度逐渐缩小，使得整个 Kuznets 曲线呈现出倒“U”形的状态。也就是说，在经济不断发展的过程中，人均收入分配状况呈现出由不断恶化到逐渐平等的状态。考虑到中国的情况，采用中国的人均 GDP 来衡量经济发展的水平，用城乡收入差距来表示社会分配的不平等。可以验证，G_I 和 G_P 都是二阶平稳的，且存在协整关系和 Granger 因果关系，因此，可以建立二者关系的模型。用最小二乘法可得下列方程：

$$G_I = -62.308\,54 + 0.606\,393 G_P - 2.12 \times 10^{-5} G_P^2 + \mu \tag{4-2}$$

$$t = -3.482\,327 \quad 41.831\,66 \quad -11.263\,32$$

$R^2 = 0.997\,698$, Adjusted $R^2 = 0.997\,550$, $F = 6\,718.501$, $T = 34$, $DW = 0.710\,612$

从拟合优度来看，这一结果非常好地拟合了 Kuznets 的“倒 U 假说”在我国经济社会的存在。但是，由于 DW 值偏小，所以方程存在自相关问题。但用于预测方面，自相关问题不会对预测结果产生太大影响。将方程两边对时间求导，并令导数等于 0，可得 $G_P=28\ 603$ 元。也就是说，当我国人均 GDP 达到 28 603 元时，我国的城乡收入差距才会开始减少。我国 2011 年人均 GDP 为 8 254.6 元，离拐点值 28 603 元还有很长的一段距离，所以，我国的城乡差距还会继续扩大。结合我国实际情况，从这一模型及其预测结果来看，我国虽然已是经济大国，但我国的人均收入还极其低下，在 2012 年世界 GDP 排名中，我国排在第 87 位。因此，我国还正处于 Kuznets 的“倒 U 假说”中的随着经济发展，收入分配不断恶化的阶段。考虑到模型存在的自相关问题，也可以建立 AR 模型以消除自相关对模型的影响。用最小二乘法可得 G_I 和 G_P 的关系式如下：

$$G_I = -81.672\ 83 + 0.620\ 780 G_P - 2.30 \times 10^{-5} G_P^2 + 0.641\ 296 AR(1) + \mu \tag{4-3}$$

$t = -2.048\ 138 \quad 23.034\ 19 \quad -7.506\ 105 \quad 4.566\ 732$

$R^2 = 0.998\ 660$, Adjusted · $R^2 = 0.998\ 522$, $F = 7\ 205.515$, $T = 33$, $DW = 1.737\ 423$

Inverted AR Roots = 0.64

这个带有自回归项的方程不仅很好地拟合了城乡收入差距关于人均 GDP 的方程，而且消除了自相关问题，AR 根倒数的模小于 1，说明模型是稳定的。用该方程预测收入差距最大时的人均 GDP 为 26 990 元，与前面的预测基本相吻合。由于宏观经济变量通常都是非平稳的，为了进一步研究收入差距与产业发展和财政支出之间的关系，需要对变量进行检验。

（3）序列的平稳性检验、协整检验和 Granger 非因果关系检验

为了检验变量之间的协整关系，首先需要对时间序列做单位根检验。用（C，T，L）表示检验方程含常数项、趋势项和滞后项情况，C 或 T 为 0，表示不含截距或时间趋势，L 表示滞后期，Δ 表示一阶逐期差分，用 ADF（augmented dickey-fuller）法对各序列进行检验结果如表 4－3 所示。

表 4－3　ADF 单位根检验结果

变量	ADF 检验值	(C,T,L)	临界值(1%)	临界值(5%)	临界值(10%)	结论
$\Delta\ln G_I$	-4.869 967	(C,0,3)	-3.679 322	-2.967 767	-2.622 989	平稳
$\Delta\ln P_I$	-6.527 983	(C,0,0)	-3.653 730	-2.957 110	-2.617 434	平稳
$\Delta\ln I$	-2.851 351	(C,0,0)	-3.653 730	-2.957 110	-2.617 434	平稳**

续表

变量	ADF 检验值	(C,T,L)	临界值(1%)	临界值(5%)	临界值(10%)	结论
$\Delta\ln C_L$	-4.205 371	(C,0,0)	-3.653 730	-2.957 110	-2.617 434	平稳
$\Delta\ln T_L$	-6.294 288	(C,T,0)	-3.689 194	-2.971 853	-2.625 121	平稳
$\Delta\ln E_F$	-3.311 464	(C,0,0)	-3.661 661	-2.960 411	-2.619 160	平稳*
注：*表示5%的显著性水平下平稳，**表示10%的显著性水平下平稳。						

一阶差分 $\Delta\ln G_I$、$\Delta\ln P_I$、$\Delta\ln I$、$\Delta\ln C_L$、$\Delta\ln T_L$ 和 $\Delta\ln E_F$ 都是平稳序列，即 $\ln G_I$、$\ln P_I$、$\ln I$、$\ln C_L$、$\ln T_L$ 和 $\ln E_F$ 都是1阶单整序列 I（1）。有些自身非平稳的时间序列的某种线性组合是平稳的，说明两个变量之间存在着协整关系。上述的1阶单整序列 I（1）经过1阶差分，变量是平稳的，也就是说，其1阶差分的时间序列的某种线形组合可能是平稳的，因此，这些变量之间可能存在着协整关系。如果某些时间序列存在协整关系，则说明它们之间存在着长期稳定的均衡关系。采用 Johansen 的极大似然法进行协整检验可知 $\ln G_I$、$\ln P_I$、$\ln I$、$\ln C_L$、$\ln T_L$ 和 $\ln E_F$ 没有协整方程的原假设，在5%的显著性水平下被拒绝，而有3个协整方程的原假设，在5%的显著性水平下被接受，结合上文平稳性检验结果可知，在5%的显著性水平下，变量 $\ln G_I$、$\ln P_I$、$\ln I$、$\ln C_L$、$\ln T_L$ 和 $\ln E_F$ 之间仅存在一种长期均衡关系，这种长期均衡关系能保证变量在任何短期内的偏离都会因为协整而回到长期均衡状态上来。协整分析表明，经济变量之间存在某种均衡关系，但它们之间是否构成因果关系，还需要进一步检验。为保证模型的有效性，可以采用由 Granger（1969）提出，Sims（1972）推广的检验变量之间因果关系的方法。$\ln G_I$ 和其他变量的 Granger 因果关系检验结果如表4-4所示：

表4-4　部分变量间的 Granger 因果关系检验

原假设	滞后期	样本值	F 值	P 值	结论	原假设	F 值	P 值	结论
$\ln G_I \not> \ln P_I$	1	33	9.332 05	0.004 7	拒绝原假设	$\ln P_I \not> \ln G_I$	1.041 84	0.315 6	接受原假设
	2	32	3.010 19	0.066 0	拒绝原假设*		3.273 76	0.053 3	拒绝原假设*
	3	31	3.255 61	0.039 2	拒绝原假设		3.068 11	0.047 1	拒绝原假设
	4	30	3.510 47	0.024 1	拒绝原假设		0.836 95	0.517 0	接受原假设
	5	29	3.888 74	0.014 5	拒绝原假设		1.966 04	0.132 9	接受原假设

续表

原假设	滞后期	样本值	F 值	P 值	结论	原假设	F 值	P 值	结论
$\ln G_I \ngtr \ln I$	1	33	0.620 67	0.437 0	接受原假设	$\ln I \ngtr \ln G_I$	2.773 03	0.106 3	接受原假设
	2	32	0.482 21	0.622 6	接受原假设		4.842 47	0.016 0	拒绝原假设
	3	31	1.893 09	0.157 7	接受原假设		3.567 56	0.028 9	拒绝原假设
	4	30	12.457 3	2.E-05	拒绝原假设		1.944 00	0.140 4	接受原假设
	8	26	8.0493 2	0.002 6	拒绝原假设		5.766 55	0.008 4	拒绝原假设
$\ln G_I \ngtr \ln C_L$	1	33	2.109 48	0.156 8	接受原假设	$\ln C_L \ngtr \ln G_I$	0.803 41	0.377 2	接受原假设
	2	32	3.294 51	0.052 5	拒绝原假设*		1.335 57	0.279 8	接受原假设
	3	31	2.400 75	0.092 7	拒绝原假设*		3.607 55	0.027 9	拒绝原假设
	4	30	8.690 96	0.000 3	拒绝原假设		1.887 15	0.150 2	接受原假设
	6	28	4.107 46	0.012 3	拒绝原假设		3.015 14	0.038 7	拒绝原假设
$\ln G_I \ngtr \ln T_L$	1	33	2.752 00	0.107 6	接受原假设	$\ln T_L \ngtr \ln G_I$	13.023 4	0.001 1	拒绝原假设
	2	32	0.127 98	0.880 4	接受原假设		9.940 30	0.000 6	拒绝原假设
	3	31	4.864 66	0.008 8	拒绝原假设		11.403 2	8.E-05	拒绝原假设
	4	30	9.415 80	0.000 2	拒绝原假设		5.190 26	0.004 6	拒绝原假设
	5	29	6.579 49	0.001 2	拒绝原假设		3.599 12	0.019 7	拒绝原假设
$\ln G_I \ngtr \ln E_F$	1	33	1.551 58	0.222 5	接受原假设	$\ln E_F \ngtr \ln G_I$	0.207 62	0.651 9	接受原假设
	2	32	17.396 4	1.E-05	拒绝原假设		5.112 93	0.013 1	拒绝原假设
	3	31	8.101 65	0.000 7	拒绝原假设		3.456 85	0.032 2	拒绝原假设
	4	30	10.466 5	8.E-05	拒绝原假设		0.957 77	0.451 0	接受原假设
	5	29	5.951 59	0.002 0	拒绝原假设		0.353 36	0.873 4	接受原假设

注：表中 $X \ngtr Y$，表示 X 不是 Y 的 Granger 原因；$Y \ngtr X$，表示 Y 不是 X 的 Granger 原因。*表示在10%的显著性水平下被拒绝。

表4-4是收入差距跟各变量的Granger因果关系检验结果。从该收入差距和第一产业的Granger因果关系检验来看，收入差距不是第一产业的Granger原因的原假设，不管是在短期还是在长期，都被拒绝；第一产业不是收入差距的Granger原因的原假设，在长期和短期被接受，而在中期被拒绝。这说明收入差距的扩大会影响第一产业的发展，而第一产业的发展也会影响城乡收入差距。从该收入差距和工业的Granger因果关系检验来看，收入差距不是工业的Granger原

因的原假设，在短期内被接受，在长期被拒绝；而工业不是收入差距的 Granger 原因的原假设，在短期被接受，在中期和长期被拒绝。也就是说，收入差距和工业在短期内不构成 Granger 因果关系，而在长期却是双向 Granger 因果关系。原因可能是，城市居民占有了工业发展带来的好处，从而加剧了城乡收入差距，而收入差距的扩大会吸引更多优秀的农村居民参与到工业发展的事业中来，从而进一步加剧城乡收入差距。从该收入差距和建筑业的 Granger 因果关系检验来看，收入差距不是建筑业的 Granger 原因的原假设，在短期内被接受，在中期和长期被拒绝；而建筑业不是收入差距的 Granger 原因的原假设，在短期内被接受，在长期被拒绝。原因可能是，建筑业的发展，在短期内仅仅是财富在城镇居民之间的转移，从而与收入差距之间不构成 Granger 因果关系。但从长期而言，城乡收入差距的扩大会使国家更有实力发展建筑业，而建筑业的发展又会促进城乡经济的发展，进一步对收入差距产生影响。从该收入差距和第三产业的 Granger 因果关系检验来看，收入差距不是第三产业的 Granger 原因的原假设，在短期内被接受，在长期被拒绝；而第三产业不是收入差距的 Granger 原因的原假设，不论在短期还是长期，都被拒绝。原因可能是，收入差距的扩大要引起第三产业的发展有一个时滞问题，在长期，收入差距的扩大会吸引更多优秀的农村居民前往城市，加入甚至融入城市生活与城市经济，加速第三产业的发展；第三产业主要是服务于城市经济与城市居民，从而加大城乡差距。从该收入差距和财政支出的 Granger 因果关系检验来看，收入差距不是财政支出的 Granger 原因的原假设，在短期内被接受，在中期和长期被拒绝；而财政支出不是收入差距的 Granger 原因的原假设，在短期和长期被接受，在中期被拒绝。收入差距的扩大要引起财政支出的增加，也有一个时滞效应，要抑制收入差距的扩大，需要政府加大财政支出；财政支出的加大，有利于缩小城乡收入差距。从以上的分析可以看出，收入差距跟各产业之间、收入差距和财政支出之间在一定的时期内都存在着 Granger 因果关系，因此，可以建立它们之间相互关系的 VAR 模型。

（4）我国收入差距与各产业、财政支出的实证分析

基于上述分析，为了寻求收入差距与各产业发展、财政支出的关系，可以考虑建立 VAR 模型。根据 *SC* 最小且 *AIC* 最小的原则，选择滞后期为 3。由于本书要考察的是收入差距与各产业发展和财政支出的关系，所以，下面只列出 $\ln G_I$ 方程。模型结果如方程（4－4）所示：

$$\ln G_I = -1.173\,693 + 0.095\,966\ln G_I^{-1} + 0.128\,641\ln P_I^{-1} - 0.319\,727\ln I^{-1} +$$
$$0.098\,848\ln C_I^{-1} + 0.532\,434 T_I^{-1} - 0.240\,836 E_F^{-1} + 0.225\,094 G_I^{-2} -$$

$0.076\,012\ln P_I^{-2} + 0.513\,838\ln I^{-2} - 0.602\,401\ln C_I^{-2} + 0.494\,146 T_I^{-2} + 0.675\,185 E_F^{-2} + 0.363\,257\ln G_I^{-3} + 0.088\,132\ln P_I^{-3} - 0.100\,508\ln I^{-3} - 0.194\,562\ln C_I^{-3} - 0.160\,168 T_I^{-3} - 0.607\,861 E_F^{-3} + \mu$ (4-4)

$R^2 = 0.999\,446$，$Adj \cdot R^2 = 0.998\,615$，$AIC = -3.725\,367$，$SC = -2.846\,472$

模型整体检验结果 $AIC = -24.950\,27$，$SC = -19.676\,90$

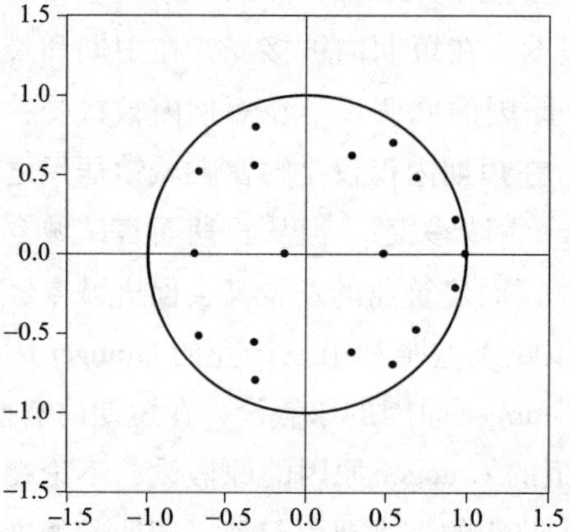

图 4-4　VAR 模型稳定性检验

如果被估计的 VAR 模型所有根的模的倒数小于 1，即都位于单位圆内，则被估模型是稳定的。为了验证模型的稳定性，可以使用 eviews7.0 软件计算该模型特征方程的特征根的倒数绝对值。从这些特征跟的倒数的模来看，所有的特征根倒数的模都小于 1，都在单位圆内，说明该模型是稳定的。检验结果如图 4-4 所示。由于所有特征根都在单位圆内，所以，可以进一步分析脉冲响应函数。脉冲响应函数（IRF：impulse-response function）描述的是模型系统对一个内生变量新息（Innovation）冲击的响应，即描述在随机误差项上施加一个来自系统内部或外部的标准差大小的冲击后，对内生变量的当期值和未来值所产生的动态影响。主要用于分析政策的时滞问题。为了避免“正交”脉冲响应函数 Cholesky 分解的结果严格依赖于模型中变量的次序的缺点，可以采用由 Koop 等（1996）提出的广义脉冲响应函数，并选取考查期为滞后 30 期。该模型的广义脉冲响应函数如图 4-5 所示：

广义脉冲分解法描述 1998 年 Pesaran 和 Shin 构建的不依赖于 VAR 模型中变量秩序的正交的残差矩阵。

图 4-5（a）所描述的是收入差距对各内生变量一个标准差冲击的响应函数。收入差距对自身一个标准差新息的冲击的响应在开始时非常敏感，在第 1 ~ 2 期迅速减少，在第 2 ~ 3 期略有回升后，在第 3 ~ 5 期又急剧减少，在第 5 ~ 7 期略降后有所回升，然后有较大幅度上升，并在第 11 期达到极高点，之后波幅减少，最终趋近于 0。这说明收入差距自身存在一种内在自动调节机制，这种机制会使收入差距在长期内不会超过一定的范围，这个范围就是社会对城乡收入差距的容忍度，这一容忍度随着经济的发展和社会的变化而变化，且与经济发展的程

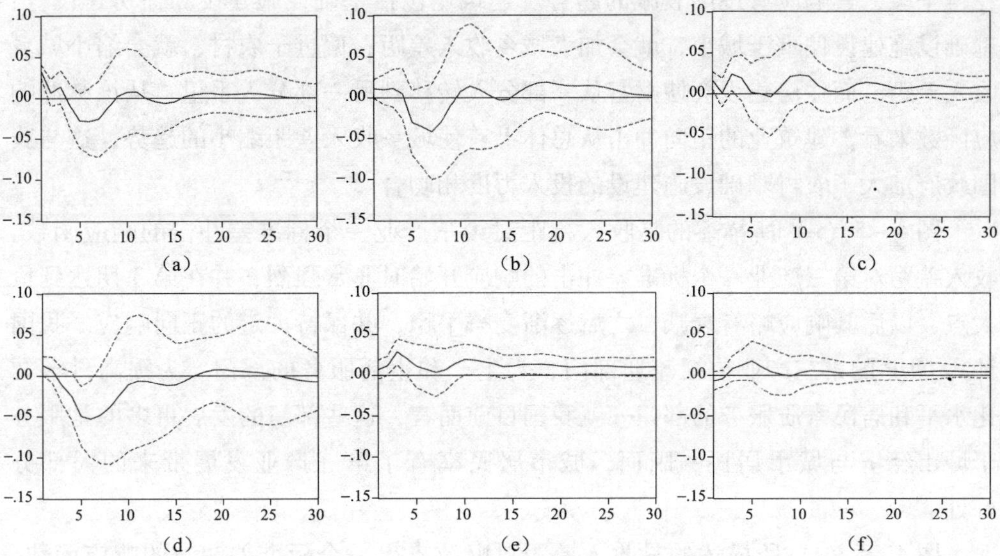

图4－5 广义的脉冲响应函数

度、经济政策、人文环境、社会习俗等因素有着密切的联系，还与农村居民转变为城镇居民的社会成本和经济成本有关。当收入差距超过一定范围时，就会打破现有的状况，从而导致收入差距的减少。

图4－5（b）所描述的是收入差距对第一产业一个标准差冲击的响应函数。收入差距对第一产业的冲击最开始时非常平缓，在第4～7期响应非常强烈，并在第7期达到最低点，从第7期开始迅速上升，在第11期达到极大点，之后波幅在总体趋势上减少，并有随着时间的推进而逐渐消失的趋势。从其响应函数可以看出，虽然从短期来看，第一产业的发展对收入差距有一定的减缓作用，但从长期说来，第一产业的发展未必会使收入差距缩小。原因可能是，在短期内，第一产业的发展虽然增加了农民的收入，但从中长期而言，第一产业的发展会使农产品的供给增加，从而降低农产品价格，出现“谷贱伤农”的现象。

图4－5（c）所描述的是收入差距对工业一个标准差冲击的响应函数。收入差距对工业一个正向冲击的响应在开始时产生较强烈的波动，之后其波动逐渐衰减，最后保持一定水平的正向响应。因此，从收入差距对工业发展的响应函数来看，工业发展对城乡收入差距的扩大具有长期效应。

图4－5（d）所描述的是收入差距对建筑业一个标准差冲击的响应函数。收入差距对建筑业一个正向标准差冲击的响应开始时非常强烈，在第3期达到负值，在第6期以数倍的方式达到最低点，然后从第6～11期迅速上升，之后波幅

变得平缓，其响应有逐渐衰减的趋势。建筑业包括基础设施建设和住房建设等，基础设施建设偏重于城市，就会加大城乡收入差距；偏重于农村，就会缩小城乡收入差距，而住房建设会使财富从一部分人转移到另一部分人手里。从该脉冲响应函数来看，建筑业的正向冲击从总体上有使城乡收入差距缩小的趋势，这与我国政府加大了农村基础设施建设的投入力度相吻合。

图4－5（e）所描述的是收入差距对第三产业一个标准差冲击的响应函数。收入差距对第三产业一个标准差冲击的响应开始时非常强烈，并在第3期达到最大点，以后其响应略有衰减，之后逐渐变得平稳，并保持一定的正向响应。我国计入GDP的第三产业包括流通部门、为生产和生活服务的部门、为提高科学文化水平和居民素质服务的部门。就我国目前而言，这些部门的发展更多的是服务于城市经济与城市居民，因而，城市居民享有了第三产业发展带来的大部分好处。

图4－5（f）所描述的是收入差距对财政支出一个标准差冲击的响应函数。收入差距对财政支出一个负向标准差冲击的响应会迅速达到正值，在第5期达到最大点，然后逐渐衰减，波幅逐渐减小，但保持一定的正向响应。原因可能是，近些年我国加大了基础设施的建设，尤其是农村基础设施建设的力度，同时，也加大了对农村居民收入的支持力度。所以，减少财政支出，就会扩大城乡收入差距。

为了弄清结构冲击对收入差距变化的贡献度，可以将上述VAR模型进行方差分解，所得结果如图4－6所示。方差分解（variance decomposition）是Sims在1980年提出了的，它是通过分析每一个结构冲击对内生变量变化（通常用方差

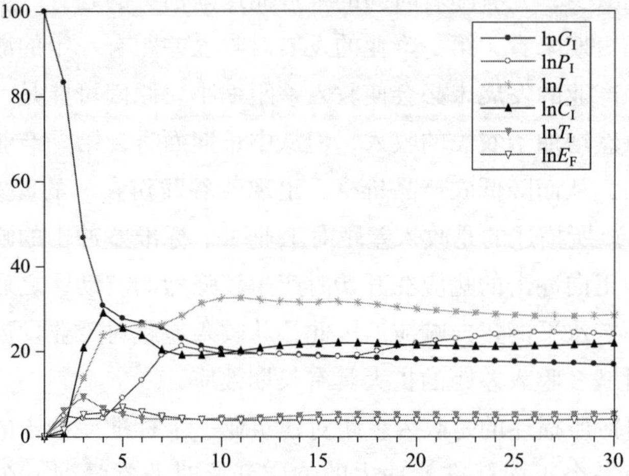

图4－6　方差分解

来度量）的贡献度，分析预测残差的标准差由不同新息的冲击影响的比例，即对应内生变量对标准差的贡献比例，并进一步评价不同结构冲击的重要性。因此，方差分解给出了对 VAR 模型中的变量产生影响的每个随机扰动的相对重要的信息。图 4 -6 是我国收入差距的方差分解，其 Cholesky Ordering（cholesky 顺序）为：$\ln G_I$、$\ln P_I$、$\ln I$、$\ln C_L$、$\ln T_L$、$\ln R_F$、$\ln E_F$。

从图 4 -6 中可以看出，一个结构冲击后，收入差距的贡献度迅速减少，从第 1 期的 100% 到第 4 期时减少到 30. 7%，之后还是一直下降的趋势，但其下降的趋势变得非常缓慢，到第 10 期时，其贡献度达到 20. 5%，到第 30 期时，其贡献度达到 16. 8%。第一产业的贡献度增长相对缓慢，到第 8 期时达到极大值 21. 3%，以后其贡献度略有减少，并在第 16 期时达到极低点 18. 7%，后又开始上升，在第 26 期时达到最高点 24. 4%，然后开始下降，在第 30 期时达到 23. 9%。工业的贡献度的增长速度非常快，到第 2 期时为 3. 5%，到第 4 期时达到 23. 9%，到第 11 期时达到最大值 32. 6%，之后开始下降，到第 30 期时达到 28. 5%。建筑业的贡献度的增长速度在开始时增长得最快，从第 2 期的 0. 63% 增加到第 4 期的 29. 0%，然后开始下降，到第 9 期时降到最低点 19. 1%，之后略有上升后，从第 13 期起，其贡献度基本保持在 21% ~22%，到第 30 期时达到 21. 8%。第三产业的贡献度从总体上仅略高于财政支出的贡献度，在第 3 期时达到最大值 9. 4%，在第 8 期时达到极低点 3. 9%，以后略有增加，从第 15 期起，在略高于 5% 的水平上波动，在第 30 期时达到 5. 2%。财政支出的贡献度在各内生变量中总体说来是最低的，在第 5 期时达到最高点 6. 9%，在第 9 期时下降到 3. 9%，并保持在不超过 4% 的水平，到第 30 期时其贡献度达到 3. 9%。因此，从长期来看，收入差距的贡献度总体上主要来自于工业、农业、建筑业和收入差距自身，而第三产业和财政收入的贡献度是非常小的。

3）主要结论和政策建议

通过以上分析可知，我国社会正处于 Kuznets 的“倒 U 假说”中的随着经济发展，收入分配不断恶化的阶段。我国经济要离开城乡收入差距最大的拐点，还有很长的路要走。中国政府应该在经济达到收入差距拐点之前，想方设法提高农村居民的收入水平，尽可能缩小城乡收入差距，缓解甚至解决二元经济结构问题，促进社会的和谐发展。

收入差距自身存在一种内在自动调节机制，这种机制会使收入差距在长期内不会超过一定的范围，这个范围就是社会对城乡收入差距的容忍度，这一容忍度随着经济的发展和社会的变化而变化，与经济发展的程度、经济政策、人文环境、社会习俗等因素有着密切的联系，与农村居民转变为城镇居民的社会成本和经济成本密切相关。当收入差距超过一定范围时，就会打破现有的状况，从而导致收入差距的减少。因此，政府应该合理引导城乡城镇化进程，减少农村居民城镇化成本，解决进城农民可能遇到的困难，为缩小城乡差距创造条件。

收入差距的扩大会影响第一产业的发展，而第一产业的发展也会影响城乡收入差距。从短期来看，第一产业的发展对收入差距有一定的减缓作用，但从长期说来，第一产业的发展未必会使收入差距缩小。第一产业的发展虽然增加了农民的收入，但第一产业的发展会使农产品的供给增加，从而降低农产品价格，出现“谷贱伤农”的现象。因此，要缩小城乡收入差距，必须切实保护农民利益，加大农产品价格保护力度，与此同时，要调整农业初级产品的结构，提高农产品质量，加大对农产品加工产业的支持力度，以确保第一产业发展给农民带来的好处。

工业发展会加剧城乡收入差距，收入差距的扩大会有利于工业的发展。工业发展对城乡收入差距的扩大具有长期效应。因此，在发展工业的同时，也要尽可能照顾农村居民的利益：一方面，要发展与第一产业相关的机械业，为第一产业生产与加工的发展提供现代化技术与装备；另一方面，要切实保护农民利益，工业的发展不能以损害农民利益为前提，如为了工业发展而需要征收农民土地时，必须给予农民足够的补偿，并要考虑到农民未来的收入与生活问题。

建筑业的发展在短期内更多的是财富在城镇居民之间的转移，从而与收入差距之间不会构成 Granger 因果关系。但从长期而言，城乡收入差距的扩大会使国家更有实力发展建筑业，而建筑业的发展又会促进城乡经济的发展，从而对收入差距产生影响。建筑业包括基础设施建设和住房建设等，基础设施建设偏重于城市，就会加大城乡收入差距；偏重于农村，就会缩小城乡收入差距。因此，要缩小城乡收入差距就要统筹城乡发展，加大农村基础设施建设的力度，改善农村的生活环境。

我国目前第三产业更多的是服务于城市经济与城市居民，所以，第三产业的发展会加大城乡收入差距；收入差距的扩大，会吸引更多优秀的农村居民前往城市，加入甚至是融入城市生活与城市经济，加速第三产业的发展。要缩小城乡收入差距，就要把农村教育和提高农民素质放在一个战略的高度来对待，要提高农产品的科技含量，调整第三产业的结构，要从金融、教育、卫生、科技等方面为农村提供更多的服务支持。

财政支出的增加会缩小城乡收入差距，收入差距的扩大，需要政府加大财政支出力度。要缩小城乡差距，就要进一步加大财政对农村建设的支持力度，加快新农村建设的步法，切实解决好农村生活环境与生活质量问题。

总之，要解决我国的城乡收入差距问题，必须充分发挥政府部门在收入分配中的调节功能，必须统筹城乡发展，正确引导并充分发挥农民的积极性和创造性，既要“跳出农业看农业”，更要立足于我国的实际情况，调整产业结构，提高农业产品的科技含量，提高农民收入，改善农村生存环境，提高农村的生活质量。只有这样，才能缓解甚至解决我国二元经济结构问题。

参考文献

[1] Jeffrey M. Woodbridge. Introductory Econometrics: A Modern Approach (4 edition.) [J]. South-Western College Pub, 2008.

[2] Simon Kuznets. Economic Growth and Income Inequality [J]. The American Economic Review, Vol. 45, No. 1, 1955: 1-28.

[3] W. Arthur. Lewis. Economic Development with Unlimited Supplies of Labour [J]. The Manchester School, 1954: 55-89.

[4] 高铁梅．计量经济分析方法与建模：Eviews 应用及实例 [M]. 北京：清华大学出版社，2009.

[5] 侯冠平，等．用知识化带动城镇化解决“三农”问题 [J]. 河南：领导科学．2004 (08): 35-36.

[6] 王少平，欧阳志刚．我国城乡收入差距的度量及其对经济增长的效应 [J]. 北京：经济研究，2007 (10): 44-55.

[7] 吕炜，储德银．城乡居民收入差距与经济增长研究 [J]. 北京：经济学动态，2011 (12): 30-36.

[8] 国家发改委宏观经济研究院课题组．公共服务支出对收入差距调节的贡献 [J]. 北京：经济学动态，2008 (09): 69-72.

[9] 李永友，沈坤荣．财政支出结构、相对贫困与经济增长 [J]. 北京：管理世界，2007 (11): 14-26, 171.

[10] 魏向赤．健全公共财政体制　提供优质教育服务 [C]. 2008 年中国教育经济学年会会议论文集，2008 (10): 1094-1098.

[11] 李明，李慧中．决策者收入优势与中国的地方财政支出 [J]. 北京：财贸经济，2011 (08): 21-27, 43.

3 基于VAR模型的产业发展、物价上涨与城乡收入差距

改革开放以来，我国经济有了长足发展，按照1978年不变价格，2010年的国内生产总值比1982年增长了19.9倍，第一产业、第二产业（工业和建筑业）和第三产业分别增长了5.3倍、20.9倍和40.3倍。就物价而言，从1952年到2010年，我国物价增长了5.094倍，平均每年通货膨胀率仅为2.80%；但改革开放后，我国物价增长较快，以1975年至2010年计算，平均每年通货膨胀率为4.06%；以1985年至2010年计算的通货膨胀率为4.54%。虽然与美国等发达国家相比，通货膨胀率较高外，与一般发展中国家相比，我国的通胀率是非常低的，物价相对稳定。但我国某些年份的通货膨胀率还是偏高的，如1988年、1989年通货膨胀率分别达到18.5%和17.8%，1993—1995年通货膨胀率分别达到13.2%、21.7%和14.8%。与此同时，城乡差距也在不断扩大，2010年城乡收入差距比1982年扩大了14.9倍。城乡耐用品差距也非常大，耐用品差距不仅表现在数量上，更重要的是表现在质量上；当每百户城镇居民拥有29.08台洗衣机的时候（1983），农村居民每百户家庭只有0.36台；当每百户城镇居民拥有3.22台电冰箱的时候（1984），农村居民每百户家庭只有0.03台；当每百户城镇居民拥有17.21台彩色电视机的时候（1985），农村居民每百户家庭只有0.80台；当每百户城镇居民拥有11.91台照相机的时候（1983），农村居民每百户家庭只有0.33台；当每百户城镇居民拥有71.2台电脑的时候（2010），农村居民每百户家庭只有10.4台。从耐用品质量来说，城乡差距更是惊人，当黑白电视早已在城镇淘汰出局时，农村到2004年还有37%，到2008年还有9.9%，到2010年6.4%的家庭还在使用黑白电视机。城乡差距的扩大集中表现在城乡收入差距上，城乡差距问题不仅是一个经济问题，更是一个政治问题，如果解决不好甚至会引起社会动乱。城乡收入差距问题是二元经济结构问题的核心，稳定物价就是稳定人心，因此，如何缩小城乡差距，解决二元经济结构问题；如何稳定物价，确保经济平稳发展，成为摆在各级政府和各位经济工作者面前的重大任务。为此，我们做了一系列研究，旨在找出影响二元经济结构的因素，为政府和其他有关部门的决策提供理论依据。本节主要从建立VAR模型来分析城乡收入差距、物价上涨和各产业发展之间的关系的基础上，提出一些政策主张。在分析过程中，我们把第二产业进一步划分为工业和建筑业，以便能更好地从中找出一些规

律。建筑业主要包括房屋工程建筑、土木工程建筑、建筑安装业、建筑装饰业和其他建筑业；第一产业为农林牧渔业。

1）文献回顾

最早将“二元结构”概念运用于分析社会经济现象的是荷兰经济学家和社会学家J·H·伯克，他在1953年出版的《二元社会的经济学和经济政策》中有相关分析。1954年，刘易斯在他的《无限劳动供给下的经济发展》中首次提出了发展中国家经济“二元结构”的理论模型。该模型由一个弱小的现代部门和一个强大的传统部门组成。由于两部门工资的差异，诱使农业剩余劳动力日益向城市工业部门转移。当剩余劳动力消失，劳动的边际生产率也提高，与工业达到一致时，经济中的“二元结构”也就消失了。刘易斯的追随者拉尼斯、费景汉对刘易斯模型进行了改进，但从实质来说，这些二元经济结构理论描述的是一种资本主义国家所走过的从农业向工业转化、用传统工业化带动农业现代化的发展道路。在研究收入差距和经济发展关系方面，1955年美国经济学家、统计学家Simon Kuznets根据经济增长早期阶段（1854—1875年）的普鲁士和处于经济发展后期阶段（1880—1950年）的美国、英国和德国萨克森地区收入差距的统计资料，在他的论文《经济发展与收入不平等》中提出了经济增长与收入分配关系的“倒U假说”，认为“收入分配不平等的长期趋势可以假设为：在前工业文明向工业文明过渡的经济增长在早期阶段迅速扩大，而后是短暂稳定，然后在增长的后期逐渐缩小”。之后中外不少学者企图验证这一假说或者研究经济增长和收入分配之间的关系。在产业发展和城乡收入差距方面，陈斌开、林毅夫（2010）认为，在落后国家推行重工业优先发展战略会导致更低的城市化水平和更大的城乡工资差距。重工业优先发展战略会导致单位资本吸纳的劳动力减少、城市就业水平降低和城乡工资差距拉大；赶超程度越大，城市就业越少，城市化水平越低，城乡工资差距越大。落后国家推行重工业优先发展战略会降低资本积累率，导致更慢的城市化进程和更持久的城乡工资差距；赶超程度越大，城市化进程越慢，城乡工资差距缩小越慢。马晓河（1998）认为，依据经济发展阶段变化，农业和非农产业部门之间存在着不同的发展关系：改革初期，调整产业关系，减少收入外流；改革中期，改革重心转移，产业关系波动；转折时期，改变“索取”政策，全面支持农业；未来选择，构建新型关系，确定产业政策：要将农业的发展目标重点放到提高农产品质量和改善生态环境方面来，引导农业降低生产成本、增加效益；要发展农业、农村经济，增加农民收入，启动国内市场并推动经济增长；要使农业进一步加强与其他产业的联系，不断延长产业链条，向产业化经营目标迈进。翟绪军、尚杰（2011）认为，城乡“二元结构”系数、产业结构与城乡居民收入差距呈正相关关系；城镇化水平、农村金融发展水平与城乡居民收入差距呈负相关关系。张若雪、张涛（2008）认为，要借鉴韩国和中国台湾在经济发展过程中缩小收入差距的某些经验，努力创造机会均等的社会环境，促进产业结构快速升级，重视人力资本积累以及农村地区发展，这是造就韩国和中国台湾经济起飞过程中收入差距保持稳定甚至缩小的必要条件。李明山（1993）在1993年上半年调查四川农民在物价上涨中得出得少失多的结论。赵磊（2000）分析了我国通货紧缩情况下的收入分配问题，认为收入分配结构问题的深刻根源存在于优胜劣汰与两极分化的内在逻辑之中；在城乡居民收入难以有效提高的情况下，物价下降是市场对收入分配结构的一种强制性的自发调整。李卫林（2012）从城镇化、劳动力转移的角度分析我国物价，认为我国物价表现出的食品与住房价格持续上涨的结构性上涨是城镇化和工业化阶段的必然现象，与各阶层的贫富差距存在很高的相关性，提出倚重财税政策和产业政策影响财富分配和资本、劳动力的产业分配，充分发挥信贷政策的结构调整功能，以有效地控制物价。由于使用的数据不同、条件不同、使用的方法不同，得出的结论千差万别，他们分别在各自的领域或者某一方面提出了具有建设性的建议。

2）产业经济发展、物价上涨与城乡收入差距的实证分析

（1）分析方法、指标选取与数据说明

在分析方法方面，我们利用了经典的OLS法和VAR模型。1980年C. A. Sims提出了VAR（Vector Autoregression）模型，由此推动了对经济系统动态分析的广泛应用，是当今世界上的主流模型之一。从模型赖以建立的数据来看，经典回归模型建立在稳定数据变量的基础上，对于非稳定变量使用经典回归模型，可能会出现虚假回归等诸多问题。1981年Granger提出协整的思想，以适用于非平稳变量组成的关系式中长期均衡参数估计的技术。如果变量之间有着长期的稳定关系，即它们之间是协整的（cointegration），则可以使用经典回归模型方法建立回归模型。本书通过对各产业和收入差距的模型分析，找出它们的内在规律，并提出缩小城乡收入差距的路径，以解决我国二元经济结构问题。在选择计量指标时，我们选择了第一产业、工业、建筑业、第三产业和城乡收入差距。为了研究方便，我们用P_I、IN_D、C_I、T_I分别表示第一产业、工业、建筑业、第三产业的国内生产总值，单位为亿元；用P表示价格指数（1978年=100），用IN_G表示城乡收入差距，单位为元。为了消除价格因素对于时间序列分析的影响，所有的价值指标都用零售商品价格指数（按 1978 年不变价格）进行平减。为了消除可能存在的异方差性，对有些指标数据经过上述处理后再进行自然对数变换，并分别在前面加 ln 表示。在分析过程中，我们仅局限于分析收入差距和物价对各指标的关系以及各指标对收入差距和物价的关系。指标数据源于各年度《中国省统计年鉴》，数据取值范围为 1982—2010 年。

（2）序列的平稳性检验和协整检验

为了检验变量之间的协整关系，首先需要对时间序列做单位根检验。用（C，T，L）表示检验方程含常数项、趋势项和滞后项情况，C 或 T 为 0，表示不含截距或时间趋势，L 表示滞后期，Δ 表示一阶逐期差分，选用最大滞后期为 3，用 ADF（augmented dickey-fuller）法对各序列进行检验结果如表 4 - 5 所示（带 *，表示 5% 显著性水平下平稳）。

表 4 - 5　ADF 单位根检验结果

变量	ADF 检验值	(C,T,L)	临界值(1%)	临界值(5%)	结论
$\Delta\ln IN_G$	-5.669 769	(C,0,0)	-3.724 070	-2.986 225	平稳
$\Delta\ln P$	-3.607 798	(C,T,1)	-4.356 068	-3.595 026	平稳*
$\Delta\ln P_I$	-5.382 849	(C,0,0)	-3.699 871	-2.976 263	平稳
$\Delta\ln IN_D$	-3.357 027	(0,0,2)	-3.711 457	-2.981 038	平稳*
$\Delta\ln C_I$	-3.201 458	(C,0,0)	-3.699 871	-2.976 263	平稳*
$\Delta\ln T_I$	-4.612 421	(C,0,3)	-3.737 853	-2.991 878	平稳

虽然 $\ln IN_G$、$\ln P$、$\ln P_I$、$\ln IN_D$、$\ln C_I$ 和 $\ln T_I$ 不是平稳序列，但它们的一阶差分 $\Delta\ln IN_G$、$\Delta\ln P$、$\Delta\ln P_I$、$\Delta\ln IN_D$、$\Delta\ln C_I$ 和 $\Delta\ln T_I$ 在 5% 或者 10% 的显著性水平下都是平稳序列，即 $\ln P_I$、$\ln IN_D$、$\ln C_I$、$\ln T_I$ 和 $\ln IN_G$ 都是 1 阶单整序列 I（1）。有些自身非平稳的时间序列的某种线性组合是平稳的，这说明两个变量之间存在着协整关系。上述的一阶单整序列 I（1）经过 1 阶差分，变量是平稳的，也就是说其 1 阶差分的时间序列的某种线形组合可能是平稳的，因此，这些变量之间可能存在着协整关系。如果这两个时间序列存在协整关系，则说明它们之间存在着长期稳定的均衡关系。下面采用 Johansen 的极大似然法进行协整检验。检验结果如表 4 - 6 所示。

表 4－6　变量的协整检验

	原假设	特征根	迹统计量	5% 临界值	P 值	检验结果
$\ln IN_G$、$\ln P$、$\ln P_I$、$\ln IN_D$、$\ln C_I$ 和 $\ln T_I$	没有	0. 942 500	202. 282 0	95. 753 66	0. 000 0	存在 6 个协整方程
	至多一个	0. 791 839	125. 171 0	69. 818 89	0. 000 0	
	至多 2 个	0. 735 556	82. 795 97	47. 856 13	0. 000 0	
	至多 3 个	0. 603 172	46. 882 60	29. 797 07	0. 000 2	
	至多 4 个	0. 446 504	21. 927 78	15. 494 71	0. 004 7	
	至多 5 个	0. 197 994	5. 957 267	3. 8414 66	0. 014 7	

从表 4－6 可以看出，$\ln P_I$、$\ln IN_D$、$\ln C_I$、$\ln T_I$ 和 $\ln IN_G$ 没有协整方程的原假设在 5% 的显著性水平下被拒绝，而分别至多 3 个协整方程的原假设在 5% 的显著性水平下被接受，结合上文平稳性检验结果可知，在 5% 的显著性水平下，变量 $\ln IN_G$、$\ln P$、$\ln P_I$、$\ln IN_D$、$\ln C_I$ 和 $\ln T_I$ 之间仅存在一种长期均衡关系，这种长期均衡关系能保证变量在任何短期内偏离都会因为协整而回到长期均衡状态上来。

(3) 收入差距、物价上涨与产业发展的 VAR 模型和 Granger 非因果关系分析

为了得到我们所需的 VAR 模型，我们先要确定滞后期。我们选择 SC 最小，且 AIC 最小作为滞后期。当 $p=2$ 时，SC 和 AIC 都最小，所以我们确定 p 值为 2。于是，我们可以建立 VAR（2）模型，所得 VAR（2）模型如下：

$$\begin{bmatrix} \ln IN_G \\ \ln P \\ \ln P_I \\ \ln IN_D \\ \ln C_I \\ \ln T_I \end{bmatrix} = \begin{bmatrix} 0.455\,214 & 0.799\,268 & -0.334\,513 & -0.637\,049 & 0.130\,528 & 0.928\,878 \\ 0.107\,556 & 1.009\,169 & 0.026\,993 & -0.128\,096 & 0.339\,100 & 0.112\,118 \\ 0.459\,416 & 0.359\,611 & 0.105\,100 & -0.393\,196 & 0.064\,875 & -0.128\,810 \\ 0.505\,865 & -0.113\,797 & 0.031\,849 & 0.552\,688 & -0.009\,796 & 0.161\,092 \\ 0.784\,112 & 0.736\,204 & 0.133\,531 & -0.488\,613 & 0.843\,700 & 0.399\,341 \\ 0.486\,978 & -0.439\,416 & 0.165\,571 & 0.189\,513 & -0.266\,411 & 0.680\,952 \end{bmatrix} \begin{bmatrix} \ln IN_G^{-1} \\ \ln P^{-1} \\ \ln P_I^{-1} \\ \ln IN_D^{-1} \\ \ln C_I^{-1} \\ \ln T_I^{-1} \end{bmatrix} +$$

$$\begin{bmatrix} 0.165\,801 & -0.457\,734 & -0.054\,547 & 1.409\,460 & -1.154\,071 & -0.271\,219 \\ 0.100\,802 & -0.260\,225 & -0.130\,309 & -0.592\,533 & 0.242\,386 & -0.077\,253 \\ 0.028\,045 & -0.359\,940 & 0.179\,685 & 1.370\,630 & -0.512\,148 & -0.334\,608 \\ 0.123\,374 & 0.099\,188 & 0.143\,370 & 0.408\,755 & -0.294\,480 & -0.441\,170 \\ -0.215\,773 & -0.563\,888 & 0.616\,261 & 1.032\,360 & -0.993\,596 & -0.685\,635 \\ -0.045\,728 & 0.427\,141 & 0.174\,418 & 0.194\,914 & -0.034\,675 & -0.280\,504 \end{bmatrix} \begin{bmatrix} \ln IN_G^{-2} \\ \ln P^{-2} \\ \ln P_I^{-2} \\ \ln IN_D^{-2} \\ \ln C_I^{-2} \\ \ln T_I^{-2} \end{bmatrix} +$$

$$\begin{bmatrix} -1.714\,929 \\ 2.946\,535 \\ 1.161\,793 \\ -0.522\,157 \\ -5.203\,311 \\ -1.569\,998 \end{bmatrix} + \begin{bmatrix} \mu_1 \\ \mu_2 \\ \mu_3 \\ \mu_4 \\ \mu_5 \\ \mu_6 \end{bmatrix} \quad (4-5)$$

该 VAR 模型各方程检验结果和整体检验结果如表 4 - 7 所示。

表 4 - 7　VAR 模型各方程检验结果和整体检验结果

	$\ln IN_G$	$\ln P$	$\ln P_I$	$\ln IN_D$	$\ln C_I$	$\ln T_I$
R-squared	0.999 155	0.998 425	0.996 355	0.999 416	0.997 283	0.999 614
Adj. R-squared	0.998 431	0.997 074	0.993 231	0.998 916	0.994 954	0.999 283
Sum sq. resids	0.015 382	0.006 483	0.023 855	0.011 858	0.061 565	0.010 005
S. E. equation	0.033 147	0.021 519	0.041 279	0.029 103	0.066 314	0.026 733
F-statistic	1 380.062	739.408 2	318.929 7	1 996.937	428.236 9	3 019.031
Log likelihood	62.539 23	74.203 47	56.615 17	66.051 40	43.815 88	68.345 35
Akaike AIC	-3.669 572	-4.533 590	-3.230 753	-3.929 734	-2.282 658	-4.099 655
Schwarz SC	-3.045 651	-3.909 669	-2.606 832	-3.305 812	-1.658 736	-3.475 734
Mean dependent	6.764 613	5.626 607	8.251 436	9.067 333	7.094 435	8.955 174
S. D. dependent	0.836 903	0.397 839	0.501 731	0.883 808	0.933 555	0.998 088
Determinant resid covariance (dof adj.)			2.81E-19			
Determinant resid covariance			5.47E-21			
Log likelihood			399.972 3			
Akaike information criterion			-23.849 80			
Schwarz criterion			-20.106 27			

协整分析表明，经济变量之间存在某种均衡关系，这种均衡关系如 VAR（2）模型的方程（4 - 5）所示。在确定了变量间的协整关系之后，我们采用 AR 根的图表验证法验证协整关系的稳定性。利用 EViews6.0 软件，可得 VAR 模型的单位根分布图如图 4 - 7 所示。从图 4 - 7 可知，该模型所有的单位根倒数的模

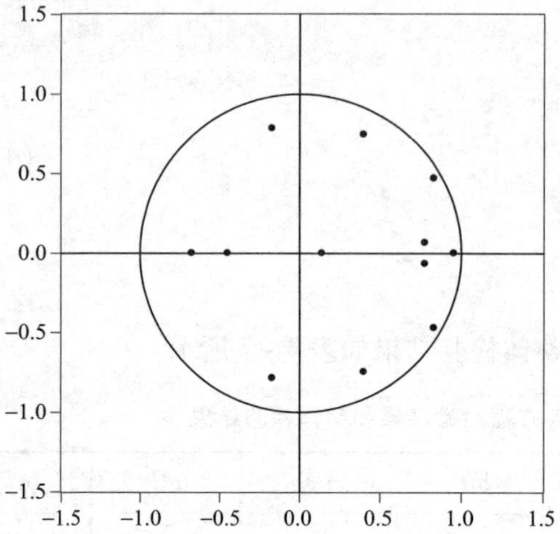

图 4－7　VAR 模型的单位根分布图

均小于 1，所以，该模型的协整关系是稳定的。协整关系的稳定并不能保证二者之间是否构成因果关系，因此，我们还需要对该模型进一步检验。克莱夫・格兰杰（Clive. Granger，1969）和西姆斯（C. A. Sims，1972）均提出了含义相同的定义，所以除使用“格兰杰非因果性”的概念外，我们也使用“格兰杰因果性”的概念来表明变量之间的关系。对于该 VAR 模型中的每一个方程，将输出每一个其他内生变量的滞后项（不包括它本身的滞后项）联合显著的 X^2（Wald）统计量，在表的最后一行（ALL）列出了检验所有滞后内生变量联合显著的 X^2 统计量。另外，我们需要注意的是“X Granger 引起 Y”并不意味着 Y 是 X 的效果或结果。Granger 因果检验度量对 Y 进行预测时，X 的前期信息对均方误差 MSE 的减少是否有贡献，并以此作为因果关系的判断基准。用和不用 X 的前期信息相比，MSE 无变化，称 X 在 Granger 意义下对 Y 无因果关系，相反，当 X 的前期信息对 MSE 的减少有贡献时，称 X 在 Granger 意义下对 Y 有因果关系。对我们的 VAR（2）模型进行检验，其结果如表 4－8 所示：

表 4－8　Granger 非因果关系检验

	自变量	X^2 统计量	自由度	P 值		自变量	X^2 统计量	自由度	P 值
$\ln IN_G$ 方程	$\ln P$	19.969 24	2	0.000 0	$\ln P$ 方程	$\ln IN_G$	3.522 828	2	0.171 8
	$\ln P_I$	3.606 972	2	0.164 7		$\ln P_I$	0.894 212	2	0.639 5
	$\ln IN_D$	12.930 41	2	0.001 6		$\ln IN_D$	18.114 82	2	0.000 1
	$\ln C_I$	34.031 98	2	0.000 0		$\ln C_I$	38.554 08	2	0.000 0
	$\ln T_I$	27.963 66	2	0.000 0		$\ln T_I$	0.658 191	2	0.719 6
	All	79.184 35	10	0.000 0		*All*	87.399 53	10	0.000 0

续表

	自变量	X^2 统计量	自由度	P 值		自变量	X^2 统计量	自由度	P 值
$\ln P_I$ 方程	$\ln IN_G$	4.614 113	2	0.099 6	$\ln IN_D$ 方程	$\ln IN_G$	14.967 87	2	0.000 6
	$\ln P$	3.281 292	2	0.193 9		$\ln P$	0.374 195	2	0.829 4
	$\ln IN_D$	10.193 45	2	0.006 1		$\ln P_I$	0.788 260	2	0.674 3
	$\ln C_I$	4.236 390	2	0.120 2		$\ln C_I$	3.707 454	2	0.156 7
	$\ln T_I$	4.899 892	2	0.086 3		$\ln T_I$	5.172 074	2	0.075 3
	All	24.344 31	10	0.006 7		*All*	44.434 53	10	0.000 0
$\ln C_I$ 方程	$\ln IN_G$	3.849 559	2	0.145 9	$\ln T_I$ 方程	$\ln IN_G$	10.186 77	2	0.006 1
	$\ln P$	2.399 658	2	0.301 2		$\ln P$	10.224 68	2	0.006 0
	$\ln P_I$	2.789 973	2	0.247 8		$\ln P_I$	3.101 318	2	0.212 1
	$\ln IN_D$	1.691 315	2	0.429 3		$\ln IN_D$	3.684 916	2	0.158 4
	$\ln T_I$	1.965 073	2	0.374 4		$\ln C_I$	10.091 75	2	0.006 4
	All	27.151 21	10	0.002 5		*All*	86.498 92	10	0.000 0

注：在各方程中，每个自变量对应的各组数据都表示自变量不是因变量的 Granger 原因的原假设相对应的统计检验值。*All* 表示所有自变量不是因变量的 Granger 原因的原假设相对应的统计检验值。

在 $\ln IN_G$ 方程中，$\ln P$、$\ln IN_D$、$\ln C_I$ 和 $\ln T_I$ 不是 $\ln IN_G$ 的 Granger 原因的原假设以及所有各变量不是 $\ln IN_G$ 的 Grange 原因的原假设被拒绝，而 $\ln P_I$ 不是 $\ln IN_G$ 的 Granger 原因的原假设被接受。这说明物价上涨、工业、建筑业和第三产业的发展是城乡收入差距的 Granger 原因，而第一产业不是城乡收入差距的 Granger 原因；所有自变量的联合是收入差距的 Granger 原因。可能原因是第一产业的发展会使得农民收入增加，不会引起收入差距的扩大；物价上涨会引起财富的再分配，会影响城乡收入差距；工业和建筑业的发展会使得财富在城镇居民之间、农村居民之间以及城镇与农村之间进行分配，使得城乡居民收入发生变化，同时，工业和建筑业的发展也会使得财富集中到少数人手里，改变收入分配格局；第三产业的发展会使得部分优秀而富裕的农村居民流向城市，成为城镇居民，从而扩大了城乡收入差距。

在 $\ln P$ 方程中，$\ln IN_G$、$\ln P_I$ 和 $\ln T_I$ 不是 $\ln P$ 的 Granger 原因的原假设被接受，而 $\ln IN_D$ 和 $\ln C_I$ 不是 $\ln P_I$ 的 Granger 原因的原假设以及所有各变量的联合不

是 $\ln P$ 的 Granger 原因的原假设被拒绝。这说明工业的发展和建筑业发展是物价上涨的 Granger 原因，而城乡收入差距、农业发展和第三产业的发展不是物价上涨的 Granger 原因；所有自变量的联合是物价上涨的 Granger 原因。原因可能是，收入差距的扩大使占大多数人口的农民的购买力更加小，从而会在一定程度上抑制物价上涨；由于第一产业的产品大多是必需品，需求价格弹性小，所以，第一产业的发展会提供更加丰富而廉价的消费品，从而抑制物价的上涨；第三产业的发展会在经济发展中起到润滑剂的作用，在各产业关系上起到桥梁纽带的作用，因此，第三产业的发展会引起物价的变化；我国工业总体上属于劳动密集型，工业的发展会消耗更多的原材料和劳动力，占用更多的资源，从而可能加剧原材料的稀缺，并导致物价的上升；建筑业的发展需要更多的人力、物力、财力，会消耗更多的农产品和原材料，从而导致物价上升。

在 $\ln P_I$ 方程中，$\ln IN_G$、$\ln P$、$\ln C_I$ 和 $\ln T_I$ 不是 $\ln P_I$ 的 Granger 原因的原假设被接受，而 $\ln IN_D$ 不是 $\ln P_I$ 的 Granger 原因的原假设以及所有各变量的联合不是 $\ln P_I$ 的 Granger 原因的原假设被拒绝。这说明收入差距的扩大、物价上涨、建筑业和第三产业的发展不是第一产业的 Granger 原因，而工业发展是第一产业的 Granger 原因。原因可能是，收入差距的扩大会伤害农民的积极性，也会使部分优秀的农村居民离开农村，从而不利于第一产业的发展；物价的上升会使第一产业生产成本上升，从而不利于第一产业的发展。

在 $\ln IN_D$ 方程中，$\ln P$ 不是 $\ln IN_D$ 的 Granger 原因的原假设被接受，而 $\ln IN_G$ 不是 $\ln IN_D$ 的 Granger 原因的原假设以及所有各变量联合起来不是 $\ln IN_D$ 的 Granger 原因的原假设被拒绝。这说明物价上涨不是工业发展的 Granger 原因，而城乡收入差距是工业发展的 Granger 原因。但是，当我们把 $\ln IN_D$ 和 $\ln P$ 放在一组单独检验时，我们发现，$\ln IN_D$ 和 $\ln P$ 在中期和长期两者是双向因果关系。原因可能是，我国向来采取的是重视工业而把农业的发展放在相对次要的位置的政策，这样一来，形成了长期以来的以牺牲农业发展为代价的工业发展；2012 年中国政府工作报告中指出：要在工业化和城镇化发展进程中，更加重视农业现代化；要坚持把解决好“三农”问题作为各项工作的重中之重。但我们的分析表明，工业化和城镇化与农业现代化是相互矛盾的，工业化和城镇化进程的加速会加大城乡收入差距，因此，要正确处理好它们之间的关系。合理适度的物价上涨，对工业发展是有一定推进作用的，而通货紧缩对经济发展是非常有害的。因此，要把物价上涨控制在适度的范围内，防止通货紧缩。

在 $\ln C_I$ 方程中，所有各变量单独不是 $\ln C_I$ 的 Granger 原因的原假设被接受，但所有各变量联合起来不是 $\ln C_I$ 的 Granger 原因的原假设被拒绝。这说明建筑业发展的复杂性，需要各个产业的共同发展作支撑。在利用数据组 $\ln IN_G$、$\ln C_I$ 和 $\ln P$、$\ln C_I$ 分别进行 Granger 非因果关系检验时发现，$\ln IN_G$ 在短期内是 $\ln C_I$ 的 Granger 原因，$\ln P$ 和 $\ln C_I$ 在长期内存在着 Granger 因果关系，且互为因果关系。原因可能是，在短期内，收入差距的扩大可能会影响建筑业的发展，但从长期来说，不构成因果关系；而在物价和建筑业的长期关系中，物价的变动会影响建筑业的发展，建筑业的发展也会引起物价的变动。

在 $\ln T_I$ 方程中，$\ln IN_G$ 和 $\ln P$ 分别不是 $\ln T_I$ 的 Granger 原因的原假设和所有自变量的联合起来不是 $\ln T_I$ 的 Granger 原因的原假设都被拒绝。这说明收入差距、物价上涨是第三产业发展的 Granger 原因。原因可能是，收入差距的扩大会吸引优秀的农村居民参与第三产业，从而促进第三产业的发展；物价上涨会给人们一种货币幻觉，从而愿意为社会提供更多的服务，进而促进第三产业的发展。

值得一提的是，变量 X 的某期不是另一变量 Y 的 Granger 原因，并不意味着变量 X 的其他期也不是另一变量 Y 的 Granger 原因，而且检验方法不同，可能导致结果略有区别。

（4）模型的脉冲响应函数与方差分解

为了进一步分析政策时滞问题，我们引入模型的脉冲响应函数（IRF: impulse-response function）。脉冲响应函数描述的是一个内生变量对残差（称为 Innovation）冲击的反应（响应），即描述在随机误差项上施加一个来自系统内部或外部的标准差大小的冲击后，对内生变量的当期值和未来值所产生的动态影响。为了避免“正交”脉冲响应函数 Cholesky 分解的结果严格依赖于模型中变量的次序的缺点，我们采用由 KOop 等（1996）年提出的广义脉冲响应函数，并选取考查期为滞后 20 期。该模型的广义脉冲响应函数如图 4－8 所示。

图 4－8（a）是收入差距对自身一个标准差新息冲击的广义脉冲响应函数。从图 4－8（a）来看，收入差距对自身的冲击开始时较为强烈，到第 6 期达到最低点，且为负，然后开始缓慢上升，到第 13 期达到极高点后开始缓慢下降，并变得非常平缓，其响应也越来越小，第一个周期大约为 13 年。这说明收入差距自身虽然是相对比较稳定的，但受到冲击后在较长时期内难以恢复到以前的水平；其影响程度从长期来说虽然非常有限，但其过程却是非常长的。所以，有关部门要利用财政杠杆，调节分配问题；要防止收入分配过分不公，切实保障农民利益。

图 4－8（b）是收入差距对物价一个负的标准差新息冲击的广义脉冲响应函

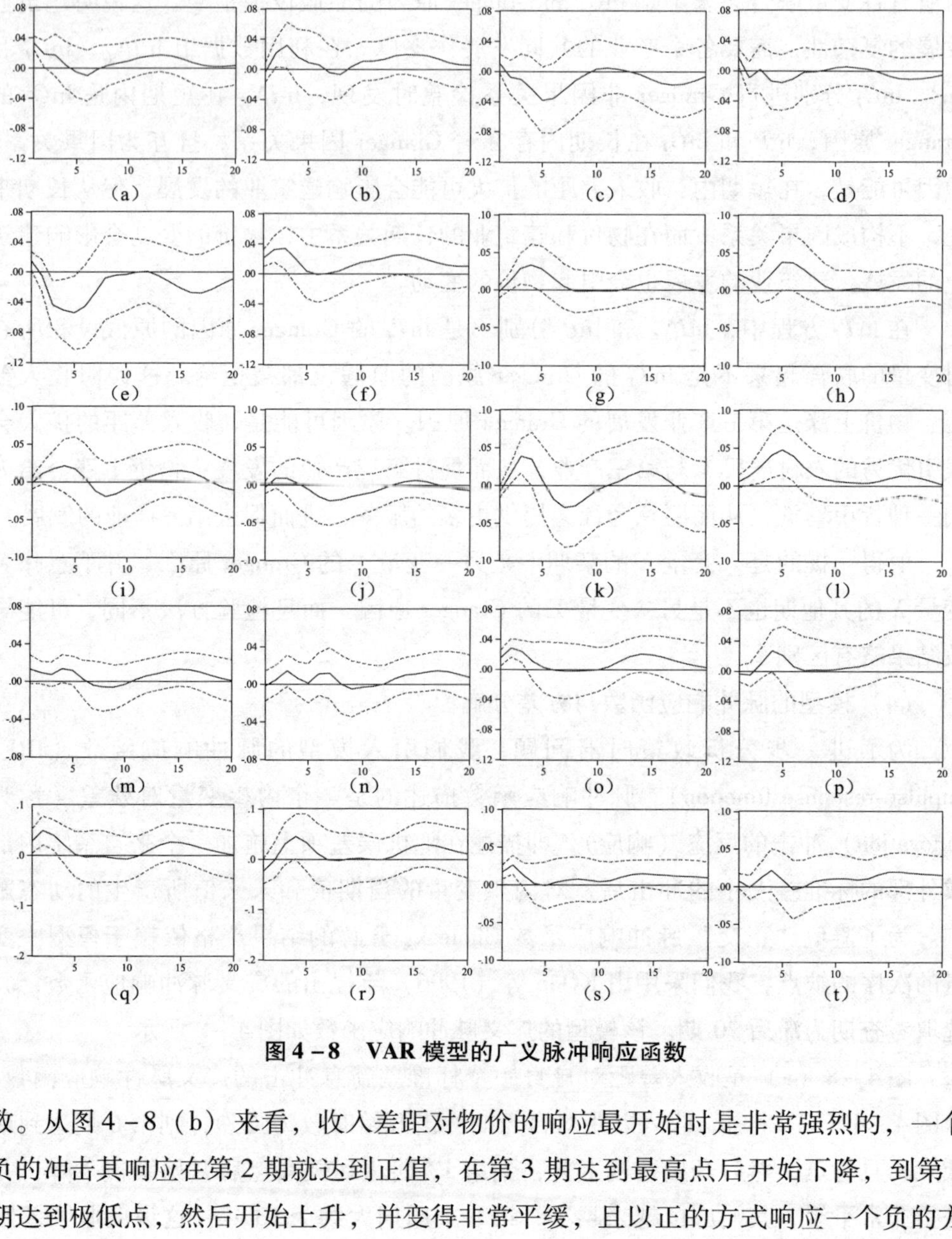

图 4-8　VAR 模型的广义脉冲响应函数

数。从图 4-8（b）来看，收入差距对物价的响应最开始时是非常强烈的，一个负的冲击其响应在第 2 期就达到正值，在第 3 期达到最高点后开始下降，到第 8 期达到极低点，然后开始上升，并变得非常平缓，且以正的方式响应一个负的方差的冲击。第一个周期也大约为 8 年。收入差距对物价冲击的响应是非常强烈的，物价的下降会扩大城乡收入差距。情况大致分为三种：① 经济衰退。② 产品过剩。③ 劳动生产力的提高。不管哪种情况，都意味着农产品价格的下降和农民外出务工变得更加困难，这样就会降低农民收入，从而扩大城乡收入差距。

图 4-8（c）是收入差距对第一产业一个标准差新息冲击的广义脉冲响应函

数。从图 4－8（c）来看，收入差距对第一产业一个标准差新息的响应，最开始时是非常强烈的。一个正的冲击其响应在第 2 期就达到负值，在第 5～6 期达到最低点后开始上升，到第 11 期达到极高点，然后变得平缓，并开始下降。第一个周期也大约为 11 年。这说明第一产业的发展对收入差距的缩小具有极大的作用。

图 4－8（d）是收入差距对工业发展一个标准差新息冲击的广义脉冲响应函数。从图 4－8（d）来看，收入差距对自身的冲击开始时非常强烈，一个正的冲击的响应在第 2 期就达到负值且变得平缓，在第 3 期响应变为正值，在第 4 期达到负值，到第 7 期后表现得非常平缓。从长期来看，有渐近于 0 的趋势。工业发展对收入差距的影响具有双重性：一方面，工业发展给农业提供更多更加廉价的农业物资，也给农村居民增加了更多的就业机会，会缩小城乡收入差距；另一方面，工业发展会占用更多资源，影响第一产业的发展和农村生活环境的改善，会拉大城乡收入差距。

图 4－8（e）是收入差距对建筑业一个标准差新息冲击的广义脉冲响应函数。从图 4－8（e）来看，收入差距对建筑业的一个标准差新息的响应，最开始时也是非常强烈的。一个正的冲击的响应在第 2 期就达到负值，且继续下降，到第 5 期达到最低点后开始上升，到第 11 期达到极高点后变得相对平稳，在第 20 期前其响应一直保持为负，且渐近于 0。第一个周期也大约为 11 年。

图 4－8（f）是收入差距对第三产业一个标准差新息冲击的广义脉冲响应函数。从图 4－8（f）来看，第三产业一个标准差新息的冲击开始时会使收入差距扩大，在第 3 期达到极高点后开始下降，并在第 6 期达到极低点后缓慢上升，在第 14 期达到最大值，然后再开始下降。从长期来说，其响应渐近于 0。

图 4－8（g）是物价对收入差距一个标准差新息冲击的广义脉冲响应函数。从图 4－8（g）来看，物价对收入差距一个负的非常小的标准差新息的冲击的响应非常大，在第 2 期达到正值，在第 4 期达到极高点后开始下降，并在第 7 期后的一段时期里变得非常平稳，虽然后面还有所波动，但从长期来说，其响应渐近于 0。

图 4－8（h）是物价对自身一个标准差新息冲击的广义脉冲响应函数。从图 4－8（h）来看，物价对自身的响应到第 3 期就达到极低点，并在第 5～6 期达到极高点后开始下降，在第 9～15 期的一段时期里变得非常平稳，虽然后面还有所波动，但从长期来说，其响应渐近于 0。

图 4－8（i）是物价对第一产业一个标准差新息冲击的广义脉冲响应函数。

从图4-8（i）来看，物价对第一产业的一个非常小的负的标准差的冲击的响应非常敏感，到第4期达到最高点，然后开始下降，在第8期达到极低点后开始上升。第一个周期大约10年，其响应基本上围绕着0轴波动，波幅有逐渐减小的趋势。

图4-8（j）是物价对工业一个负的标准差新息冲击的广义脉冲响应函数。从图4-8（f）来看，物价对工业的冲击的响应开始时比较强烈，在第2期就响应为正，且为最大值，然后开始下降，到第7期时达到极低点，然后波动逐渐变得平缓。其响应也基本上围绕着0轴波动，波幅有逐渐减小的趋势。但其敏感程度远不如对第一产业的响应。

图4-8（k）是物价对建筑业一个负的标准差新息冲击的广义脉冲响应函数。从图4-8（k）来看，物价对建筑业的冲击的响应开始时非常强烈，第2期就达到正值，第3期就达到最高点并开始下降，到第7期时达到最低点，然后开始上升。从长期来看，虽然其波幅有逐渐减小的趋势，但其过程是非常漫长的。

图4-8（l）是物价对第三产业一个标准差新息冲击的广义脉冲响应函数。从图4-8（l）来看，第三产业一个较小的标准差对物价的冲击，物价以数倍的方式来响应，在第5期到最高点后开始下降，到第13期时达到最低点，完成第一个周期并开始下一个周期。第二个周期波幅明显比第一个周期小得多。从总体趋势来看，其响应逐渐变缓，并逐渐趋向于0。因此，第三产业的增长在短期内能较大幅度地推进物价上涨，一种可能的解释是，第三产业的发展给各行业提供了大量的服务，增加了产品和劳务的附加值，也增加了各种商品的需求，从而推进了物价的提升。

图4-8（m）是第一产业对收入差距一个标准差新息冲击的广义脉冲响应函数。从图4-8（m）来看，收入差距一个标准差对的冲击，第一产业在第3期到极低点后开始上升，到第4期时达到极高点后开始下降，到第7期响应为负，第9期响应达到极低点后开始上升，完成第一个周期并开始下一个周期。从总体趋势来看，其响应逐渐变缓，并逐渐趋向于0。

图4-8（n）是第一产业对物价一个标准差新息冲击的广义脉冲响应函数。从图4-8（n）来看，物价一个负的非常小标准差对的冲击，第一产业在第2期响应就变为正，在第3期到极高点后开始下降，到第5期时达到极低点后开始上升，到第7期响应达到极高点，在第9~11期响应为负，在第12期后响应为正。从总体趋势来看，其响应为正，且具有长期效应。这说明物价小幅度的降低有利于第一产业的发展，物价上涨将对第一产业发展不利。

图4-8（o）是工业对收入差距一个标准差新息冲击的广义脉冲响应函数。从图4-8（o）来看，对收入差距一个标准差的冲击，工业在第2期响应就达到极大值，虽然在第6~10期响应为负，接近于0，但后面各期响应为正。从总体趋势来看，其响应为正，且具有长期效应。这说明收入差距的扩大有利于工业的发展。

图4-8（p）是工业对物价一个标准差新息冲击的广义脉冲响应函数。从图4-8（p）来看，物价一个负的标准差的冲击，工业在第2期响应就达到极小值，在第3期响应为正，在第4期达到极大值，后面各期响应为正。从总体趋势来看，其响应为正，且具有长期效应。这说明物价小幅度的降低有利于工业的发展。

图4-8（q）是建筑业对收入差距一个标准差新息冲击的广义脉冲响应函数。从图4-8（q）来看，建筑业对收入差距一个标准差新息的冲击的响应在第2期响应就达到极大值，然后开始下降，虽然在第6~11期响应为负，但都接近于0，第14期达到极大值，后面各期响应为正。从总体趋势来看，虽然其响应有逐渐变小的趋势，但渐近于0的趋势很缓慢，因而具有长期效应。这说明收入差距的扩大有利于建筑业的发展。

图4-8（r）是建筑业对物价一个标准差新息冲击的广义脉冲响应函数。从图4-8（r）来看，建筑业对物价一个负的标准差新息的冲击的响应在第3期达到正值，在第4期响应达到极大值，然后开始下降，在第7~12期响应几乎接近于0，然后其响应开始上升，到第16期时达到极大值，后面各期响应为正。从总体趋势来看，虽然其响应有逐渐变小的趋势，但渐近于0的趋势很缓慢，因而具有长期效应。这说明物价的降低有利于建筑业的发展。

图4-8（s）是第三产业对收入差距一个标准差新息冲击的广义脉冲响应函数。从图4-8（s）来看，第三产业对收入差距一个标准差新息的冲击的响应在第2期响应就达到极大值，然后开始下降，并在第5期的响应达到极小值且为负，以后各期响应均为正，且从总体趋势来看，虽然其响应有逐渐变小的趋势，但渐近于0的趋势很缓慢，因而具有长期效应。这说明收入差距的扩大有利于第三产业的发展。

图4-8（t）是第三产业对物价一个标准差新息冲击的广义脉冲响应函数。从图4-8（t）来看，第三产业对物价一个较小的标准差新息的冲击的响应在第2期就达到极低点且为负值，在第3期转为正值，在第4期响应达到极大值，然后开始下降，在第6~7期响应为负，但接近于0，然后其响应开始上升，后面各期响应为正。从总体趋势来看，虽然其响应大于对它冲击的标准差，因而具有长

期效应。这说明物价的上升有利于第三产业的发展。

为了进一步分析模型中不同结构冲击的重要性，预测残差的标准差由不同新息的冲击影响的贡献比例，把握变量间相互影响的关系，我们引入 Sims 于 1980 年提出的方差分解方法。方差分解是通过分析每一个结构冲击对内生变量变化（通常用方差来度量）的贡献度，它给出对 VAR 模型中各变量产生影响的每个随机扰动的相对重要的信息。按照 Cholesky 秩序：$\ln IN_G$、$\ln P$、$\ln P_I$、$\ln IN_D$、$\ln C_I$、$\ln T_I$，我们对所建立的 VAR 模型进行预测的第 1～20 期的方差分解，其合成图如图 4－9 所示。

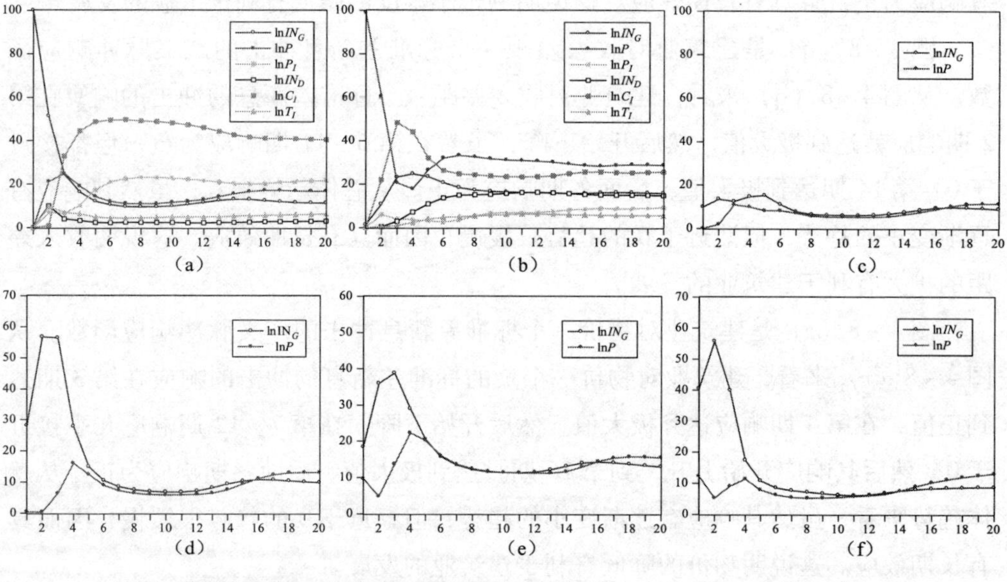

图 4－9　对所建立的 VAR 模型进行预测的 1～20 期方差分解合成图

图 4－9（a）是收入差距的方差分解。从图 4－9（a）来看，第 1 期收入差距的贡献度为 100%，第 2、第 3、第 4 期分别急剧减少到 51.4%、24.6%、16.4%，到第 8 期其贡献度减少到最低 9.6%，到第 12 期后基本上稳定在 12% 左右。物价的贡献度在第 2 期达到 21.2%，第 3 期达到最高 24.9%，然后开始下降，到第 7 期时达到最小值 11.1%，后缓慢上升，到第 15 期之后基本上维持在 17% 左右。第一产业的贡献度在第 2、第 3、第 6 期分别为 7.0%、6.6% 和 21.1%，到第 8 期时达到最高点 23.1%，到第 12 期，其贡献度基本维持在 21% 左右波动。从工业的贡献度来看，第 2 期达到最高点 10.1%，第 3 期降为 4.0%，然后各期基本上维持在 3% 左右波动。建筑业的贡献度第 2、第 3、第 4 期分别为 0.88%、32.8% 和 44.7%，到第 7 期达到最高点 49.8%，然后缓慢下

降，到第 20 期下降到 40.8%。第三产业的贡献度在第 2 期达到最大值 9.5%、第 3 期降到 7.1%，然后继续缓慢下降，到第 7 期时降到最低点 4.4%，然后基本上在 5% 左右波动。从上面分析可知，对收入差距而言，贡献度最大的是建筑业，几乎占了半壁江山；然后是第一产业，其贡献度超过 1/5；其次是价格和收入差距自身，第三产业的贡献度非常小，几乎是无足轻重的。

图 4-9（b）是物价的方差分解。从图 4-9（b）来看，收入差距的贡献度从第 1 期的 1.3% 到第 2 期上升到 10.8%，第 4 期达到最大值 24.7%，然后开始下降，到第 9 期后，基本维持在 16% 左右。价格对自身的贡献度从第 1 期的 98.7% 到第 2、第 3 期分别降到 60.4%、20.6%，到第 4 期降到最低点 17.9%，然后开始上升，到第 7 期达到极大点 33.2%，然后开始缓慢下降，到第 20 期时降到 28.7%。第一产业的贡献度在第 2 期为 6.5%，然后下降，到第 6 期下降到极低点 2.6%，然后开始缓慢上升，到第 20 期上升到 9.3%。从工业的贡献度来看，第 2 期由 0 达到 0.42%，到第 4 期达到 7.2%，然后不断缓慢上升，到第 12 期上升到极大值 16.3%，第 20 期为 14.8%。建筑业的贡献度第 2 期为 22.0%，第 3 期迅速上升到最大值 48.3%，然后开始缓慢下降，到第 11 期时降到极低点 23.4%，到第 20 期上升到 25.7%。第三产业的贡献度在第 2 期由 0 达到 0.33%，然后逐渐缓慢上升，到第 12 期时上升到极大值 6.3%，到第 20 期为 5.6%。从上面分析可知，对物价而言，价格和建筑业的贡献度最大，其次是工业和收入差距，再次是第一产业和第三产业。

图 4-9（c）是第一产业关于收入差距和物价的方差分解。从图 4-9（c）来看，收入差距的贡献度开始时起伏不定，从第 1 期的 9.9% 到第 2 期上升到 13.5%，第 3、第 4 期分别为 12.4%、14.6%，到第 5 期达到最大点 15.2%，然后开始下降，到第 11 期达到极低点 6.0%，第 20 期达到 8.9%。价格的贡献度从第 1 期的 0.005% 上升到第 2 期的 1.8%，第 3 期达到极大值 10.9%，然后开始缓慢下降，第 12 期降到最低点 5.2%，然后开始上升，到第 20 期时上升到 11.4%。

图 4-9（d）是工业关于收入差距和物价的方差分解。从图 4-9（b）来看，收入差距的贡献度第 1 期为 28.1%，到第 2 期上升到最大值 56.8%，到第 3 期后迅速下降，在第 3、第 4、第 5、第 6 期分别为 56.5%、27.9%、15.0% 和 10.5%，然后变得平缓下降，到第 11 期时达到极低点 6.8%，在第 20 期达到 9.9%。价格的贡献度从第 1 期的 0.38% 略降到第 2 期的 0.33%，在第 3 期达到 6.4%，在第 4 期达到 16.0% 的极高点，然后开始缓慢下降，到第 10 期降到最低

点5.9%，然后开始上升，到第20期时为13.2%。

图4-9（e）是建筑业关于收入差距和物价的方差分解。从图4-9（e）来看，收入差距的贡献度第1期为18.4%，到第2期上升到36.0%，到第3期达到极大值38.8%，然后开始大幅度下降，第4、第5、第6期分别降为29.0%、20.5%和15.8%，然后变得平缓下降，到第11期达到极低点11.4%，到第20期达到13.0%。价格的贡献度从第1期的9.6%略降到第2期的极低点4.8%，在第3期上升到13.7%，在第4期达到22.3%的极高点，然后开始缓慢下降，在第13期降到极低点11.2%，然后开始上升，到第20期时为15.5%。

图4-9（f）是第三产业关于收入差距和物价的方差分解。从图4-9（f）来看，收入差距的贡献度第1期为40.5%，到第2期上升到最大值55.8%，然后迅速下降，第3、第4、第5期分别降为39.9%、17.4%和10.8%，然后变得平缓下降，到第11期达到极低点6.1%，到第20期时达到8.8%。价格的贡献度从第1期的12.3%降到第2期的极低点5.2%，在第3期上升到9.0%，在第4期达到11.4%的极高点，然后开始缓慢下降，在第8期降到极低点5.2%，然后开始上升，到第20期时为13.1%。

3）主要结论与政策建议

改革开放以来，我国经济有了长足发展，但城乡差距也在不断扩大；虽然物价基本平稳，但某些年份通胀率非常高。城乡收入差距问题是二元经济结构问题的核心，稳定物价就是稳定人心，因此，如何缩小城乡差距，解决二元经济结构问题，如何稳定物价，确保经济平稳发展，成为摆在各级政府和各位经济工作者面前的重大任务。

收入差距自身是相对比较稳定的，受到冲击后虽然难以恢复到以前的水平，虽然其影响程度从长期来说非常有限，但其过程非常长。所以，有关部门要利用财政杠杆，调节分配问题；要防止收入分配过分不公，切实保障农民利益。

收入差距对物价冲击的响应是非常强烈的，物价的变化会引起财富的再分配，影响城乡收入差距，物价的下降会扩大城乡收入差距。物价下降的原因大致分为三种：一是经济衰退，二是产品过剩，三是劳动生产力的提高。不管哪种情况，都意味着农产品价格的下降和农民外出务工变得更加困难，这样就会降低农民收入，从而扩大城乡收入差距。一方面，由于城镇居民的人均储蓄远大于农村居民的人均储蓄，所以物价的上涨所带来的财富缩水对城镇居民影响更大，从而有利于缩小城乡收入差距。但通货膨胀无论如何都是强加于人们的一种税，减少了城镇居民收入的同时也减少了农村居民的收入。另一方面，收入差距非常小的变动会使物价响应在短期内非常强烈，会使物价大幅度提升；而收入差距的扩大使占大多数人口的农民的购买力更加小，从而会在一定程度上抑制物价上涨。因此，保持物价稳定对缩小城乡收入差距是相当重要的。

收入差距的扩大，在短期内会使农业发展产生波动，会伤害农民的积极性，也会使部分优秀的农村居民离开农业，从而不利于第一产业的发展；第一产业的发展，使第一产业的劳动生产率提高，对收入差距的缩小具有极大的作用。第一产业的发展不但表现在农产品数量的增加上，更要注重农产品质量的提高和内含价值的增加以及劳动生产率的提高，同时还要注重农村居民的生活、生产环境等硬件方面以及农民生活、农民利益的保障等软件方面的改善。农业是国民经济的基础，因此，要想法设法减少收入差距，增加农民收入，从而减少收入差距、减少第一产业的波动，避免由第一产业波动而导致的对国民经济不利的影响。

工业和建筑业的发展会使财富在城镇居民之间、农村居民之间以及城镇与农村之间进行分配，使城乡居民收入发生变化，工业和建筑业的发展也会使财富集中到少数人手里，改变收入分配格局。收入差距的扩大有利于社会资源流向工业，促进工业的发展，且具有长期效应。工业发展对收入差距的影响具有双重性：一方面，工业发展给农业提供更多更加廉价的农业物资，也给农村居民增加了更多的就业机会，会缩小城乡收入差距；另一方面，工业发展会占用更多的资源，影响第一产业的发展和农村生活环境的改善；会拉大城乡收入差距。从社会发展的需要与公平来看，既要缩小城乡差距，又要发展工业，这是一对矛盾，关键在于如何处理这对矛盾。我们认为，工业必须发展，这是社会经济发展和社会进步的需要，但城乡差距不能扩大，这不仅是社会公平的需要，也是经济发展、社会稳定的需要。因此，要在发展工业的同时，反哺农业，加大农业的投入力度。有关部门要妥善处理好两者之间的关系，再也不能靠牺牲农业来发展工业，要加强工业与农业的联系，优先发展与农业、农产品加工相关的行业。

建筑业的发展对收入差距缩小具有积极的意义；收入差距的扩大会引起建筑业的波动，有利于建筑业的发展。这是一对矛盾。建筑业主要包括房屋工程建筑、土木工程建筑、建筑安装业、建筑装饰业和其他建筑业。要妥善处理好建筑业发展和收入差距的关系，优先发展农村基础设施建设，尽可能做到双方都兼顾；要加大基础设施尤其是农村基础设施建设，优先建设好关系到农业发展和农村生活环境改善的项目；要“重点支持民生工程特别是保障性安居工程，重点保证国家重大在建、续建项目的资金需要”。

第三产业的发展会使城乡收入差距扩大，收入差距的扩大有利于第三产业的发展，并具有长期效应。一方面，第三产业主要是服务于第二产业、服务于城市，使第二产业发展和城镇发展更加迅速；另一方面，第三产业的发展、收入差距的扩大会吸引部分农村居民到城镇务工，会吸引优秀的农村居民参与第三产业，并使其中一部分富有的农村居民成为城镇居民，从而促进第三产业的发展和城乡居民收入差距的扩大。因此，在发展第三产业的时候，一定要正确处理好第三产业发展与收入差距的关系，要鼓励农村居民积极参与到第三产业的发展中来。有关部门要合理引导第三产业的发展，要加大第三产业对农村农业的服务力度，切实安排好农村进城务工人员的善后问题，以促进城镇化进程，并有利于城乡收入差距的缩小；要利用第三产业的发展，“促进结构调整和优化升级，增强发展后劲”。

物价的上涨具有“棘轮效应”，上涨的物价一般不会再回到原来的高度，如果落回到了原来的高度，有可能会伴随经济衰退，或者是经济衰退的结果会减缓经济增长的速度。从长期来说，一次自身的冲击后，物价会稳定在某一较高的水平。

物价的上升会使第一产业生产成本上升，从而不利于第一产业的发展；由于第一产业的产品大多是必需品，需求价格弹性小，所以，第一产业的发展会提供更加丰富而廉价的消费品，从而在一定程度上抑制物价的上涨；第一产业小小的萎缩都会引起物价长期较大的波动，因此，稳定发展第一产业对稳定物价非常重要，这也是粮食安全的大事。物价小幅度的下跌会使第一产业较大幅度地增长，并产生长期效应。因此，一要严格控制物价上涨，以避免对农业造成不利的冲击；二要对农产品进行必要的物价补贴以确保农民利益和第一产业的稳定增长。政府必须加大第一产业的投入力度，鼓励农民积极进行粮食生产；要加大农业产品的科研力度，开发质量更好更有利于身心健康的农产品；要从人力、物力、财力以及政策上全方位支持农业的稳定与发展。

我国工业总体上属于能耗高、劳动密集、产品低端的资源密集型工业，工业的发展会消耗更多的原材料和劳动力，占用更多的资源，从而可能加剧原材料的稀缺，并导致物价的上升；工业小小的萧条会使物价较大幅度地下降，引起物价较为强烈的波动；物价一个小小的下降，会使工业大幅度提升，且具有长期效应。因此，稳定物价对工业发展是非常重要的，保证工业的健康发展对物价的稳定也是非常重要的。有关部门不仅要从原材料、能源、技术等方面保证工业发展的顺利进行，积极引进先进技术为工业发展服务，而且要努力扩大内需、扩大出口；不仅要满足消费者的需求，而且要努力开发新产品、引导消费者消费，以保证生产的顺利进行。

物价的下降有利于建筑业的发展，且具有长期效应。物价下降会降低建筑业的生产成本，减少政府投入的成本，增加企业利润，增进人们购买的需求，有利于建筑业的发展。建筑业的发展需要更多的人力、物力、财力，会消耗更多的农产品和原材料，从而总体上会导致物价上升。建筑业的减少，在短期内会使物价较大幅度地上升，后又会较大幅度地下降，使物价产生强烈的波动。因此，建筑业的发展对物价稳定也是非常重要的，稳定物价也是建筑业健康发展的需要。要尽可能降低成本、发展建筑业，以满足人们与社会对建筑产品的需求；坚决严厉打击各种操纵市场、破坏市场正常秩序、扰乱市场纪律、危害市场健康发展的行为；政府有关部门不仅要规划好建筑业的发展，而且要管理好市场，绝不允许政府有关人员参与建筑业的开发；要设法满足平民百姓住房的最低要求，严格控制房价过度上涨，严厉打击奸商炒作行为，控制家庭住房面积；要积极推进基础设施建设，尤其要加大交通运输设施等公益性项目建设的投入力度。建筑是百年大计，一定要严格把握质量关；对投机取巧、偷工减料等不利于建筑产品质量的行为必须予以严厉打击。

第三产业的发展会在经济发展中起到润滑剂的作用，在各产业关系上起到桥梁纽带的作用。物价的上涨会给人们一种货币幻觉，从而使人愿意为社会提供更多的服务，进而促进第三产业的发展，第三产业的发展会引起物价的变化，在短期内能较大幅度地推进物价上涨，因此，要正确处理好物价稳定和第三产业发展的关系，要在发展中稳定物价，要合理引导第三产业健康有序地发展，要用第三产业的发展推进城镇化进程，既要缓解我国二元经济结构问题，又要防止第三产业发展过快而引起通货膨胀。

总之，产业发展、物价稳定与城乡收入差距之间的关系是非常复杂的，不同产业的发展会引起物价和城乡收入差距不同程度的变化；物价的变化引起各产业的变化也是不平衡的，从而引起产业结构的变化，并对收入差距产生影响；而收入差距的变化，也会引起不同产业的不平衡发展和物价的变化。因此，要正确处理好产业发展、物价稳定和缩小城乡收入差距之间的关系，想方设法稳定物价、缩小城乡差距，既要创造良好的经济环境，使经济和社会又好又快地跨越式发展，又要引导物价变化，促进产业结构优化升级，推动战略性新兴产业健康发展。要在产业发展和物价稳定的基础上逐步缩小城乡收入差距，使经济与社会和谐稳定地全面发展。

参考文献

[1] Romer. Advanced Macroeconomics, Third Edition [M]. The Mc. Graw-Hill Companies, 2006.

[2] Jeffrey M. Woodbridge. Introductory Econometrics: A Modern Approach (4 edition.) [J] South-Western College Pub, 2008.

[3] Simon Kuznets. Economic Growth and Income Inequality [J]. The American Economic Review, Vol. 45, No. 1, 1955: 1-28.

[4] W. Arthur. Lewis. Economic Development with Unlimited Supplies of Labour [J]. The Manchester School, 1954: 55-89.

[5] 高铁梅. 计量经济分析方法与建模: Eviews 应用及实例 [M]. 北京: 清华大学出版社, 2009.

[6] 陈斌开, 林毅夫. 重工业优先发展战略、城市化和城乡工资差距 [J]. 天津: 南开经济研究, 2010 (01): 3-18.

[7] 马晓河. 改革以来的农业和非农产业关系 [J]. 北京: 中国农村经济, 1998 (12): 20-24.

[8] 翟绪军, 尚杰. 基于多元线性回归的城乡居民收入差距实证研究 [J]. 山西: 生产力研究, 2011 (06): 37-38.

[9] 张若雪, 张涛. 经济增长和收入差距缩小何以兼得 [J]. 英国: 经济学家, 2008 (05): 96-101.

[10] 温家宝. 2012 年国务院政府工作报告 [R]. 2012-02-15/2012-07-03 http://www.gov.cn/test/2012-02/15/content_2067314.htm.

[11] 李明山. 1993 年上半年四川农民在物价上涨中得出得少失多 [J]. 四川: 农村经济, 1993 (10): 12-13.

[12] 赵磊. 需求不足、优胜劣汰与物价下降 [J]. 北京: 财贸经济, 2000 (09): 18-22.

[13] 李卫林. 城镇化、劳动力转移与物价 [J]. 上海: 华东经济管理, 2012 (02): 84-88.

4 基于 VAR 模型的第三产业发展 人口增长与城乡收入差距

1) 文献综述

马尔萨斯被认为是人口理论的创立者，他在 1798 年的《人口学原理》中最早探索了人口增长与生产发展的关系。他认为人口压力会刺激生产增长，生产增长反过来刺激人口增长；但人口的增长远比生产增长更快，从而导致人口数量与供养能力之间出现巨大裂痕。1955 年，美国经济学家、统计学家 Simon Kuznets 在他的论文《经济发展与收入不平等》中提出了经济增长与收入分配关系的“倒 U 假说”，认为“收入分配不平等的长期趋势可以假设为：在前工业文明向工业文明过渡的经济增长早期阶段迅速扩大，而后是短暂稳定，然后在增长的后期逐渐缩小”。马寅初在《新人口论》中系统地提出了要注重控制人口总量，更要注重人口素质、人力资源和技术更新，注重人口与就业、人口与资源环境等重大问题。罗楚亮（2012）认为，我国经济转型过程中同时发生的居民收入增长和收入差距扩大对农村贫困减缓具有不同的影响，他在住户调查数据的基础上，讨论了不同时期经济增长和收入差距对于农村贫困减缓的作用大小，估算了不同年份经济增长和收入差距的贫困减缓弹性，并根据 Shapley 分解讨论了分项收入对贫困程度的影响以及分配收入不均等性的贫困减缓弹性。黄桑珺（2011）认为，城乡收入差距扩大不利于经济增长，人口迁移有助于农民向城市的集聚，有助于缩小收入差距。胡兵（2005）认为，经济增长使农村居民收入增加，大幅度减少了贫困，但农村居民的收入差距逐渐拉大，收入不平等加剧部分地抵消了经济增长的减贫成效。牛叔文（2010）认为，较大的人口规模和较高的固有增长率对资源环境的压力大、对现代化过程的影响重大。基于中国人口控制的复杂性，提出未来仍需采取适度从紧的生育政策，转变人口控制的机制，优化人口结构、提高人口素质。唐东波等（2011）发现中国 30 多年改革历程中居民收入差距与城市就业比之间呈现倒 U 形关系，经济增长也是导致总体收入差距呈现倒“U”形关系的主要原因。城乡之间收入差距始终占据主导地位，各地区之间收入差距显著大于各地区内部收入差距，在各地区内部收入差距中，无论城市还是农村，沿海地区内部收入差距均最大。人们普遍认为，打破城乡劳动力流动的制度障碍和坚持城市化发展战略对于平抑收入差距意义重大。这些研究结果为我们研究我国城乡收入差距与第三产业发展、人口增长的关系提供了借鉴。在此我们主要通过 VAR 模型的建立，来分析我国城乡收入差距与第三产业发展、人口增长的关系，为我国宏观经济决策和政策制定提供理论依据。

2）我国城乡收入差距与第三产业发展、人口增长的实证分析

为了研究我国城乡收入差距与经济增长、人口增长的关系，我们使用了 1982—2010 年的数据，这些数据来源于 2011 年中国统计年鉴和 1988 年中国统计年鉴。为了方便，我们用 IN_G、T_I 和 T_P 分别表示城乡收入差距、第三产业国内生产总值（文章中的第三产业、第三产业发展等词语通常指第三产业国内生产总值或其增长）和总人口数，并在这些符号之前加 ln 表示取对数，用右上角标 -1 ~ -4分别表示相对应的滞后 1 ~ 4 期的变量。为了消除物价因素的影响，我们用 1978 年不变价格对价值指标进行平减。在此基础上，我们对我国城乡收入差距与第三产业的发展、人口增长的关系进行实证分析。

（1）序列的平稳性检验、协整检验和 Granger 非因果关系检验

为了检验变量 $\ln IN_G$、$\ln T_P$ 和 $\ln T_P$ 之间的协整关系，首先需要对这些时间序列做单位根检验。用（C，T，L）表示检验方程含常数项、趋势项和滞后项情况，C 或 T 为 0 表示不含截距或时间趋势，L 表示滞后期，Δ 表示一阶逐期差分，用 ADF（augmented dickey-fuller）法对各序列进行检验，结果如表 4 - 9 所示。

表 4 - 9　单位根检验结果

变量	ADF 检验值	（C，T，L）	临界值（1%）	结论
$\ln IN_G$	-3.638 576	（C，T，4）	-4.394 309	不平稳
$\Delta\ln IN_G$	-6.007 504	（C，0，0）	-3.699 871	平稳
$\ln T_P$	-3.789 818	（C，T，6）	-4.440 739	不平稳
$\Delta\ln T_P$	-3.768 424	（0，0，5）	-2.674 290	平稳
$\ln T_I$	7.196 870	（0，0，5）	-2.669 359	不平稳
$\Delta\ln T_I$	-7.270 396	（C，T，4）	-4.416 345	平稳*

宏观序列 $\ln IN_G$、$\ln T_P$ 和 $\ln T_I$ 在 1% 的显著性水平下都是不平稳的，但一阶差分 $\Delta\ln IN_G$、$\Delta\ln T_P$ 和 $\Delta\ln T_I$ 在 1% 的临界值下都是平稳序列，即 $\ln IN_G$、$\ln T_P$ 和 $\ln T_I$ 都是在 1% 的临界值下的 1 阶单整序列 I（1）。有些自身非平稳的时间序列的某种线性组合是平稳的，这说明这些变量之间存在着协整关系。上述的一阶单整序列 I（1）经过 1 阶差分，变量是平稳的，也就是说其 1 阶差分的时间序列的某种线形组合可能是平稳的，因此，这些变量之间可能存在着协整关系。如果这三个时间序列存在协整关系，则说明它们之间存在着长期稳定的均衡关系。下面采用 Johansen 的极大似然法进行协整检验。检验结果如表 4 - 10 所示。

表 4 - 10　变量的协整检验

	原假设	特征根	迹统计量	5% 临界值	P 值	检验结果
$\ln IN_G$、$\ln T_P$ 和 $\ln T_I$	没有	0.834 255	75.683 11	35.010 90	0.000 0	存在 3 个协整方程
	至多 1 个	0.509 602	27.155 81	18.397 71	0.002 3	
	至多 2 个	0.254 151	7.9172 74	3.841 466	0.004 9	

从表4－10中可以看出，$\ln IN_G$、$\ln T_P$ 和 $\ln T_I$ 没有协整方程的原假设在5%的显著性水平下被拒绝，而至多3个协整方程的原假设在5%的显著性水平下被接受，结合上文平稳性检验结果可知，在5%的显著性水平下，变量 $\ln IN_G$、$\ln T_P$ 和 $\ln T_I$ 之间仅存在一种长期均衡关系，这种长期均衡关系能保证变量的任何短期偏离都会因为协整而回到长期均衡状态上来。协整分析表明经济变量之间存在某种均衡关系，但变量之间是否构成因果关系还需要先确定滞后阶数，再进一步作Granger非因果关系检验。为了分析收入差距和经济增长、人口增长的关系，我用建立VAR模型，我们首先要确定滞后阶数。我们采用赤池信息准则（AIC）和施瓦茨（SC）准则选择滞后期的 p 值，表4－11是用eviews所得的滞后3期的计算结果，根据滞后1期至滞后4期的 AIC 与 SC 值以及方程的稳定性，我们可选择滞后期 $p=3$。

表4－11　滞后阶数的确定

lag	logL	*LR*	*FPE*	*AIC*	*SC*	*HQ*
0	68.718 70	NA	1.28e－06	－5.055 285	－4.910 120	－5.013 482
1	240.805 5	291.223 8	4.59e－12	－17.600 42	－17.019 76	－17.433 21
2	266.720 0	37.874 99	1.29e－12	－18.901 54	－17.885 38	－18.608 92
3	292.890 3	32.209 64*	3.75e－13*	－20.222 33*	－18.770 68*	－19.804 31*

为了探求变量之间的联系，我们采用由Granger（1969）提出、Sims（1972）推广的如何检验变量之间因果关系的方法。根据滞后期的选择，我们可以得出检验结果如表4－12所示。

表4－12　Granger非因果关系检验

	原假设	X^2 统计量	自由度	P 值
$\ln IN_G$ 方程	$\ln T_I$ 不是 $\ln IN_G$ 的Granger原因	8.198 951	3	0.042 1
	$\ln T_P$ 不是 $\ln IN_G$ 的Granger原因	7.607 157	3	0.054 9*
	$\ln T_I$、$\ln T_P$ 同时不是 $\ln IN_G$ 的Granger原因	14.174 82	6	0.027 7
$\ln T_I$ 方程	$\ln IN_G$ 不是 $\ln T_I$ 的Granger原因	9.479 151	3	0.023 6
	$\ln T_P$ 不是 $\ln T_I$ 的Granger原因	4.939 153	3	0.176 3
	$\ln IN_G$、$\ln T_P$ 同时不是 $\ln IN_G$ 的Granger原因	20.958 59	6	0.001 9
$\ln T_P$ 方程	$\ln IN_G$ 不是 $\ln T_P$ 的Granger原因	12.498 29	3	0.005 9
	$\ln T_I$ 不是 $\ln T_P$ 的Granger原因	35.683 84	3	0.000 0
	$\ln IN_G$、$\ln T_I$ 同时不是 $\ln T_P$ 的Granger原因	38.647 90	6	0.000 0

从检验结果来看，在 $\ln IN_G$ 方程即城乡收入差距方程中，第三产业 $\ln T_I$ 不是城乡收入差距 $\ln IN_G$ 的 Granger 原因的原假设在 10% 的显著性水平下被拒绝，总人口 $\ln T_P$ 不是城乡收入差距 $\ln IN_G$ 的 Granger 原因的原假设以及第三产业 $\ln T_I$ 和总人口 $\ln T_P$ 两者同时不是城乡收入差距 $\ln IN_G$ 的 Granger 原因的原假设在 5% 的显著性水平下被拒绝。关于 $\ln T_P$ 和 $\ln IN_G$，原因可能有三点：一是人口的增长会在既定的资源和新增的资源中有更多的人分享，在分享的过程中，农村居民处于不利地位；二是虽然随着城镇化的进程农村人口比重大幅度下降，但农村人口出生率要大于城镇人口出生率；三是被纳入城镇化的居民通常是有能力的富裕居民，贫困的农村居民仍然留在农村。关于 $\ln T_I$ 和 $\ln IN_G$，一种可能解释是，第三产业在城镇发展远远超过在农村的发展，而且，不少参与到第三产业的农村居民富裕起来后逐渐纳入到城镇居民，相对贫困的农村居民仍然留在农村；该方程所有滞后内生变量联合会更加显著，会使得城乡收入差距更大。在 $\ln T_I$ 方程即第三产业的 GDP 方程中，城乡收入差距 $\ln IN_G$ 不是第三产业发展的 Granger 原因的原假设被拒绝，总人口 $\ln T_P$ 不是第三产业发展的 Granger 原因的原假设被接受，两者同时不是第三产业发展的 Granger 原因的原假设被拒绝。关于 $\ln IN_G$ 和 $\ln T_I$，一种可能的解释是，一方面，收入差距的扩大会吸引更多有能力的农村居民进城打工，从而促进第三产业的发展；另一方面，收入差距的扩大使城镇居民能够有更多储蓄用于投资，从而促进第三产业的发展。关于 $\ln T_P$ 和 $\ln T_I$，$\ln T_P$ 不是 $\ln T_I$ 的 Granger 原因的原假设被接受，但在 $\ln T_P$ 和 $\ln T_I$ 的 group 进行 Granger 非因果关系检验时，$\ln T_P$ 不是 $\ln T_I$ 的 Granger 原因的原假设在短期被接受，但在中期和长期被拒绝；该方程所有滞后的内生变量联合会更加显著，共同作用对第三产业的影响是显著的。在 $\ln T_P$ 方程即总人口方程中，城乡收入差距 $\ln IN_G$ 和第三产业的国内生产总值 $\ln T_I$ 不是总人口 $\ln T_P$ 的 Granger 原因的原假设以及两者同时不是总人口 $\ln T_D$ 的 Granger 原因的原假设在 5% 的显著性水平下被拒绝。关于 $\ln IN_G$ 和 $\ln T_P$，一种可能的解释是，收入差距的扩大，使农村居民的生育与抚养成本相对降低，从而使农村居民出生率相对过高，这就是所谓越穷越生、越生越穷。关于 $\ln T_I$ 和 $\ln T_P$，一种可能的解释是，第三产业的发展使人们更加富裕，从而改善了医疗卫生等条件，使得人们的寿命更长，死亡率降低；该方程所有滞后的内生变量联合会更加显著，共同作用的结果会加大总人口增长的趋势。因此，城乡收入差距、总人口和第三产业三者之间是一种双向 Granger 因果关系。

（2）VAR 模型的建立与实证分析

在此分析基础上，我们可以建立 VAR 模型，用矩阵表示的方程如方程 4－6

所示。

$$
\begin{bmatrix} \ln IN_G \\ \ln T_I \\ \ln T_P \end{bmatrix} = \begin{bmatrix} -3.511\,122 \\ 1.728\,235 \\ 0.062\,013 \end{bmatrix} + \begin{bmatrix} 0.532\,461 & 0.485\,693 & -14.021\,92 \\ 0.298\,515 & 1.223\,530 & -11.068\,28 \\ -0.000\,345 & -0.002\,700 & 1.774\,490 \end{bmatrix} \begin{bmatrix} \ln IN_G^{-1} \\ \ln T_I^{-1} \\ \ln T_P^{-1} \end{bmatrix} +
$$

$$
\begin{bmatrix} 0.028\,587 & -0.132\,433 & 16.367\,58 \\ -0.459\,669 & -0.829\,287 & -2.229\,008 \\ 0.001\,230 & 0.007\,236 & -0.896\,467 \end{bmatrix} \begin{bmatrix} \ln IN_G^{-2} \\ \ln T_I^{-2} \\ \ln T_P^{-2} \end{bmatrix} +
$$

$$
\begin{bmatrix} -0.325\,618 & 0.064\,451 & -0.289\,586 \\ 0.142\,911 & 0.565\,117 & 12.954\,12 \\ 0.001\,481 & -0.005\,776 & 0.096\,172 \end{bmatrix} \begin{bmatrix} \ln IN_G^{-3} \\ \ln T_I^{-3} \\ \ln T_P^{-3} \end{bmatrix} \tag{4-6}
$$

该 VAR 模型各方程检验结果和 VAR 模型整体检验结果如表 4 - 13 所示：

表 4 - 13　VAR 模型各方程检验结果和 VAR 模型整体检验结果

各方程检验结果	$\ln IN_G$	$\ln T_I$	$\ln T_P$	整体检验结果	
R-squared	0.996 755	0.999 193	0.999 995	Determinant resid covariance (dof adj.)	1.41E - 13
Adj. R-squared	0.994 930	0.998 739	0.999 992	Determinant resid covariance	3.30E - 14
Sum sq. resids	0.052 541	0.018 674	6.66E - 07	Log likelihood	292.890 3
S. E. equation	0.057 305	0.034 164	0.000 204	Akaike information criterion	- 20.222 33
F-statistic	546.115 9	2 201.179	344 274.8	Schwarz criterion	- 18.770 68
Log likelihood	43.762 90	57.210 69	190.341 8		
Akaike AIC	- 2.597 146	- 3.631 591	- 13.872 44		
Schwarz SC	- 2.113 263	- 3.147 708	- 13.388 56		
Mean dependent	6.818 227	9.017 878	2.503 539		
S. D. dependent	0.804 803	0.962 094	0.071 845		

如果被估计的 VAR 模型所有根的模的倒数小于 1，即都位于单位圆内，则被估模型是稳定的。为了验证模型的稳定性，我们使用 eviews6.0 软件计算该模型特征方程的特征根的倒数绝对值，如图 4 - 10 所示，特征根倒数的模都小于 1，都在单位圆内。这说明该模型是稳定的。为了进一步分析政策时滞问题，我们可以分析该模型的脉冲响应函数（IRF：impulse-response function）。脉冲响应函数

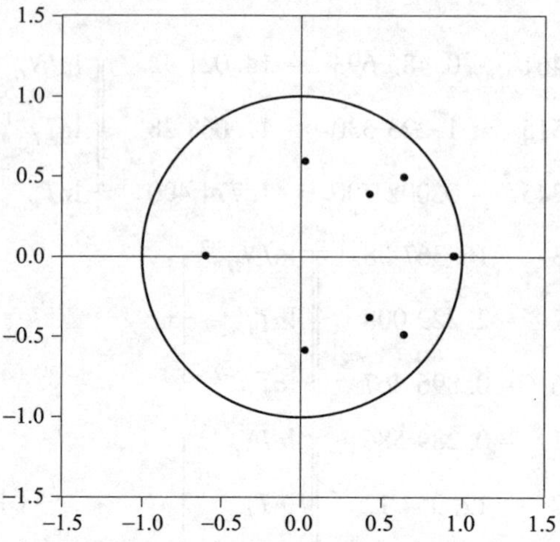

图 4－10　VAR 模型的稳定性检验

描述的是一个内生变量对残差（称为 Innovation）冲击的反应（响应），即描述在随机误差项上施加一个来自系统内部或外部的标准差大小的冲击后对内生变量的当期值和未来值所产生的动态影响。为了避免“正交”脉冲响应函数 Cholesky 分解的结果严格依赖于模型中变量的次序的缺点，我们采用由 Koop 等（1996）提出的广义脉冲响应函数，并选取考查期为滞后 15 期。该模型的广义脉冲响应函数如图 4－11 所示。

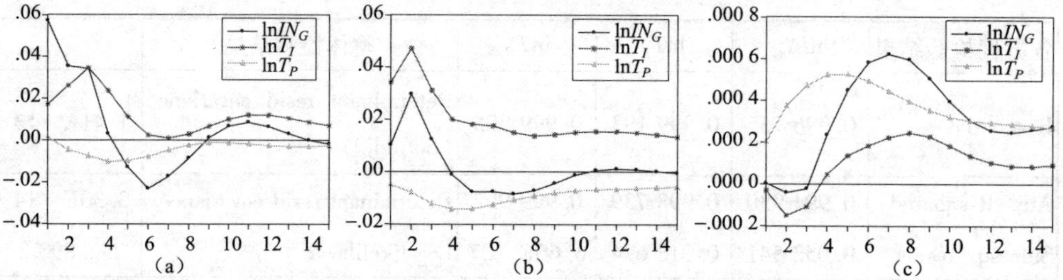

图 4－11　广义脉冲响应函数

图 4－11（a）是城乡收入差距对各内生变量一个标准差大小的冲击后的当期值和未来值所产生的动态影响。从收入差距对自身的响应来看，在第 1 期响应非常剧烈，有迅速减少的趋势，在第 2 期响应非常平缓，在第 3 期后又开始急剧下降，到第 6 期达到最低点，然后开始反弹，在第 11 期达到极高点，经过一个周期后开始平缓下降，其响应有渐进于 0 的趋势；这意味着经济系统内部存在着一种机制，使收入差距冲击对自身的影响有逐渐减少，直至消失的趋势。从收入差距对第三产业的生产总值的响应来看，收入差距对第三产业的生产总值的响应开始时比较敏感，在第 3 期达到最高点，然后开始下降，在第 7 期达到最低，然后开始上升，到第 11 期达到极高点后又开始下降，并有趋于平稳之势，但在稍高于 0 轴以上上下波动，一个周期大约为 9 年；这意味着第三产业发展的冲击在短期内会使得城乡收入差距增大，且存在着长期的影响。从收入差距对总人口的

响应来看，收入差距对总人口残差的响应比较平缓，总人口的增长会使得收入差距减少，到第4期达到最低点，然后开始上升，到第9期达到极高点后开始下降，并在0轴以下上下波动，一个周期大约为9年；这意味着人口的增长会使得收入差距在减少，并具有长期的作用，所以，城乡收入差距问题与人口增长问题是一对矛盾，有关部门需要妥善处理好两者之间的关系。

图4－11（b）是第三产业GDP对各内生变量一个标准差大小的冲击后的当期值和未来值所产生的动态影响。从第三产业GDP对自身的响应来看，第三产业GDP对自身的响应开始时非常敏感，到第2期就达到最大值，然后开始迅速下降，到第4期之后，其响应开始变得平稳，但一直有着正向的影响；这说明第三产业GDP对自身的响应在短期内比较强烈，但在长期却是平稳的，会促进自身的发展。从第三产业GDP对收入差距的响应来看，开始时特别敏感，到第2期达到最高点后急速下降，到第4期转为负数，到第7期达到最低点，然后上升并变得非常平稳，且渐进于0；这意味着第三产业GDP对收入差距的冲击的响应在短期内是强烈的，在长期内将是平稳而逐渐消失的，也就是说，收入差距的扩大在长期内不会使得第三产业GDP增加。从第三产业GDP对总人口的响应来看，总人口的减少将会使第三产业GDP缓慢减少，到第4期达到最低点，然后开始上升，但始终保持为负；这意味着总人口的减少，将会使第三产业GDP长期地减少。

图4－11（c）是总人口对各内生变量一个标准差大小的冲击后的当期值和未来值所产生的动态影响。从总人口对自身的响应来看，一个正的标准差大小的冲击会使得总人口在开始时迅速增长，到第5期达到最高点后，开始缓慢下降，并在长期内保持正向响应；这说明人口增长对自身的冲击在短期内响应非常强烈，从长期来说，也会使得总人口增加。从总人口对收入差距的响应来看，一个负的冲击会使得总人口暂时减少，但到第3期后总人口会迅速增长，到第7期达到顶峰，然后开始下降，到第11期时降到极低点，然后平稳上升，并保持正数；这意味着收入差距的减少，在短期内会使得总人口降低，但在长期内却会使人口增加。从总人口对第三产业GDP的响应来看，来自第三产业GDP的一个正的非常小的冲击，在第2期会使得响应变为负，且达到最低点，在第3期开始迅速上升，到第8期达到最大，然后开始下降，但其响应基本保持为正的趋势；这意味着总人口对第三产业GDP的响应除了前两期为负外，其响应不仅仅是正数，而且有扩大的乘数效应，也就是说，第三产业的发展使得总人口以更快的速度增长；可能原因是第三产业的发展，吸收了不少农村居民，一方面，使第三产业从

业人员变得非常复杂，从而给计划生育政策的执行带来较大的难度；另一方面，第三产业的发展也使包括卫生条件在内的各种条件得到改善，从而使人民的寿命增加、婴儿死亡率下降。

为了进一步分析模型中不同结构冲击的重要性，预测残差的标准差由不同新息的冲击影响的贡献比例，把握变量间相互影响的关系，我们引入 Sims 于 1980 年提出的方差分解方法。方差分解是通过分析每一个结构冲击对内生变量变化（通常用方差来度量）的贡献度，它给出对 VAR 模型中各变量产生影响的每个随机扰动的相对重要的信息。按照 Cholesky 秩序：$\ln IN_G$、$\ln T_I$、$\ln T_P$，我们对所建立的 VAR 模型进行预测第 1 ~ 15 期的方差分解，其合成图如图 4 – 12 所示。

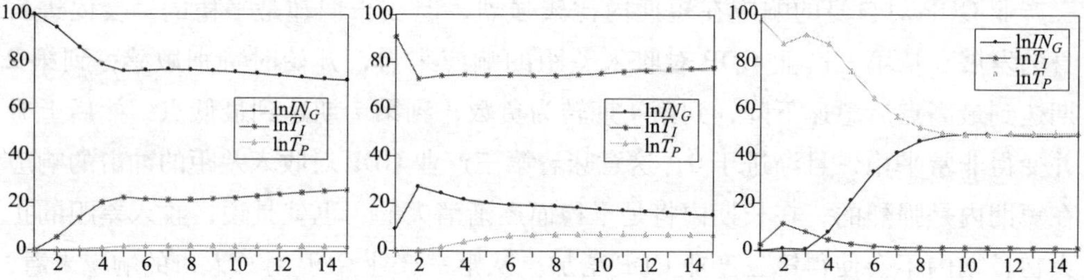

（a）　（b）　（c）

图 4 – 12　VAR 模型进行预测第 1 ~ 15 期的方差分解合成图

图 4 – 12（a）是 $\ln IN_G$ 的方差分解合成图。$\ln IN_G$、$\ln T_I$ 和 $\ln T_P$ 对应的数字依次表示相应预测期时每个误差项变动对 $\ln IN_G$ 预测标准差贡献的百分比。从图 4 – 12（a）来看，第 1 期的预测标准差完全来自 $\ln IN_G$ 自身，然后 $\ln IN_G$ 自身的贡献度随着时间的推移逐渐减少，在开始五期减少较快，然后减少得比较平缓；第 5 期时降低到 76.1%，到第 15 期为 72.4%。而 $\ln T_P$ 的贡献度开始时增加较快，第 5 期时的贡献度为 22.4%，然后变化较为平缓，到第 15 期时达到 25.7%。$\ln IN_G$ 的贡献度增加非常缓慢，到第 5 期时增加到 1.6%，然后其贡献度基本上稳定在 1.8% ~1.9% 波动。所以，对收入差距而言，一个结构冲击对内生变量变化的贡献度主要来自于自身，然后是第三产业，来自于人口的波动是非常微弱的。

图 4 – 12（b）是 $\ln T_I$ 的方差分解合成图。从图 4 – 12（b）来看，$\ln IN_G$、$\ln T_I$ 和 $\ln T_P$ 对第 1 期的预测标准差的贡献度分别为 9.1%、90.9% 和 0%；到第 2 期时，$\ln IN_G$ 的贡献度迅速增加到最大点 26.9%，然后开始下降，到第 15 期时降低到 15.3%，而 $\ln T_I$ 的贡献度在第 2 期迅速降低到 92.9%，然后缓慢增加，到第 15 期时达到 77.8%；$\ln T_P$ 的贡献度增加非常缓慢，到第 5 期时达到 5.3%、

到第6期时达到6.9%，然后基本保持在6.5%～7.0%平稳波动。所以，对第三产业的发展而言，一个结构冲击对内生变量变化的贡献度，也是主要来自于自身，然后是收入差距，来自于人口的冲击很小。

图4－12（c）是$\ln T_P$的方差分解合成图。从图4－12（c）来看，第1期的预测标准差97.5%来自$\ln T_P$自身，2.4%来自$\ln T_I$，来自于$\ln IN_G$几乎为0；$\ln T_P$自身的贡献度在第2期降到87.8%，在第3期上升到91.5%，在以后的几期内急剧下降，到第9期时降到49.9%，然后稳定在49%～50%波动。而$\ln T_I$的贡献度在第2期时增加到最高点11.4%，然后缓慢减少，到第9期时的贡献度降至1.5%，然后稳定在1.2%～1.5%波动。而$\ln IN_G$的贡献度的增长速度由慢到快，再又快到慢，从第1期的0.046%增加到第3期的0.5%、第4期的7.8%、第5期的21.3%，到第9期时增加到48.7%，然后稳定在48%～50%波动。所以，对总人口而言，从长期来说，一个结构冲击对内生变量变化的贡献度，主要来自于自身和收入差距，虽然短期而言，来自于第三产业的波动占有不可忽视的比例，但从长期而言，却是极其微弱的。

3）结论与政策建议

随着第三产业的发展和人口的增长，我国城乡收入差距变得日趋严重。通过检验可知，城乡收入差距、总人口和第三产业三者之间是一种双向Granger因果关系。正确处理好人口增长、第三产业的发展和城乡收入差距的关系是关系到解决城乡二元经济结构问题、提高人们生活水平的大事，也是关系到社会稳定和中华民族发展的大事，因此，正确处理好第三产业的发展、人口增长和城乡收入差距的问题，也成为摆在我国政府和经济工作者面前的重大课题。

从城乡收入差距来看，收入差距的增大会使城镇居民能够有更多储蓄用于投资，吸引更多有能力的农村居民进城打工；同时，收入差距的增大，使得农村居民的生育与抚养成本相对降低，从而导致农村居民相对过高的出生率，这就是所谓越穷越生、越生越穷的马太效应；人口的增长会在既定的资源中和更多的人一起分享，会使城乡收入差距在一定程度上减少。从收入差距脉冲响应函数来看，经济系统内部存在着一种机制，使收入差距冲击对自身的影响有逐渐减少，直至消失的趋势。收入差距对第三产业的生产总值的响应开始时比较敏感，第三产业的发展冲击在短期内会使城乡收入差距增大，且存在着长期的影响。因此，妥善处理发展第三产业与缩小城乡差距的关系是很有必要的。从收入差距对总人口的响应来看，收入差距对总人口残差的响应比较平缓，总人口的增长会使收入差距减小，人口的增长会使收入差距减小，并具有长期的作用，所以，城乡收入差距问题与人口增长问题是一对矛盾，有关部门需要妥善处理好两者之间的关系。从方差分析可知，对于收入差距而言，一个结构冲击对内生变量变化的贡献度，主要来自于自身，然后是第三产业，来自于人口的波动是非常微弱的。要缩小城乡收入差距，必须不断发展第三产业，搞活经济，努力提高我国居民的生活水平，尤其是要注意提高农村居民的物质文化生活水平。要缩小城乡收入差距，必须不断完善收入分配制度，加大农业农村基础设施的投入力度，要在政策上从税收、金融、文化、教育等多方面向农业与农村倾斜；要缩小城乡收入差距，必须正确处理好收入差距与人口增长的关系，严格控制农村人口的出生率，开展新的优生优育观教育，确保农村夫妇的生育质量；要缩小城乡收入差距，必须努力提高农业的科学技术水平，提高农产品的科技含量，缩短科技研发到应用的周期；要加大农村新能源、新技术、新产品的开发和投资力度，要把新能源、新技术、新产品的研究、开发与利用提高到战略的角度。

从第三产业的发展来看，第三产业的发展在推进了城镇化进程的同时，也加速了农村居民的两极分化，此外，也使第三产业的从业人员变得复杂，给人口管理带来一定难度，第三产业的发展使人们改善了医疗卫生与生活环境等条件，使人们的寿命更长、死亡率降低，结果会加大总人口增长的趋势。从第三产业的冲击响应函数来看，第三产业对自身的响应在短期内比较强烈，但在长期却是平稳的，且会促进自身的发展，具有不可逆性，原因可能是消费理论中的“棘轮效应”。收入差距在短期内会促进第三产业的发展，在中期可能会不利于第三产业的发展，但在长期这种作用将会逐渐消失。总人口的减少将会不利于第三产业的发展，将会使第三产业 GDP 长期地减少。从方差分析可知，对第三产业的发展而言，一个结构冲击对内生变量变化的贡献度，也主要来自于自身，然后是收入差距，来自于人口的冲击很小。因此，总人口增长问题与第三产业发展是一对矛盾，要发展第三产业，就要正确处理好第三产业发展与人口增长、收入差距增大的关系，可以有条件地、适当地、逐步地放松城镇计划生育政策，使城乡计划生育政策逐渐趋于一致；要发展第三产业，就要正确处理好第三产业发展和城乡收入差距增大的关系，要在发展第三产业的同时，兼顾农民利益，要彻底解决好进城农民包括农民工子女上学在内的一系列问题，让他们成为名副其实的“城里人”；同时，要加大对农村的投入力度和反哺农业的力度。

从人口增长来看，人口增长对自身的冲击在短期内响应非常强烈，从长期来说，也会使总人口增加。这说明，在没有其他外界作用的条件下，总人口增长具有不可逆性，因此，对总人口的控制是非常重要的。收入差距的减少，在短期内会使总人口降低，但在长期内却会使总人口增加。第三产业的发展在短期内不利于人口增长，但在长期却使总人口以更快的速度增长；原因可能是第三产业的发展吸收了不少农村居民：一方面，使第三产业从业人员变得非常复杂，从而给计划生育政策的执行带来较大难度；另一方面，第三产业的发展也使包括卫生条件在内的各种条件得到改善，从而使人们的寿命增加、婴儿死亡率下降。从方差分析可知，对总人口而言，从长期来说，一个结构冲击对内生变量变化的贡献度，主要来自于自身和收入差距，虽然短期而言，来自于第三产业的波动占有不可忽视的比例，但从长期而言，却是极其微弱的。因此，要控制总人口增长，首先要严格执行我国的计划生育政策，尤其是抓好第三产业从业人员和农村人口的计划生育工作，要密切关注农村人口增长的动向和优生优育情况。要加大缩小城乡差距的力度，促进农民增收，改善农民居住环境和卫生条件。

总之，在处理城乡收入差距和总人口增长、第三产业发展之间的关系时，要用发展的眼光和战略的眼光来观察他们之间的关系，要用发展的方法来解决前进中遇到的问题，只有这样，才能促进经济的发展、社会的和谐与稳定。

参考文献

[1] Malthus TR. An Essay on the Principle of Population, as it Affects the Future Improvement of Society, with Remarks on the Speculations of Mr. Godwin Condorcet and Other Writers . 1803 Edition. Cambridge University Press.

[2] Jeffrey M. Woodbridge. Introductory Econometrics: A Modern Approach (4 edition.) [J] South-Western College Pub, 2008.

[3] Simon Kuznets. Economic Growth and Income Inequality [J]. The American Economic Review, Vol. 45, No. 1, 1955: 1–28.

[4] W. Arthur. Lewis. Economic Development with Unlimited Supplies of Labour [J]. The Manchester School, 1954: 55–89.

[5] 高铁梅．计量经济分析方法与建模：Eviews 应用及实例［M］．北京：清华大学出版社，2009.

[6] 马寅初．新人口论［M］．长春：吉林人民出版社，1997.

[7] 罗楚亮．经济增长、收入差距与农村贫困［J］．北京：经济研究，2012（02）：15–27.

[8] 黄燊珺．城乡收入差距与经济增长的贝叶斯分析［J］．北京：中国证券期货，2011（11）：212–214.

[9] 胡兵. 经济增长、收入分配对农村贫困变动的影响 [J]. 上海：财经研究，2005 (08)：89 - 99.

[10] 牛叔文. 资源环境约束下的中国人口增长问题研究 [J]. 济南：中国人口·资源与环境. 2010 (03)：253 - 256.

[11] 唐东波，等. 中国的经济增长、城市化与收入分配的 Kuznets 进程：理论与经验 [J]. 上海：世界经济文汇. 2011 (05)：15 - 34.

第五章

用知识化带动城镇化和农业产业化

在我国，有一种流行的说法就是，“用信息化带动农业化”“用信息化带动工业化”“用信息化带动城镇化”等。这种说法至少不准确，信息业在目前来说是体现知识经济的主要产业，但随着科技的发展和社会的进步，今后主导知识经济的产业不可能永远都是信息业。“用信息化带动农业化”“用信息化带动工业化”“用信息化带动城镇化”等的说法容易造成误导。

当今世界，知识与技术的更新可谓日新月异，只有用知识化带动城镇化和农业产业化，才能有效地解决“三农”问题。

1 要解决“三农”问题，必须消除城乡人口素质“二元结构”

消除城乡人口素质“二元结构”是消除经济“二元结构”、解决“三农”问题的前提和基础。

几乎所有的经济学者都认为：消除城乡“二元结构”、解决“三农”问题的核心在于增加农民收入。但是，农民收入水平为什么会低呢？

一方面，我国目前还处于社会主义初级阶段，国家用于扶持农业或反哺农业的资金是极其有限的；从另一方面来说，劳动力的价值是由生产和再生产劳动力所需要的社会必要劳动时间决定的，而这一社会必要劳动时间取决于劳动者生存所需要的费用、教育训练费用以及养活家属所需要的费用等。在这些费用中，对生产力有着直接影响的就是劳动者本人及其家属的教育训练费用。因此，消除城乡“二元结构”、解决“三农”问题，必须从提高农民的科学文化水平、技术水平，克服陈旧的思想观念，提高农民的综合素质着手。

事实上，制约消除城乡“二元结构”、解决“三农”问题最为主要的症结在于农民的素质不能适应当代知识经济发展的要求，主要表现在农民文化水平低、缺乏必要的技术能力、思想意识差、观念陈旧落后等。这些因素也是制约我国农村剩余劳动力转移的重要因素。1997 年我国第一次农村普查时，农村劳动力中初中及以下文化程度劳动力比重高达88. 3%，其中文盲或半文盲占劳动力总数的8. 2%，小学文化程度的占33. 9%，受过职业教育和专业培训的仅占农村劳动力总数的12%。但即使是这个数字，我也觉得怀疑，至少还有一部分高中及高中以上文化程度的劳动力由于历史原因或其他原因，不是名副其实的高中或高中以上水平，但这部分人也被统计到了高中及高中以上文化程度的劳动力中。国家统计局农村调查总队的调查资料表明，2001 年，我国农村劳动力为4. 82 亿人，占全国劳动力总量的比重约为70%。其中：初中及初中以下文化程度劳动力的比重依然高达87. 8%，文盲或半文盲占7. 4%，小学程度占31. 1%，初中程度占49. 3%，高中程度占9. 7%，中专程度占2%，大专及以上程度占0. 5%，在农村劳动力中，受过专业技能培训的仅占13. 6%。

农村劳动力素质的低下既制约了农村劳动力转移的规模和速度，也制约了农村劳动力转业层次的提高。另据抽样调查资料显示，在2001 年转移的农村劳动力中，小学以下文化程度占当年转移总量的比重为23. 5%，比2000 年上升4. 7个百分点；初中文化程度的比重为62. 9%，下降2. 2 个百分点；高中和中专文化程度的比重为10. 2%，下降1. 1 个百分点；大专文化程度以上的比重为0. 7 %；经过专业培训的劳动力比重为12. 7%，下降12. 4 个百分点。这样素质的人员只能从事较为低级的劳动，难以进入较高层次的部门。

长期以来，我国政策一直偏重于城市，使原本脆弱的农村经济发展更为缓慢，从而导致了城乡经济上的“二元结构”。由于城乡教育水平、生活条件原本就存在着差距，加上长期以来以城市为中心、为城市培养人才、忽视农村教育的“单极教育”，使城乡居民加深了人口素质上的差异，再加上城乡经济上的“二元结构”，吸引了大量优秀的农村人口通过读书、参军及招工招干等途径流向城市。与此同时，素质相对较低的农村人口很难在城市扎根，从而导致了农村人口以素质为特征的人口分流：素质相对较高的农村人口流向城市，素质相对较低的农村人口无法脱离农村，使城乡人口素质差距进一步扩大，最终导致了城乡人口素质上的“二元结构”。这种城乡人口素质上的“二元结构”随着经济“二元结构”的加深而进一步深化，而且人口素质“二元结构”也使经济“二元结构”日趋严重。这样一来，城乡这种经济“二元结构”和人口素质“二元结构”交互作用，形成不良循环，给“三农”问题的解决带来了很大困难。

由于农村人口接受教育的程度很低，加上受到众多条件的限制，农村居民视野很小，素质偏低，很难满足城镇化和农业产业化发展的要求。这种状况在制约了农业本身发展的同时，也制约了农村人口向城镇的合理流动，从而也阻碍了经济的发展和工业化的进程。缺乏文化、没有技能，很难在企业找到智能型的工作，这样的人员就算是“非农化”了，也难以在城里立足，更不用说要他们适应知识经济时代的需要了。

因此，只有提高农村人口的素质，消除城乡人口素质“二元结构”，才能增强经济发展的后劲，才能实现城乡劳动者就业的真正平等，才能实现城乡劳动力的真正自由流动，才能从根本上消除城乡经济“二元结构”，才能从根本上解决长期困扰我国经济、影响社会稳定和发展的“三农”问题，这是从根本上解决“三农”问题的前提和基础。

要消除城乡人口素质“二元结构”，必须大力发展农村教育事业，全面推动知识化进程，在普及义务教育的同时，办好农民夜校，强化乡镇农技站的服务功能和技术传播功能，要加强农民的基础文化教育和职业技术文化教育，普遍提高农村人口的综合素质。与此同时，要切实解决好农村教师的实际问题，要让他们既要有房子，又要有票子，还要改善他们的生活条件和环境，让他们能潜心于教育事业。

要消除城乡人口素质“二元结构”，就要开展多种形式的城乡文化交流活动，鼓励知识青年采取自愿形式（包括在校高校学生利用假期）到农村一线传授知识和技能，为农业、农村和农民服务。要把这种活动建立在一套激励机制的基础之上，形成一种制度，强化其制度效应，既要保障参与知识下乡活动的知识青年的权益，又要达到传播文化知识技能的目的，切不可让这种文化交流活动流于形式，更不可半途而废。

要消除城乡人口素质“二元结构”，必须推动信息化进程，加强城乡之间的多方位联系。要全面深入普及电视、电话和远程教育等网络，推广因特网，要在推动信息化进程中，既让农村人口得到物质利益和精神利益，又要让他们获得素质上的提高。要推动信息化进程，消除城乡人口素质“二元结构”，还必须降低信息使用方面的费用（如电费、电话费和上网费用等），国家要采取有力措施，扶持贫困地区电信系统和电视差转系统的建设和完善，以保证其正常运行并发挥最大作用。

发展农村教育，办好农村学校，采用多种渠道、多种方式全面推进农村人口素质教育，消除城乡人口素质“二元结构”，是直接满足农村人口适应知识经济时代需要的大事，是提高整个中华民族素质的大事，是促进农村富余劳动力转移、推进工业化和城镇化发展的先决条件，也是加强农村精神文明建设、统筹城乡发展、促进农村乃至整个社会经济繁荣和稳定，实现我国生产力与国民经济可持续性跨越式发展的重要条件。为此，各级领导干部必须更新教育观念，积极推进农村教育改革，全面贯彻党的教育方针，把农村教育作为教育工作的重中之重，千方百计加大农村教育的人力、物力和财力投入的力度。要把教育列为我国的基本国策并且要突出农村教育，实行农村教育工作一票否决制。要把九年制义务教育纳入国家统筹。

要实现教育公平，实现城乡教育公平，实现区域教育公平；要让农村的孩子也能享受到城市宝宝的良好教育，要让偏远山区的孩子也能享受到像北京一样良好的教育。

林毅夫在“有关当前农村政策的几点意见”① 中指出：义务教育不仅表示学龄儿童有接受教育的义务，而且也意味着政府有义务为学龄儿童提供教育。农村中小学教师的工资完全由中央政府的财政来承担，既体现义务教育的精神，也可以减轻农民的负担。而且可以通过建立专款、专账、专用的制度，避免出现县级政府挪用和拖欠中小学教师工资的情形。目前各个县都将教师纳入到县的干部名册之中，由于每个县有三四千教师，占了一个县干部的70% ~80%，因此县政府增加机关人员难以明显体现出来，这在一定程度上掩盖了政府机构的膨胀。一旦中小学教师不包括在县的干部名册中，县政府干部队伍的膨胀就容易察觉。解决“三农”问题的关键在于增加农民收入，而增加农民收入的关键则在于提高农民的素质，提高农民的知识文化水平、科学技术水平，消除农民思想中残存的腐朽落后的思想观念，实现由简单劳动向复杂劳动、由近乎为原始的农业向现代化农业的转变，这一过程简单地说就是知识化。在社会主义条件下，劳动收入主要由劳动创造的价值决定，劳动创造的价值决定于劳动时间和劳动生产率。

2 用知识化带动城镇化，加速知识型小城镇建设

相对于工业化发展水平，我国城镇化水平严重滞后。美国地理学家约瑟姆研究发现，城市化的发展具有阶段性规律，全过程呈“S”形曲线运动。城市人口

① 资料来源：林毅夫发展论坛2003－02－26.

比重在10%～20%，为城市化初期阶段；城市人口超过20%以后，进入发展阶段，城市化进程出现加快趋势；当城市人口超过70%后，城市化进程开始减缓或停滞，即进入成熟阶段。我国正处于城市化的加速发展阶段，农村大量富裕劳动力的存在（1999年约为1.3亿人）和大批流动人口涌入城市（约为8 000万至1亿人），就充分说明了城市化已成为我国经济结构调整中不容忽视又不可回避的问题。

世界银行提供的数据显示：一个国家城市化水平与经济发展水平有密切的联系。按照美国经济学家霍利斯·钱纳里根据101个国家有关资料建立的经济发展模型所得出的城市化“标准结构”，人均GDP 800美元的城市化水平应为60.1%。2000年我国人均GDP已达800美元，城市化水平仅为36.1%（第五次人口普查数，分子中的城乡人口包括了离开原居住地半年以上，现在城市居住的农村人口）。城市化进程缓慢直接制约着我国经济的发展速度，不仅是城市的集聚效益和规模效益不能很好地发挥，工业化和农业现代化的进程及城市文明的普及也受到严重阻碍，而且还引发了诸如工业乡土化（我国乡镇企业80%设在村落，只有20%设在镇和县城）、农业副业化（我国农民收入中仅有30%来自农业）、弃农人口“两栖化”（指进城打工的农民95%以上夫妻两地分居）、小城镇发展无序化、生态环境恶化等“农村病”现象。我国城镇化水平并没有随着经济的快速发展及人均GDP的巨大增长而获得相应提高，致使城镇水平越来越滞后于人均GDP水平。这种滞后也使我国的“二元结构”更加明显，使“三农”问题进一步加深。

要消除“二元结构”，打破城乡隔离状态，必须切实加强小城镇建设。加强小城镇建设，提高城镇化水平的主要对象是广大农民，主要任务和内容是要改变农民目前的就业渠道和社会关系，为农村剩余劳动力找到一条切实有效的就业道路，减少农民的数量，改变农民的生产、生活方式。这也是当前社会稳定的一个关键因素。

大力发展小城镇，有利于扩大就业渠道，大规模地转移农村剩余劳动力，使其从单一的农业向多元化的非农产业转移，从而增加农民收入。用知识化带动城镇化、加速知识型小城镇建设，不仅可以繁荣经济，提高农村居民的素质，改善他们的精神面貌，而且在克服他们陈旧的思想观念上具有重大的作用。

对生产要素的集聚效应。法国著名经济学家弗朗索瓦·佩鲁早在20世纪50年代就提出了著名的“增长极”理论，强调据点式开发，集聚发展，规模建设，空间扩散，使“增长极”通过自身对内对外各种要素的集聚效应所带来的经济增长再辐射带动周围经济的发展。小城镇正是农村经济的增长极：一方面聚集中心城市扩散来的产业、物资、技术、信息、人才、管理等要素；另一方面聚集农村自身的非农产业、劳动力、自然资源和可供利用的初级产品。这种聚集具有“乘数效应”，从而收到“建一个农村城镇，兴一批产业，活一方经济，富一方百姓”的效果。

推进城镇化可以促进城乡经济协调发展。小城镇是农村政治、经济、金融、文化、科技、教育、商品流通、交通、通信的中心，具有强的辐射功能，即以一定的工业生产力，向商业、金融与服务设施以及科教、文化设施等去拓展农村经济文化发展的空间，引导农业从经营观念到操作方式不断升级，使农民从中得到实惠，不断增收，是农村工业化和先进科学技术普及推广的基地。

一方面，小城镇有便捷的交通、信息、商业网点、餐饮服务等良好的社会化服务体系，市场规模和功能将日益完善，辐射范围更加扩大；另一方面，市场体系的建立和扩大，又直接推动了小城镇建设，提高城镇化水平。二者相辅相成，相得益彰，从而形成开发一处市场，搞活一片经济，兴建一个城镇，带富一方百姓的良性循环机制，有的市、州、县还涌现出一批亿元乡镇、亿元村。

对县域乡镇企业与第三产业发展的推动效应。由于农村集镇具有较强的集聚功能与辐射功能，且在逐级辐射传递中具有“点”“面”结合的独特区位优势，易于实现生产资源的优化配置，因此，它能够使分散的乡镇企业集中于城镇，从而使各种生产要素产生集聚放大效应，促使乡镇企业上规模、上水平、上效益，进而拉动周边农业向“区域化布局，专业化生产，产业化经营，市场化销售”的方向发展。小城镇建设有利于乡镇企业和个体私营经济的相对集中，提高经营管理水平，走集约化和规模化道路。

有利于提高农民素质，改善生活质量，逐步走向文明富裕的现代生活方式。小城镇是农村政治、经济、文化活动的中心，又是城乡经济交流和科学技术传递的中转站。现代的思想观念、生活方式、科技信息、管理经验，从城市引入小城镇，再扩展到农村，一些市、州、县以县为中心开通了乡镇之间的多条公共汽车线路，更有利于更新民族地区和山区农民的思想观念，提高农民的素质和文明生活水平。

小城镇是连接城乡的纽带和桥梁，小城镇建设的取向直接影响着小城镇功能的发挥。因此，必须强调小城镇的辐射、带动和服务的功能，要用知识化带动城镇化进程，加速知识型小城镇建设；要以小城镇为依托，把小城镇建设成为农村技术、经济、文化、信息等的交流、传播和发展的中心，充分发挥城镇在区域经济发展中的辐射、带动和服务的功能以及小城镇与大中型城市的紧密连接作用，要从金融、信息、贸易、科技、教育、文化等方面为农业、农村和农民提供各种服务，使农村经济得到充分发育和健康发展。

加速知识型小城镇建设要合理布局农业与农产品加工、销售一体化的企业和其他乡镇企业，发展农产品市场和农产品加工业，形成农产品加工基地和具有一定辐射范围的农产品集聚中心和农业信息、技术的服务中心；要培育有利于农村劳动力转移的城乡就业协调的机制和环境；加速知识型小城镇建设还要统筹工业与农业的发展，要用工业现代化促进农业现代化，要用农业发展保障工业发展，两者不可偏废，要相互促进，形成良性互动。

加快知识型小城镇建设要突出重点，注重实效，合理布局，要着眼于农村的长远发展，要统筹环境保护与经济的协调发展，增强可持续发展的能力，要优先安排对农村经济建设正面影响较大、带动性较强的项目，要充分发挥政府在小城镇建设中的统筹与协调作用，以保证小城镇建设能以有限的资金发挥最大的作用。

加速知识型小城镇建设不仅有利于农村经济的发展，给农村人口提供更多的就业机会，而且有利于农村人口开阔视野、更新观念，有利于农村人口及时获得有效信息，学到先进的文化和实用的技术，彻底改变农村人口传统的思维方式和精神面貌，提高农村人口的素质，增强其自身的造血功能，切实提高农村人口的收入水平和精神文化生活水平，还可以提高城镇居民的物质文化生活水平，加速工业发展的现代化进程。

3 解决“三农”问题的必由之路

我国目前存在的城乡人口素质“二元结构”以及农业产业化程度很低、科技含量更低的现状不仅给“三农”问题的解决带来很大困难，阻碍了我国经济的发展，而且影响了我国农业的国际竞争力，甚至关系到我们国家的粮食安全。农业产业化水平很低，不仅直接影响了农业经济效益的提高，而且影响了我国农业的国际竞争力。用知识化推进农业产业化是推动我国农业走向生产专业化、商品化、现代化的根本途径。因此，必须正确处理知识化和农业产业化的关系，要紧紧抓住农业产业化，以知识化为动力推进农业产业化的发展；要以农业产业化为契机，提高农民队伍素质，消除城乡人口素质“二元结构”，推进知识化进程，以促进农业产业化的发展和“三农”问题的彻底解决。这是解决我国“三农”问题的必由之路。

用知识化推进农业产业化，就是要根据经济规律和市场经济发展的内在要求，运用现代科技和管理手段，结合我国的具体特点和各地的实际情况，把农业与相关的产业有机地结合起来，并把这一结合过程建立在提高农民素质、提高农业生产过程、提高农产品的科技含量和单位产量的基础之上，提高农产品的附加值，促进农业产业结构优化升级，形成纵向一体化和横向一体化的企业，以充分有效地利用、开发现有的资源和潜在的资源，大幅度地提高劳动生产力和经济效益，从而促进农村乃至整个国家经济的发展和社会的全面进步。要建立村、乡、县各级龙头企业，以带动各级经济的发展，要把知识化贯穿于农业产业化的整个进程，促进经济效益和社会效益的提高以及农村居民素质、农民收入水平和农民生活质量的提高。

用知识化推进农业产业化就是要根据经济规律和市场经济发展的内在要求，运用现代科技和管理手段，结合我国的具体特点和各地的实际情况，把农业与农业相关的产业有机地结合起来，并把这一结合过程建立在提高农民素质、提高农业生产过程与农产品的科技含量和单位产量的基础之上，提高农产品的附加值，促进农业产业结构优化升级，形成纵向一体化和横向一体化企业，以充分有效地利用、开发现有以及潜在的资源，大幅度地提高劳动生产力和经济效益，从而促进农村乃至整个国家经济的发展和社会的全面进步。要建立村、乡、县各级龙头企业，以带动各级经济的发展，要用知识化贯穿于农业产业化的整个进程，促进经济效益和社会效益的提高以及农村居民素质、农民收入水平和农民生活质量的提高。

用知识化推进农业产业化能将分散经营的农户组织起来，解决农户小生产与大市场的矛盾，有利于我国农业整体科技水平的提高，增强抵御风险的能力。家庭承包经营是我国农村最基本的经营制度，是各项农村政策的基石。人多地少，是我国的基本国情，农村人口较多的局面在短期内不会有根本的改变。用知识化推进农业产业化，可以在不改变家庭承包经营的情况下，使分散经营的小农户组合成专业生产联合和大规模的农产品生产基地，这是提高农业整体规模效益的有效途径。

大力发展农业产业化经营，用知识化推进农业产业化能够促进农业产业结构的调整，使农村剩余劳动力向第二、第三产业转移。实行产业化经营必然要搞好农业的生产服务和销售服务，这就需要建立一批农业技术企业、市场信息咨询企业和农产品销售企业。产业化过程中支柱产业的发展，必然推动农产品生产的规模化和资源的合理配置，推动农村产业结构的调整和优化，从而带动农村第三产业发展，吸收大量农村剩余劳动力。

用知识化推进农业产业化能使农民通过某种方式分享到农产品的加工、销售环节所增值的利润，实实在在地提高农民的收入。提高占我国人口三分之二的农村人口的收入，会对目前我国扩大内需的战略任务产生不可估量的影响，也有利于我国社会公平的实现。

用知识化推进农业产业化是对农业生产经营方式和组织制度的创新和改造，它与传统农业生产经营方式相比，可在更大范围内和更高层次上实现农业资源的优化配置和生产要素的重新组合，有利于农业与农村社会的全面发展，因此，从本质上说，农业产业化与我国农业和农村的可持续发展目标是一致的。

用知识化推进农业产业化可以给农民提供更多的学习知识和技能的机会，从而提高农民素质，以便顺利地实现农村人口分流：一部分农民虽留在农村，但由于科学技术的发展、劳动者素质的提高和劳动生产力的提高，因而不会影响农业的产出，甚至使产出增加；另一部分农民流入城镇，由于劳动者素质的提高和农业产业化企业的发展，就业规模扩大，这部分人能够在城市扎根，成为永久的城市居民。

用知识化推进农业产业化有利于消除农村农民中存在的愚昧、落后的思想观念，提高农村居民的素质；有利于改善农村生活条件和环境，提高农民的生活质量；有利于引导农民参与利润的二次分配，从而增加农民收入；不仅有利于消除城乡经济“二元结构”，而且有利于消除城乡人口素质“二元结构”。

4 推进知识化进程，变人口压力为人口优势

人口压力（population pressure，population stress）是一个相对概念，指相对于自然资源和生产能力或者说相对于对地球供养能力而形成的压力，是一种人口的非适度状态，就其实质而言，是一种资源所带来的压力，也是一个经济问题：一方面，经济越发达，生育率越低；经济越落后，生育率越高，这是世界人口生育率变动中普遍存在的一个规律性问题。另一方面，经济越发达，能承受人口压力的能力就越大，反之则越小。

人口压力包括人口增长率压力，即人口自然增长率指标；现有人口生存空间压力，即人口密度指标；生活水平压力和人口素质压力（常用成人识字率和每万人口中拥有的受过高等教育人口数这两个指标衡量；人口素质越高，人口素质压力越小）等。

目前，我国城镇仍然存在着较为严重的失业状况，而农村的失业、半失业状况更为严重。2004年4月发布的《中国的劳动和社会保障状况》白皮书，对我国的就业形势进行了分析。白皮书指出，从20世纪90年代中期开始，中国出现劳动力过剩，就业问题现已成为社会生活中最为紧迫的问题。2004年6月10日公布的劳动保障部和国家统计局的统计公报也再次印证了白皮书的结论。公报显示，截至2001年年底，全国城镇登记失业率为3.6%，到2012年3月底，升至3.7%。而据中国社会科学院人口研究所估算，实际城镇失业率在5%~6%，有专家认为，综合考虑各种情况，实际数字达到10%左右。如何推进知识化进程，变人口压力为人口优势，这是我国经济工作者目前面临的重大课题，也是促进“二元结构”一元化，解决“三农”问题的根本出路。

按照马克思的劳动价值论，劳动可分为简单劳动和复杂劳动，复杂劳动由简单劳动组成，一个单位的复杂劳动相当于几个甚至几十个单位的简单劳动。然而，要怎样才能使简单劳动变为复杂劳动并实现复杂劳动，最后变人口压力为人口优势呢？在知识经济到来的今天，面对我国加入WTO的实际情况，唯一的办法就是推进知识化进程：在提高全民（尤其是农村居民）的知识文化水平、技术水平和综合素质（这是一个由简单劳动变为复杂劳动的过程）后，要以稳定、发展我国经济，用知识化推进城镇化和农业产业化为基础，充分利用加入WTO的契机，根据我国人多地少的实际情况，优先发展科技含量高、劳动力密集、产品附加值大且适销对路的产业，尽量避免土地密集型产品，以增强我国农业的国际竞争力，并积极参与国际分工和国际竞争；要重点培育一批规模大、起点高、带动能力强的农产品生产加工销售一体化企业，培养一批在国际市场上具有竞争力的龙头企业和名牌产品，以带动经济的发展和就业率的提升（这是一个复杂劳动的实现过程和变人口压力为人口优势过程）。要克服那种一提到“科技含量高”就意味着“自动化程度高”，从而增加就业压力的陈腐思想观念；要把提高科技含量和增加就业结合起来，优先发展科技含量高的劳动密集型产业。

① 政府要扩大对流动人口职业培训的公共财政支出，以降低农村人口流动就业的门槛和成本。采取更为开放的政策和措施，鼓励私人或非国有机构投资于目前分布广泛的农业中专学校、农村职业高中，对流动就业的青年农民进行职业

技术的专门培训，为中国制造业能在未来更大地发展提供更好的人力资源支持条件。

② 要实行严格的计划生育政策，不仅要严格控制人口的增长，更要提高全民素质和出生人口的质量。马尔萨斯在《人口原理》中指出："人口若不受抑制，便会以几何比率增加，而生活资料却仅仅以算术比率增加。"一方面，人口越多，人均占有的资源量就越少，人口压力就越大，反之亦然；另一方面，人口素质越高，劳动生产率也就越高，劳动力在国内外之间的流动也越容易，因而人口压力也就越小。

③ 要促进人才信息交流，减少信息成本，使得人才流动能够顺利进行，从而使人力资源得到最有效的利用。

此外，在提高国民的科学技术文化水平，提高全民素质，消除城乡素质"二元结构"的同时，还要加强国际合作，利用我国人口众多的优势，进行广泛的国际劳务合作。

5 提高农村干部素质

随着我国改革开放的进一步深入和经济建设步伐的加快，农村工作面临越来越严重的问题和困难。有些村级干部无法适应变化了的形势，还是沿用过去的手段和方法，或者只是管理方法略有改变，但对问题的理解仍然属于老思维、旧观念，因循守旧，不思进取，放松了政治学习，学习不够深入和主动，理解不够准确与完整。对新时期我党我国所面临的新形势、新任务认识不明、把握不准，缺乏开拓进取的意识。为群众积极主动服务的意识差，法律意识不强，依法行政水平不高，缺乏责任心和独立工作的能力，综合素质较低，使得农村经济发展不快，农民生活水平提高缓慢。

但凡在村级经济建设上搞得成功的农村，都有一两个优秀的村级领导干部和一套得力的领导帮子。村级领导干部是农村经济建设的"领头雁"，他们的素质高低直接关系到农村经济建设的成败。所以，要培养一批有知识、懂技术、会管理、有奉献精神、能真抓实干、德才兼备的优秀村级领导干部，带领农民搞好农村经济建设，促进整个国家的社会和经济的发展；抓好村级星火带头人的培养，就是为农村提供经济建设的催化剂，可以大大促进农村经济建设的进程。因此，搞好农村优秀骨干的培养，是解决"三农"问题的一个异常重要的关键环节。

要搞好农村优秀骨干的培养，就要建立农村优秀骨干培养的基地，为培养农村优秀骨干创造条件。在第一次国共合作期间，为适应农民运动发展的需要，毛泽东创办了培养农民运动骨干的“农民运动讲习所”，将农民运动的火种撒向祖国的四面八方；为适应当前新时代、新经济发展的需要和我国社会主义经济与社会建设的要求，也应当兴办好培养农村经济建设骨干的“社会主义市场经济讲习所”，积极培养一批德才兼备的农民骨干，带领农民群众建设家园，为村级经济建设出谋划策、勇挑重担。

要优化干部结构，鼓励、选拔、录用一批积极奉献、勇于进取的有志青年（特别是知识分子）到农村第一线去担当重任，赋予他们一定特权以保证他们工作的正常进行；要定期考核他们的政绩，定期或不定期地对他们进行培训，给他们提供相互交流经验的机会，切实解决他们在学习、工作、生活中遇到的困难，并给予他们应有的待遇和必要的保障，解除他们的后顾之忧，让他们能在农村经济建设中尽情地大显身手。

在培养农村经济建设骨干时，一定要严格组织实施，强化培训效果。要重视理论与实践的结合，要特别注重科学技术和管理技术的培训，要把他们培养成创办企业、管理企业、懂得一两门技术的经营能手和农民发家致富的带头人，培育成具有较高综合素质的农村经济建设“领头雁”。

要完善考评机制，明确考评范围，既要防止单纯用经济指标衡量工作成效，也要防止把农业和农村的每一项工作都列入基层组织建设考评内容。要改进考评的方法，制定切合实际的考核标准。要坚持把抓基层组织建设的成效作为领导干部评优、提拔的重要依据，进一步调动党务工作者的积极性。

要搞好农村优秀骨干的培养工作，还要充分发挥村级干部的积极性，要建立村级干部的动力机制，制定并完善奖励政策，通过建立健全发展集体经济工作目标责任制，制定奖励办法，把发展目标和任务分解并加以落实。对发展集体经济有功的干部，除了正常的“误工补贴”外，每年应该从村集体纯收入中提取一定的奖金，或者由乡镇政府予以奖励。对于村级领导干部，要让他们享受或逐渐享受国家公务员的待遇，让他们彻底摆脱小农经济意识的困扰，使他们能够安心处理本村内部事务。必要的话，还可以委派乡镇干部任村支部书记和村委主任，或采取异地为官的办法，即本村的支部书记和村委主任由外村人担任，而本村的优秀骨干到外村任职。

在培养、选拔农村经济建设骨干时要正确处理好“德”与“才”的关系：一定要确保“德”字、强调“才”字，因为“德”字是“才”字前面的正负号，直接影响“才”字的价值取向；有“才”无“德”的人最好别用。

总之，注重农村基层干部素质和能力的培养，加强农村基层干部队伍的建设，搞好农民骨干培训工作，加强和农民骨干的联系和管理，给予农民骨干应有的待遇，对农村经济发展、切实解决“三农”问题有着极其重要的作用，切不可等闲视之。

6　统筹城乡发展，提高县域经济的科技含量

当前，农民务农收入低，严重挫伤了农民务农的积极性，使得城乡“二元结构”进一步加深、“三农”问题进一步加剧。必须推进“二元结构”一元化，从根本上解决“三农”所面临的深层次的体制性矛盾和结构性矛盾，必须坚持统筹城乡发展、走城乡一体化发展的道路。从表面上看，“三农”问题主要表现为城乡差距扩大、农业发展受阻、农民负担过重、农民收入增长缓慢、农村经济不景气、农村消费能力下降、农村劳动力转移困难、农村社会事业落后等多个方面。“三农”问题是经济体制性矛盾、结构性矛盾的集中表现。从体制性矛盾看，由于长期受城乡分治、工农分割的“二元结构”体制的影响，在处理农村与城市关系的问题上，仍自觉不自觉地存在“重城轻农”的观念，劳动力等生产要素在城乡分隔方面、流动方面不畅，造成城市化落后于工业化。从结构性矛盾看，主要表现为农业增加值在国内生产总值中的比重下降，同时农业就业人员居高不下，农业劳动生产率低，人地关系紧张，农产品质量和品种结构不适应市场需求。解决这些问题，既离不开“农”字，又需要跳出“农”字做文章，在统筹城乡、推动城乡一体化改革方面下功夫。要从多方面、利用多渠道想方设法增加农民收入。但是，农民收入不可能凭空增加，农民收入的增加只能建立在农民劳动力价值的提高、农民就业条件的改善以及经济发展尤其是农业和与农业相关产业的发展的基础之上。切不可抛开农业来谈解决“三农”问题。

要推进“二元结构”一元化，从根本上解决“三农”问题，就要加快县城和中心集镇建设，增强吸纳农村生产要素能力。要适应当代经济发展的要求，在大力发展县域经济、走农业与农产品加工业相结合的一体化发展道路的同时，尽可能采用劳动密集型高新技术来提高经济发展的质量和水平，促进产业结构优化升级；要加大农业科学研究投入的力度，要把农业科学研究的成果尽快应用于农业生产，转化为农业生产力，使农业得到长足发展，让农民得到更多的实惠；要

多采用高新技术，大幅度提高农产品的附加值，带动农业经济发展，增加农民收入，增强农业和农产品的国际竞争力。

要消除城乡共同发展不合理的机制、体制因素，加快城乡互动进程。

1）要实行更加灵活的户籍制度

要落实以户籍制度为主的安居政策，放手吸引能人、富裕户、外地人进城镇，推动在城镇有合法固定住所、稳定职业或生活来源的农民，尽快成为稳定的市民。不但在征地、建房、办证、子女入学等方面对他们一视同仁，而且在规费收取、手续审批上给予优惠或优先政策，让农民低成本、高收益进镇安居创业。

2）落实以城乡统筹为主的就业政策

构筑城乡统一的劳动力市场服务网络，取消企业用工先城镇、后农村的歧视性规定，农村劳动力与城镇劳动者一样凭学历、技能、素质等条件参与市场就业竞争；取消农村劳动力进城的各种限制政策，促进用人单位和劳动者双向选择，合理流动；取消对农村劳动力就业的审批制，对在各类单位和组织就业的城乡劳动者实行登记备案制；建立覆盖城乡的就业、失业登记统计制度、保障制度，为农民享受公平就业拆除制度上的樊篱。

3）落实以鼓励投资为主的创业政策

进一步完善鼓励民间资本投入的政策，制定一系列促进性、奖励性和保障性措施推动创业，提升全县经济的特色化、专业化水平。加快开发区和工业园区建设，培育工业骨干企业和农业龙头企业，出台扶持企业上规模的政策意见，鼓励企业实行技术改造、开放式重组，促进企业裂变式扩张。

政府要适应当代经济发展的要求，统筹城乡经济的发展，加大农村基础设施建设投入的力度，为农业和农产品加工业一体化创造条件；要优先发展农产品加工和营销的企业，鼓励并切实支持农民筹办生产、加工、销售为一体的合股公司，积极推进农业一体化经营；要从多方面、多层次、多渠道为农村人口提供更多的就业机会、让农民获得更多的收益；同时，政府还要深化农业农村服务体制改革，调整角色，强化政府引导、协调、服务和统筹的职能，形成社会力量广泛参与的农业社会化服务体系，为农业和农村经济的发展扫清障碍，为解决“三农”问题铺平道路。

要推进“二元结构”一元化，从根本上解决“三农”问题，就要充分发挥县级领导班子和领导干部在发展县域经济中的作用，要牢固树立为人民服务的思想，办事情、想问题都要注意从群众利益出发；要牢固树立市场的观念、效益的观念、开放的观念、信息的观念、科学技术是第一生产力的观念，用新的思维和方法推动经济发展，要善于学习，提高驾驭市场经济的本领；要有广阔的胸怀，善于调动方方面面的积极性。一个县的社会主义现代化建设是全县人民的共同事业，县委书记、县长是全县人民的带头人，不仅自己要勤政廉政，还要有本事、有能力、有权威调动全县人民的积极性。

要解决“三农”问题，政府要根据经济发展的需要，搞好政府职能的定位与转变，实现农村管理体制的改革与优化，要精简机构、裁减冗员、改变工作作风、提高办事效率和公务员素质；要深化农村税费体制改革、减少税种、降低农业税率，切实减轻农民负担；要根据知识经济的发展要求和农民素质一定要适应这一发展趋势的需要，增加农村的医疗卫生、社会保障和社会福利等转移性支付，在农村逐步建立健全医疗保障、养老保险、最低生活保障、贫困救助等社会福利、社会保障制度，努力提高农村人口生活质量和水平。只有这样，才能做到“城镇化”和国家“粮食安全”两不误，才能使生产力与国民经济大大提高。

7 深化农村产权制度改革

产权关系是生产关系中最为重要的方面，是经济制度的核心内容。产权制度是产权关系的集中体现。产权是以法律形式界定的主体对客体的所有权关系，其实质是生产过程中形成的在生产资料面前的相互关系。可见，产权的直观的表面形式，是人与物的关系，但实质是产权主体之间的经济关系。产权包括所有权、占有权、支配权、使用权以及由此而产生的收益权。因此，产权关系对生产力具有反作用，先进的产权关系对生产力具有促进作用，而落后的产权关系又制约着生产力的发展。因此，建立健全农村产权制度，深化农村产权制度改革，对充分调动农民的积极性、进一步解放农村生产力、加速农村经济的发展具有重要的理论意义和现实意义。

传统的农业耕作和日益突出的人多地少的农村状况使农业难以形成规模经营，这是农业劳动生产率难以提高的重要原因之一。要解决“三农”问题，就必须在稳定并不断完善以家庭承包经营为基础、统分结合的双层经营体制的条件下，逐渐实行（而且只能逐渐实行）土地的规模化经营，必须深化农村产权制度改革，允许农户在承包期内依法、自愿、有偿流转土地承包经营权，并在深化农村产权制度改革的过程中，鼓励、引导和支持农户采取自愿的形式创办多形式、多层次的包括技术、管理、土地、资本和劳动力等多种生产要素参与入股的泛股份制农村联合企业。创办农村企业时尤其要重视吸引科技入股，要用知识化带动农村企业的发展，因为科技不仅可以大大增加农产品的附加值，提高农民收入水平，而且可以提高农民素质。除了要给予农村企业以金融、税收支持外，更重要的是要给予技术支持和信息服务；要组织、安排农村企业管理人员和技术人员学习管理和技术，切实提高他们的技术水平和经营管理水平，以保证农村企业的稳步发展；要为农村企业提供生产、供给、销售方面的信息服务，引导农村企业充分发挥本地资源优势，根据市场需要进行生产，要立足本地、面向市场。具体来说，农村产权制度改革要抓好以下几个方面的工作：

1）稳定土地承包，赋予农民对土地的终生持有权

现在的农村土地制度存在着农民对土地所有权的缺失，仅拥有土地的经营权并不能给予农民足够的保障，使其完整地行使土地经营权，脱离所有权基础的经营权，具有天然的不稳定性。在土地所有权无法变更的情况下，赋予农民土地的长期持有权，可以弥补土地所有权缺失的不足，使农民对土地的权利保持一种稳定性，使其成为农民稳定的财产或利益源泉。

2）在赋予农民稳定的土地持有权之后，建立规范的农用地流转制度

土地承包实现了农民人均地权，但却失去了农地经营的规模绩效，全国范围的农地分散经营不符合农业现代化的要求。农村的土地流转一直存在于民间，只是缺乏规范性，范围较窄，收益也较低；在地方政府，特别是乡村政权组织积极参与农地流转利益分配的现实情况下，侵犯农民权利的事件逐渐增多，农民经济利益和土地承包权利受到威胁。因此，现在需要政府尽快制定实施细则，对各地的农地流转进行规范。首先应确定农地流转中农民的主体地位，农民的承包地权利属于农民，任何单位和个人不能以任何名义凭借土地流转谋取农民的利益；其次是规范流转的方式，应允许农民把承包地以财产的形式进行银行抵押、折资入股等；再次确立农地流转价格的市场调节机制和以农民为核心的农地流转级差利益的分配机制。

3）加强农民承包地的法制化管理

只有法制能够保护农民的权利，《农业法》《土地承包法》必须得到贯彻执行，其他法律也应在农村执行。重要的是管理者的执政行为必须纳入法制化的秩序中。

此外，要消除“二元结构”，解决“三农”问题，完善农村产权制度，必须把学习创新和自主创新结合起来，既要积极学习县内外、省内外、国内外他人的技术、经验和长处，又要努力培养并充分发挥农民的首创精神，对农村出现的新生事物要及时发现、正确引导并给以有力扶持，并在时机成熟之时予以及时推广。

产权制度的改革不是为改革而改革，改革产权制度的目的就是发展农村经济，发展多种形式的联合企业。这种联合企业主要是乡镇企业，它们是农村剩余劳动力的重要吸附器。在总结乡镇企业发展成功经验的基础上，推进企业上规模、上水平、上档次，提高技术含量，完善管理制度，引导乡镇企业布局适当集中，走集约化、集团化发展的道路；理顺产权关系，转换经营机制，优化资源配置，加大对乡镇企业的财政和金融支持力度，建立乡镇企业持续发展的机制；调整乡镇企业产业结构，把农产品加工业作为乡镇企业结构调整和进一步发展的重点来抓，以市场为导向，加快加工、保鲜、储运技术和设备的引进和开发，加速农村第三产业的发展。

农村土地转让必须保证失去土地的居民有比以前更高、更稳定的收入，必须妥善安置好失去土地的居民，保证他们的正当权益。

8　要解决“三农”问题必须实现教育创新

当今世界已经跨进了知识经济时代，科学技术的进步、劳动者素质的提高已日益成为经济增长和社会生产力发展的决定性因素（在对国民经济增长的贡献中，科学技术的进步要占 60%～80%，劳动者素质的提高则要占 10%～30%，资本投入的增长仅占 10%）。生产力的发展状况、综合国力和国际竞争力的强弱最终取决于科学技术的状况和劳动者的素质，而教育质量对科学技术、劳动者的素质起着举足轻重的作用，因为教育是发展科学技术、培养各种人才的基础，在现代化建设中具有先导性、全局性、基础性的重要作用，所以，必须摆在优先发展的地位。

可是，我国现行教育体制的弊端随着知识经济时代的到来而日趋明显，主要表现在全民整体素质特别是农民队伍素质不高，特殊人才、高层次和高技能人才严重短缺等方面。造成这种状况的主要原因有两个方面：

一方面，长期以来，对教育质量的考核主要以升学率为主，教师的职称、工资变动以及调动在很大程度上取决于学生的学习成绩尤其是升学考试成绩；考试、进而升学几乎成为学生学习、老师教学的共同而唯一的目标。培养的学生大多数是应试能力型，而不是综合能力型人才，更谈不上创造性，没有从最大限度地提高综合素质的角度来指导我国教育事业。

另一方面，长期以来，我国实行的是以城市教育为中心、为城市培养人才、忽视农村教育的“单极教育”，这使得农村人才更为严重匮乏，从而加深了城乡经济“二元结构”和人口素质“二元结构”，这一状况严重阻碍了我国经济的发展和劳动生产率的提高，也影响了我国的“粮食安全”。

要彻底改变这种现状，必须改革现有的教育体制，使其与时俱进，必须用战略的眼光审视国际经济发展态势，要适应知识经济发展态势的要求，促进我国居民整体素质的跨越，为我国实现可持续性跨越式发展提供在生产力发展中起决定性作用的高技术人才和其他各个层次的人才。

改革现有的教育体制，可以不断提高全民综合素质，培养各层次人才，特别是高层次人才，这是我国可持续性跨越式发展的必备条件；通过强调思想品德教育，提高精神文化生活水平，提高民族凝聚力和综合国力，这是我国可持续性跨越式发展的精神动力。

笔者认为，要实现教育创新，需围绕一个目标，突出两个重点，兼顾三个方面，搞好四个方面的结合，实现五个方面的转变。

1）要实现教育创新，必须明确教育目标

笔者认为，教育目标应该是：充分利用各种社会资源，最大限度地提高全民的综合素质，以最大限度地满足全民对知识、技能等多方面的需要，满足我国可持续性跨越式发展对各种人才的需要。教育工作始终要围绕这个目标，才能与时俱进、不断创新。

2）为了实现上述教育目标，教育创新必须突出两个重点：重点突出全民素质教育、提高全民素质，重点突出培养特殊人才、高层次和高技能人才

只有全民素质提高了，才能使整个社会素质提高。教育创新要突出开展全民素质教育、提高全民素质，这是社会全面进步的基础和保证。同时，要特别突出特殊人才、高层次和高技能人才的培养，他们是我国社会主义经济建设的中坚力量和排头兵，他们在技术、管理、理论等方面的创新可以大大地提高劳动生产力，某一领域（如纳米技术、生物技术等）的重大突破可以使一个国家富强甚至使世界经济中心转移。因此，这两个重点必须突出，不可偏废。

3）为了实现上述教育目标，教育创新要兼顾三个方面

（1）兼顾就业、创新、创业能力的培养与思想道德品质的教育

人的素质可分解为科学文化素质、技术能力素质、经营管理素质、社会交往素质、身体心理素质和思想品德素质等，前五个素质是能力素质，直接影响人的就业、创新、创业，而思想品德素质直接影响着人的价值取向和行为方向。只有各种素质都具备，才能实现人的全面发展和自由发展，才能为社会做出最大的贡献。为此，各教育单位必须突出思想品德素质的首要地位，正确处理好“德”与“才”的关系：一定要确保“德”字、强调“才”字。

（2）兼顾教育创新能力的开发与科研能力的提高

教育创新是推动教育事业发展、提高民族素质的推动器，是增强民族凝聚力、培养民族创新精神和创造性人才的重要途径，国家的发展在很大程度上取决于科技的进步，而科技进步在很大程度上取决于科技创新和科研能力。所以，必须兼顾教育创新能力的开发与科研能力的提高，要让教育创新成为提高科研能力、实现科技创新的动力，要用科技创新和科研能力的提高促进教育的不断创新和我国的可持续性跨越式发展。

（3）兼顾为城市与乡村的经济建设提供人才

目前，我国培养的人才绝大部分留在城市，而服务于农业、农村和农民的人才实在是凤毛麟角。这种状况加深了城乡经济“二元结构”和人口素质“二元结构”，成为制约我国经济和社会发展的重要因素。因此，要特别重视为农村、农业、农民培养人才，提高农民队伍的整体素质，要在为城市和工业经济建设培养人才的同时，兼顾并十分重视农业、农村和农民人才的培养，要采取多种形式为农村经济建设服务，促进农村社会的进步，保障农业经济发展和国家“粮食安全”。

4）为了实现上述教育目标，实现教育创新就要搞好四个方面的结合

（1）教育创新必须做到学习创新和自主创新相结合

我国教育大大地落后于日本、美国等发达资本主义国家，我们必须学习、借鉴国外先进的教学经验。学习创新非常重要，学习、借鉴国内外先进的教学经验和成功的人才培训方法，结合自己的实际情况，为我所用，可以使我们少走弯路，尽快提高全民素质，早日培养出高素质人才。但如果只停留于学习他人，就无法超越他人，无法实现人口素质的跨越。因此，学习创新必须和自主创新相结

合，要根据自己的实际情况和特点，走出一条最适合我国国民素质提高的道路，以实现各个社会成员综合能力最大幅度的提高。

（2）正规教育与多种形式的非正规教育相结合

要提高全民素质，必须有一套正规的教育体系和方法，这是提高全民素质必不可少的条件，但正规教育难免存在无法涉及的方面，需要通过形式多样的、多种渠道的非正规教育来弥补正规教育的不足。要通过办补习班、专题讲座、座谈会、各种形式的交流会及宣传栏，通过广播、电视等形式向国民传授知识和技能，要不拘一格地动用各种社会力量、利用多种渠道、采取多种形式为提高全民素质服务。

（3）教育创新与普遍提高教师队伍素质相结合

教育创新要以普遍提高教师队伍素质为媒介，提高教育的质量和水平。只有普遍提高教师队伍的综合素质，才有可能从根本上提高学生乃至全民的综合素质。要加强对教师队伍的考核和培训工作，实施全员聘用和教师资格准入制度，定期对教师进行培训和考核，鼓励并切实支持教师的教学创新，激励教师由过去的教死书、死教书的知识灌输“专家”转变成业务精湛、师德高尚、具有创新能力的人类灵魂开启者和塑造者。

（4）教育体制改革与调整教育结构相结合

目前，我国包括人才结构、地区结构以及地区内部结构的教育结构仍然不太合理，不仅仅是农业人才严重欠缺，高层次、高素质的人才更是奇缺。另外，我国的人才大部分分布在沿海一带的大中型城市，人才的地区分布极不合理。为此，教育体制改革必须与调整教育结构相结合，既要注重农业人才和其他普通人才的培养，更要特别注重特殊人才、高层次、高素质人才的培养。同时，还要注意包括地区之间以及地区内部的教育结构平衡，要兼顾各地区发展对不同层次的人才的需要，实现人才的最优配制，实现统筹城乡发展和统筹区域发展。

5）为了实现上述教育目标，教育创新要实现五个方面的转变

（1）由单一的注重学习成绩和升学率向注重培养综合能力特别是知识应用能力转变

培养学生的目的是什么？这个问题一定要搞清楚。这个问题不搞清楚，就无法认清教育体制的弊端，无法实现教育创新。

毛泽东在《整顿党的作风》一文中把马列主义理论和中国革命实际的关系比做箭和靶的关系，批评有些同志“仅仅把箭拿在手里搓来搓去，连声赞曰：

‘好箭！好箭！’却老是不愿放出去。这样的人就是古董鉴赏家，几乎和革命不发生关系。马克思列宁主义之箭，必须用于去射中国革命之的”。所有的理论与实践的关系都是如此。知识只有运用于实践，才能体现它的价值。因此，必须高度重视学生综合能力特别是知识应用能力的培养。我们没有理由把学生培养成“仅仅把箭拿在手里搓来搓去”“却老是不愿放出去”的“古董鉴赏家”，而应该将其培养成放箭能对准靶子的人才。要积极培养学生的综合能力，综合能力是知识应用能力的基础，知识应用能力是综合能力的核心。因此，改革培养模式，实现由单一的注重学习成绩和升学率向注重培养学生的综合能力特别是知识应用能力的转变是我国目前教育工作改革的重心。

（2）由知识的单向灌输向注重启发教育与培养学生的创新能力和创造力转变

目前，我国采取的教学方法主要是单向灌输，学生完全处于一种知识的被动接受状态，就像海绵吸水一样，即使把水全部吸进去了，挤出来的仍然全部都是水，这种状况极不利于学生的发展。教师要学点教育艺术，充分利用教育艺术，根据学生的个体差异因材施教，要充分注意学生的创新素质培养。因此，教育创新必须实现由知识的单向灌输向注重启发教育与培养学生的创新能力和创造力转变，要把学生培养成为懂生活、会思考、充满创造力的经济建设者和革命事业的接班人。

（3）由单一的政府办学制度向全社会力量参与办学的制度转变

教育创新还要体现在办学、教学以及学习的参与机制上。我国政府历年的教育投资都不到国民生产总值的3%，投入到农村教育的经费则更少，而国际相应的平均指标已达到5%，这说明政府的教育投入还不足，需要加大投入力度。另外，由于我国经济还不是很发达，国家缺乏足够的财力来解决教育经费问题。因此，光靠政府办学难以解决办学难题，必须发动群众，充分发挥群众的积极性、主动性和创造性，使其积极参与教育创新的各种活动，完善教育的基础设施建设，并在各种活动中参与教育和接受教育。

要大力开展民间教育，鼓励各地方的企业、事业单位或集团及个人设立各种层次的学校，完善和规范以政府投入为主、多渠道筹措经费的教育投入体制，形成公办学校和民办学校共同发展的格局，并动用全社会力量参与教与学的活动。

（4）由单一的注重职业前学习的社会向终身学习的学习型社会转变

职业前学习是指从出生到就业这段时间和脱离原有工作岗位到新的工作岗位前这段时间的学习。终身学习不仅包括职业前学习，而且包括就业期间的学习和离开工作岗位后不再就业（如离退休）期间的学习。在今天这样一个知识经济时代，随着科技的快速发展，知识更新速度日益加快，如果不及时更新知识，就无法跟上时代的步伐，终身学习是知识经济日益迅猛发展对每个人提出的要求，也是满足人们对物质文化生活日益增长需要的要求。每个人都有权利和义务根据自身发展的需要和职业特点选择自己学习的方向和目标，追求自身的全面发展。实现由单一的注重职业前学习向终身学习的转变，不仅仅是每个公民自身的需要，而且是提高整个中华民族素质的需要，是富国强民的重大举措。

（5）由“填鸭式”管理方式向全方位、全面教育质量管理方式转变

我国现实教育管理方式主要是对学生进行“填鸭式”管理，不注重教学质量，也不注重学生不同个体对知识反映的差异，学生档案管理也缺乏有效制度，升学完全取决于考试成绩，缺乏对学生的综合能力考核，对离校后的人员的学习和考核管理更是欠缺。实现教育创新就要改变这种现状，向教育的全方位、全面质量管理方式转变。要建立终身学习档案，对每个人不同阶段的学习情况和各种素质提高状况予以详细记录，为学校招生、单位用人提供依据，为人的全面发展提供广阔的拓展空间。

总之，我国教育体制必须适应现代知识经济发展的要求，革除制约我国国民素质提高和不利于我国实现跨越式发展的各种因素，坚持以人为本的思想，用科学发展观构建现代国民教育体系和终身教育体系，建设学习型社会，全面推进素质教育，必须明确教育目标，并围绕这个目标，实现全民素质最优化，这是我国可持续性跨越式发展的前提和基础。

9 政府有效扶持与农民积极自救相结合

要推进“二元结构”一元化，解决“三农”问题，政府干预不仅不能削弱、不能取消，反而要加强干预。

1）政府可以通过立法对农业进行宏观管理，促进农业的长期稳定与发展

在农业立法方面要注意以下几个方面：① 基本法规和专业法规相配套；② 在政府部门设立相应的机构，负责对重要法规的实施，要根据有关法规，制订支持农业发展的计划，通过具体地执行机构和支持计划，保证各项农业法规得以贯彻落实；③ 政府直接参与农业立法，这样法律制定后就容易通过行政部门的工作加以贯彻落实，而且，法律一经制定并实施后，要保持基本经济政策的相

对稳定性。

2）为主要农产品建立供应管理系统，努力避免因国际国内市场变化对农业和农民利益的不利影响

政府计划与农民利益联系在一起，通过政府的计划把生产、加工、销售各个环节的利益协调起来，使政府的计划落到实处。政府的农业支持计划也和生产计划相联系，农民接受政府计划，政府则为农民承担一部分风险。否则，一切风险由农民自己承担。这样，政府的意愿和农民的经济行为趋向一致。

3）在农村实行社区自治管理，政府的活动主要是加强对农业的服务，办好单个社区和单个农场主办不了或办不好的事

政府的主要任务是帮助农民解决社区范围内农民不能很好解决的问题。主要是以下几种问题：

（1）农业的科研教育

在科研方面，政府负责基础研究和科研成果的推广，科研教育的经费由政府财政支付，政府在农村资助设立社区技术服务组织，向农民提供经营管理和技术咨询服务。

（2）重视农业的环境保护，改善农场生产和生活环境

（3）发展交通事业，使农民生产资料的购置和农产品的销售能够及时实现

4）发展农作物和农场主家庭收入保险事业，稳定农民收入和生产积极性

政府要对农作物保险和农场主家庭收入保险予以支持。农民根据农作物的风险程度，选择保险品种。保险费由政府和农民共同承担。参加保险的农户在收入低于保险水平以下时，可以从保险公司得到经济补偿。发展保险事业在一定程度上可以使农业经营者在遇到风险时，得以安然度过困境或减少损失，并使生产得以延续。由于有了保险，政府也可以减轻应付风险的负担。这是利国利民的事业。

5）发展农业信贷，支持农民发展生产

农业生产周期长，资本回收速度慢，农村之外的投资往往不投向农业部门。政府支持发展农业信贷，特别是长期信贷，可以帮助农业经营者稳定增加长期投资。同时，发展农民自己的信贷组织，不仅可以解决农民的生产资金，而且可以

避免大量的农村资金流向城市，从而促进农业和农村经济的发展。

6）要稳定和完善农村土地承包制度

要稳定和完善农村土地承包制度，实施最严格的耕地保护制度，继续发挥土地作为大多数农民最基本生活保障的作用；运用财政、税收、货币等政策杠杆引导和促进就业，大力发展无息、低息、政府贴息小额信贷，为农民创业提供必要的资金支持；利用 WTO 规则中的“绿箱政策”和“黄箱政策”，扶持农业发展和农民就业；加大农村基础设施投资力度，通过以工代赈等多种方式，组织农村富余劳动力参加农村基础设施建设，为农民提供更多的就业机会；大力发展农村教育培训，提高农民整体素质，增强其自主谋生和自主创业的能力，这是政府扶持中极其重要的方面。

加强干预并不是说政府要指令各位农户生产什么生产多少，而是要把干预落实到税收、金融、农业基础设施建设、农村生活条件改善以及农民队伍素质的提高上来。政府扶持要注重实效，要靠政策、靠科技，要有一套治标更治本的方法，在进行经济扶持的同时，更要注重“素质扶持”，要帮助农民想方设法提高他们的技术水平和科学文化水平，要转变他们陈腐落后的思想观念，千方百计地提高他们的素质。

另外，外因是变化的条件，内因是变化的根据。十一届三中全会以来，农村经济之所以得到较快的发展，主要是因为充分发挥了农民的积极性、主动性和创造性。发展生产离不开农民积极性的提高，调动农民积极性是发展生产和改变农村面貌的前提，是实现我国三个战略重点的关键（邓小平指出：“战略重点，一是农业，二是能源和交通，三是教育和科学。”），是全社会稳定和安定的基础，是农业可持续发展和现代化的动力源泉，是加强农业、发展农村经济的重要课题。没有农民的积极性，一切加强农业、发展农村经济的对策、措施都很难落到实处。

可是，目前我国农村落后，农民收入低微，农业又是弱质产业，完全依靠自身的积累，发展极其缓慢，这些因素严重挫伤了农民的积极性。

农民是“三农”问题的主体，因此，要推进“二元结构”一元化，解决“三农”问题，还必须充分发挥农民的积极性、主动性和创造性。要提高农民的积极性，充分发挥农民的首创精神，必须切实维护农民的权益，要从增收减负和维护农民的权益入手，动员全社会都关心重视和保护农民的切身利益，解决如何发展现代农业，帮助农民增加收入的问题；要充分发掘农民的积极性，在加强对农民进行社会主义思想教育的同时，更要在经济上充分关心他们的物质利益，在政治上切实保障他们的民主权利，离开一定的物质利益和政治权利，任何阶层的积极性都不可能自然产生；要从制度上切实保护农民的积极性，推进农村税费改革，切实减轻农民负担；要大力加强农业社会化服务体系，健全国家对农业的支持和保护体系，以确保农业生产力在健康的轨道上迅速有序地持续发展。

要把农民鼓舞起来，引导他们积极采取自救措施；要大张旗鼓地做好宣传工作，让农民充分意识到解决“三农”问题对自己、对国家、对社会的重要性，让他们自觉组织起来，掀起学习的知识和技术热潮，掀起农村经济建设和基础设施建设的高潮。只有农民的积极性、主动性和创造性充分发挥出来了，才可以缓解国家对农村投入的财政压力，才能有效而彻底地解决“三农”问题，完成城乡“二元结构”一元化的历史使命。只有这样，才能够实现我国经济的大力发展，实现生产力、国民经济乃至整个社会发展的新的跨越。

参考文献

[1] 中共中央关于完善社会主义市场经济体制若干问题的决定［R］. 2003 年 10 月 14 日中国共产党第十六届中央委员会第三次全体会议通过，2003.

[2] 江泽民. 在中国共产党第十六次全国代表大会上的报告：全面建设小康社会　开创中国特色社会主义事业新局面［R］. 2002.

[3] 温家宝. 在省部级主要领导干部“树立和落实科学发展观”专题研究班结业式上的讲话：提高认识　统一思想　牢固树立和认真落实科学发展观［R］. 2004.

[4] 毛泽东. 毛泽东选集. 第 3 卷［M］. 北京：人民出版社，1991（06）：819.

第六章

海南二元经济结构问题的实证分析

1 海南经济、旅游业、教育与城乡收入差距——基于 VAR 模型的实证分析

随着海南经济的增长、旅游业的发展和在校大学生占学生比率的扩大，海南城乡二元经济结构也变得日趋严重。从城乡收入指标来看，差距越来越大：1987 年，城镇居民家庭人均可支配收入是农村居民家庭人均纯收入的 2.0 倍，以后各年差距总体趋势渐渐扩大，到 2010 年，城镇居民家庭人均可支配收入达到农村居民家庭人均纯收入的 3.0 倍；从绝对数来看，以 1978 年不变价格计算，1987 年以来，城乡收入差距最小的是 1989 年，城镇居民比农村居民人均纯收入高 262.3 元，以后该指标几乎稳步上升，到 2011 年，城镇居民平均可支配收入比农村人均纯收入高 2 125.2 元，是 1989 年的 8.1 倍。

从城乡消费指标来看，其差距也越来越大：2000 年，城镇居民人均消费性支出是农村居民人均生活消费支出的 2.2 倍，以后各年消费差距几乎稳步加大，到 2009 年，城镇居民人均消费性支出是农村居民人均生活消费支出的 3 倍。收入指标和消费指标都是衡量居民福利水平最为重要的指标。

从居民储蓄水平来看，1987 年，城镇居民个人平均储蓄是农村居民个人平均储蓄的 14.4 倍，到 1995 年，城镇居民个人平均储蓄是农村居民个人平均储蓄的 26 倍，到 2009 年，城镇居民个人平均储蓄是农村居民个人平均储蓄的 12.4 倍。在 1995 年之前，与城镇居民相比，农民收入太低，农民将增加的收入（相对城市居民而言）更多地用于消费，而无力用于储蓄；1995 年之后，储蓄差异的相对数逐渐减少，一个非常重要的原因在于，农村居民对未来的预期具有更多的不稳定性，农民只好通过储蓄来增加“安全感”。二元经济结构的日趋严重，

不仅影响社会的公平，更会导致效率的损失，甚至有可能成为社会不稳定的因素。因此，解决海南二元经济结构问题、缩小城乡差距，已经成为摆在政府与经济学者、社会学者面前的日益凸显的重大课题。

1）文献述评

最早将“二元结构”概念运用于分析人类社会经济现象的是荷兰经济学家和社会学家J·H·伯克，他在1953年出版的《二元社会的经济学和经济政策》中有相关分析。1954年，刘易斯在他的《无限劳动供给下的经济发展》中首次提出了发展中国家经济“二元结构”的理论模型。该模型由一个弱小的现代部门和一个强大的传统部门组成。由于两部门的工资差异，诱使农业剩余劳动力日益向城市工业部门转移。当剩余劳动力消失，劳动的边际生产率也提高，与工业达到一致时，经济中的“二元结构”也就消失了。刘易斯的追随者拉尼斯、费景汉对刘易斯模型进行了改进，但从实质来说，这些二元经济结构理论描述的是一种资本主义国家所走过的从农业向工业转化、用传统工业化带动农业现代化的发展道路。1955年，美国经济学家、统计学家Simon Kuznets根据经济增长早期阶段（1854—1875年）的普鲁士和处于经济发展后期阶段（1880—1950）年的美国、英国和德国萨克森地区收入差距的统计资料，在他的论文《经济发展与收入不平等》中提出了经济增长与收入分配关系的“倒U假说”，他认为“收入分配不平等的长期趋势可以假设为：在前工业文明向工业文明过渡的经济增长在早期阶段迅速扩大，而后是短暂稳定，然后在增长的后期逐渐缩小”。之后，中外不少学者企图验证这一假说，也有不少学者企图通过研究收入差距问题的影响因素来寻求解决二元经济结构问题的道路。我国学者对我国特殊历史条件下“二元结构”的成因进行了深入剖析，并探索了解决我国二元经济结构的路径。最具有代表性的观点有以下几种：

林毅夫教授认为，解决“三农”问题要“跳出农业看农业”，用大中城市带动广大的农村；把农民转移到有竞争力的产业就可以解决“二元结构”问题。侯冠平（2004）认为，我国二元经济结构存在的原因主要在于城乡素质“二元结构”，主张用知识化推进“二元结构”一元化。王少平、欧阳志刚（2007）和吕炜、储德银（2011）认为，城乡收入差距对经济增长的长期效应取决于城乡收入差距水平和经济发展阶段，两者之间的关系会随着发展阶段的不同而存在差异性。国家发改委宏观经济研究院课题组（2008）认为，我国收入差距逐渐扩大，已从正面的动力因素为主向负面的危机效应为主的方向转化，形成收入差距的主要原因在于收入分配制度，主张加大公共服务支出，特别是教育、医疗、就业及社会保障方面的公共服务支出。王广慧、张世伟（2008）的研究发现，农村劳动力受教育程度越高，其流动倾向越高，农村劳动力受教育程度与其收入水平正相关；农村劳动力在城镇劳动力市场上的教育收益率明显高于在农村务农的教育收益率。徐舒（2010）通过建立技能偏向型技术进步的一般均衡模型，发现教育回报率的变化是引起我国劳动者收入不平等扩大的重要原因。赵磊（2011）的研究发现，中国旅游发展能够显著减小城乡收入差距；旅游发展与农村人均实际收入具有显著正向关系，而与城镇人均实际收入之间关系则不显著，旅游发展与全国人均收入水平存在显著正向关系。罗佳明（2011）认为，旅游业发展带来的城乡文化交流和融合所产生的作用远比缩小城乡收入差距意义更加重要，主张把传统的种植业转变为体验式休闲旅游业。黄乾（2005）分析了收入、教育投资的价格、风险和收益率对农户教育投资需求的影响，认为农户教育投资不足的主要原因是农户收入较低，教育投资价格偏高以及教育投资风险较高和收益率偏低，建议加大农村的公共教育投资、完善劳动力市场、降低农村教育投资价格，从根本上促进农户教育投资的持续增长。杜育红、梁文艳（2011）主张投资农村人力资本、发展农村教育、提高劳动生产率。杨俊、黄潇（2011）试图探讨教育差距对贫困的影响，认为教育差距的缩小有利于形成初等人力资本，其对消除贫困起到了较大的促进作用；但教育扩展尚未促进贫困减少，教育差距、教育扩展的变化会对贫困形成较大的短期冲击。由于使用的数据不同、条件不同、使用的方法不同，得出的结论千差万别。毫无疑问，这种观点有一定的借鉴作用。中外学者提出的这些解决二元经济结构问题的各种模型，大多是描述资本主义国家走过的、用工业现代化带动农业现代化的发展道路。虽然这些模型与观点有一定的借鉴意义，但应用于我国的实践，缺陷非常明显。按照刘易斯的二元经济结构模型，只要农村劳动力转移到城市，就可以解决二元经济结构问题。可事实上，如今中国社会能坚守农村阵地的只有老人、小孩和妇女们，几乎所有能够劳动的劳动力都已经来到城市，可为什么还是解决不了二元经济结构问题？二元经济结构问题最为核心的问题——城乡收入差距问题，归根结底是收入分配问题。本书想利用一系列模型来分析海南旅游业发展、经济增长和收入差距之间的关系，为解决海南二元经济结构问题提供理论依据。

2）模型的构建与实证分析

（1）分析方法、指标选取与数据说明

为了探求海南经济、旅游业、教育与城乡收入差距的关系，在分析方法方面，我们借助于经典的 OLS 法和 VAR 模型法。1980 年 C. A. Sims 提出了 VAR（Vector Autoregression）模型，由此推动了对经济系统动态分析的广泛应用，成为当今世界上的主流模型之一。从模型赖以建立的数据来看，经典回归模型建立在稳定数据变量的基础上，对于非稳定变量使用经典回归模型，可能会出现虚假回归等问题。1981 年 Granger 提出协整的思想，以适用于非平稳变量组成的关系式中长期均衡参数估计的技术。如果变量之间有着长期的稳定关系，即它们之间是协整的（cointegration），则可以使用经典回归模型方法建立回归模型。本书希望通过对海南经济增长、旅游业发展、教育发展和收入差距的相关模型分析，找出他们的内在规律，寻求缩小城乡收入差距的路径，以解决海南二元经济结构问题。在选择计量指标时，我们选择了海南地区生产总值（GDP）、旅游收入、在校大学生在学生中所占的比率和城乡收入差距。为了研究方便，我们用 G_H 表示海南地区生产总值，用 I_T 表示海南旅游收入；城乡收入差距以城镇居民人均可支配收入与农村居民人均纯收入之差作为衡量指标，记为 G_I。在选择教育指标时，为了更准确地反映教育对城乡二元经济结构的影响，我们对反映教育的指标进行了反复筛选，最后选定了在校大学生占学生总数的比率作为反映教育的指标，这一指标是反映高校扩招的一个相对概念，也是衡量教育发展的一个指标，在一定程度上还能够反映居民总体上接受高等教育的状况。因此，我们认为选用在校大学生占学生人数的百分比来反映教育情况是比较合理的。在校大学生占学生人数的百分比用 C_P 表示，其比率的增加意味着高校扩招，在此用于表示教育的发展。为了减少阅读上的疲劳，本书将“在校大学生占学生人数的百分比”“大学生比率”“高校扩招”和“教育发展”等概念交替使用，它们在本书中是同一概念，在不会发生歧义的情况下，都表示在校大学生占学生人数的百分比。海南地区生产总值 G_H 和旅游收入 I_T 单位为亿元，海南城乡收入差距 G_I 单位为元。为了消除价格因素对于时间序列分析的影响，所有的价值指标都用零售商品价格指数（按 1978 年价格）进行平减。为了消除可能存在的异方差性，对所有指标数据经过上述处理后再进行自然对数变换，并分别用原符号在前面加 ln 表示。指标数据源于各年度《海南省统计年鉴》，数据取值范围为 1987—2011 年。

（2）海南 Kuznets 的“倒 U 假说”的验证与 VAR 模型选择的说明

要寻求海南经济、旅游业、教育与城乡收入差距的关系，就必须了解海南收入差距的现状与发展趋势，因此，有必要确定海南收入差距所处的阶段。Kuznets 的“倒 U 假说”描述的是经济发展与收入分配之间的关系，当经济开始发展时，随着经济的发展和收入的增加，社会分配的不平等程度加深；当经济发展到较高水平时，国民人均收入不公平程度逐渐缩小，使得整个 Kuznets 曲线呈现出倒“U”形的状态。也就是说，在经济不断发展的过程中，人均收入分配状况呈现出由不断恶化到逐渐平等的状态。在分析海南的情况时，可以建立经济发展和收入差距的关系模型，用海南地区生产总值表示经济发展，用城乡收入差距表示社会分配的不平等，用最小二乘法回归可得下列方程：

$$G_I = 61.473\,95 + 6.519\,729G_H - 0.004\,268G_H^2 + \mu \quad (6-1)$$

$t = 2.812\,150 \quad 24.236\,96 \quad -7.043\,481$

$R^2 = 0.995\,087$，Adjusted $R^2 = 0.994\,641$，$F = 2\,228.162$，$T = 25$，

$DW = 1.814\,485$

这一结果非常好地拟合了 Kuznets 的“倒 U 假说”在海南经济社会的存在。要求得海南收入差距 G_I 的最大值，可将方程右边求导，并令导数等于 0，可得 $G_H \approx 764$ 亿元。也就是说，当海南 GDP 达到 764 亿元时，海南的城乡收入差距才达到最大值，才会开始减少。按 1978 年不变价格计算，海南 2011 年地区生产总值为 449.6 亿元，离拐点值 764 元还有很长一段距离，所以海南社会的城乡差距还会继续扩大，即海南经济社会正处于随着经济增长城乡收入差距不断恶化的阶段。收入差距的扩大不仅是一个社会公平问题，也会影响社会经济效率，甚至有可能导致社会的不稳定，因而也是一个政治问题。因此，我们必须采取措施减小城乡收入差距。为了进一步寻求收入差距与海南经济增长、旅游业发展、教育发展的关系，可以建立 VAR 模型。VAR 模型是一种动态模型，它用系统中每一个内生变量作为系统中所有内生变量的滞后值的函数来构造模型，从而将单变量自回归模型推广到由多元时间序列变量组成的“向量”自回归模型。该模型主要用于预测和分析随机扰动对系统的动态冲击，冲击的大小、正负及持续的时间，适用于处理多个相关经济指标的分析与预测。但该模型建立在一定的假设条件的基础之上，所以，我们需要对书中所使用的数据进行相应的检验。

（3）序列的平稳性检验、协整检验和 Granger 非因果关系检验

由于宏观经济变量通常都是非平稳的，为了进一步研究收入差距与经济总量、旅游收入和教育之间的关系，需要对变量进行相关检验。为了检验变量之间的协整关系，首先需要对时间序列做单位根检验。用（C，T，L）表示检验方程含常数项、趋势项和滞后项的情况，C 或 T 为 0 表示不含截距或时间趋势，L 表示滞后期，Δ 表示一阶逐期差分。我们选用 SIC 准则，并选用自动选择滞后期，用 ADF（augmented dickey-fuller）法对各序列进行检验，结果如表 6－1 所示。

表 6-1　ADF 单位根检验结果

变量	ADF 检验值	（C，T，L）	临界值（1%）	临界值（5%）	DW 值	结论
$\Delta\ln G_H$	-5.479 557	（C，0，2）	-3.788 030	-3.012 363	1.724 889	平稳
$\Delta\ln I_T$	-4.530 969	（C，0，0）	-3.752 946	-2.998 064	1.629 282	平稳
$\Delta\ln G_I$	-6.386 320	（C，0，0）	-3.752 946	-2.998 064	2.027 815	平稳
$\Delta\ln C_P$	-4.426 015	（C，T，2）	-4.467 895	-3.644 963	2.275 760	平稳*

由检验结果可知，虽然 $\ln G_H$、$\ln I_T$、$\ln G_I$ 和 $\ln C_P$ 都不是平稳的，但其一阶差分 $\Delta\ln G_H$、$\Delta\ln I_T$、$\Delta\ln G_I$ 在99%的置信水平下是平稳序列，而 $\Delta\ln C_P$ 在95%的置信水平下是平稳序列，即 $\ln G_H$、$\ln I_T$、$\ln G_I$ 和 $\ln C_P$ 在95%的置信水平下都是1阶单整序列 I（1）。有些自身非平稳的时间序列的某种线性组合是平稳的，这说明这些变量之间存在着协整关系。上述的一阶单整序列 I（1）经过一阶差分，变量是平稳的，也就是说，其一阶差分的时间序列的某种线形组合可能是平稳的，因此，这些变量之间可能存在着协整关系。如果这些时间序列存在协整关系，则说明他们之间存在着长期稳定的均衡关系。用 Johansen 的极大自然法进行协整检验可知，$\ln G_H$、$\ln I_T$、$\ln G_I$ 和 $\ln C_P$ 没有协整方程的原假设在95%的置信水平下被拒绝，而至多3个协整方程的原假设在95%的置信水平下被接受，结合上文平稳性检验结果可知，在95%的置信水平下，变量 $\ln G_H$、$\ln I_T$、$\ln G_I$ 和 $\ln C_P$ 之间存在一种长期均衡关系，这种长期均衡关系能保证变量在任何短期内偏离都会因为协整而回到长期均衡状态上来。协整分析表明经济变量之间存在某种均衡关系，但二者之间是否构成因果关系，还需要进一步检验。我们采用由 Granger（1969）提出的，由 Sims（1972）推广的检验变量之间因果关系的方法。由于我们要考查的是 $\ln G_I$ 和 $\ln G_H$、$\ln I_T$、$\ln C_P$ + 的关系，所以我们只列举 $\ln G_I$ 和 $\ln G_H$、$\ln I_T$、$\ln C_P$ 的检验结果。结果如表 6-2 所示。

表 6-2　部分变量间的 Granger 非因果关系检验

原假设	滞后期	样本值	F 值	P 值	结论	原假设	F 值	P 值	结论
$\ln G_I \ngtr \ln G_H$	1	24	0.584 95	0.452 9	接受原假设	$\ln G_H \ngtr \ln G_I$	16.804 7	0.000 5	拒绝原假设
	2	23	0.222 88	0.802 4	接受原假设		5.325 25	0.015 2	拒绝原假设
	3	22	1.197 09	0.344 6	接受原假设		8.820 02	0.001 3	拒绝原假设
	4	21	2.229 92	0.126 8	接受原假设		7.357 96	0.003 1	拒绝原假设
	5	20	1.349 65	0.327 3	接受原假设		5.135 23	0.016 7	拒绝原假设

续表

原假设	滞后期	样本值	F 值	P 值	结论	原假设	F 值	P 值	结论
$\ln G_I \nrightarrow \ln I_T$	1	24	2.981 81	0.098 9	拒绝原假设*	$\ln I_T \nrightarrow \ln G_I$	0.552 75	0.465 4	接受原假设
	2	23	2.397 35	0.119 4	接受原假设		0.303 85	0.741 7	接受原假设
	3	22	1.319 52	0.304 9	接受原假设		1.234 59	0.331 9	接受原假设
	4	21	2.765 61	0.077 0	拒绝原假设*		2.166 17	0.134 8	接受原假设
	5	20	4.898 90	0.019 3	拒绝原假设		1.000 84	0.469 1	接受原假设
$\ln G_I \nrightarrow \ln C_P$	1	24	0.390 24	0.538 9	接受原假设	$\ln C_P \nrightarrow \ln G_I$	4.263 53	0.051 5	拒绝原假设*
	2	23	0.702 88	0.508 3	接受原假设		0.844 43	0.446 1	接受原假设
	4	22	3.882 96	0.030 8	拒绝原假设		0.478 68	0.701 9	接受原假设
	5	21	2.192 50	0.131 4	接受原假设		0.402 05	0.803 6	接受原假设
	6	20	1.684 42	0.2339	接受原假设		0.357 64	0.865 0	接受原假设

注：表中 $X \nrightarrow Y$，表示 X 不是 Y 的 Granger 原因；$Y \nrightarrow X$，表示 Y 不是 X 的 Granger 原因。
*表示在 10% 的显著性水平下被拒绝。

从表 6－2 可以看出，收入差距不是经济增长的 Granger 原因的原假设，无论是在长期还是在短期，都被接受；经济增长不是收入差距的 Granger 原因的原假设，不管是在长期还是短期，均被拒绝。前者是对某些经济学者所谓的“收入差距有助于引起经济增长”命题的一个否定，后者是对经济增长会引起收入差距的一个证实。收入差距不是旅游收入的 Granger 原因的原假设，在短期和长期被拒绝，而在中期被接受；而旅游收入不是收入差距的 Granger 原因的原假设，不论在长期还是在短期，都被拒绝。可能的原因是，收入差距的扩大，会使得更多城镇居民更加富裕，从而使得旅游业增长；而农村居民由于生活水平过低和其他原因，即使增加收入也未必会用于旅游消费；另外，旅游业的开发主要是在郊区或者其他农村区域，在使得开发者获得收入的同时，也带动了该区域经济的发展，从而增加了农民收入、缩小了城乡收入差距。收入差距不是在校大学生占学生总人数比率的 Granger 原因的原假设，在短期和长期内被接受，但在中期被拒绝；在校大学生比率不是收入差距的 Granger 原因的原假设，在短期内被拒绝，在长期被接受。

（4）海南经济、旅游、教育和收入差距的 VAR 模型

为了找出收入差距和经济增长、旅游业发展、教育发展的关系，基于上述分析，可以建立关于它们关系的 VAR 模型。建立 VAR 模型，主要是便于分析脉冲响应函数和方差分解，从而分析政策工具的影响。为建立 VAR 模型，我们先确定滞后期 P。用 e－views7 计算得到 AIC 与 SC 随滞后期的变化量，选择 SC 最小，

且 AIC 最小作为滞后期，所以我们可以确定滞后期 $p=2$，建立 VAR（2）模型。由于我们所要研究的是经济增长、旅游收入、高校扩招对收入差距的影响，所以，我们只取模型矩阵方程中的 $\ln G_I$ 方程，用上角标 -1、-2 分别表示滞后 1 期和滞后 2 期相应的变量，可得 $\ln G_I$ 方程，如方程（6-2）所示。

$$\begin{aligned}\ln G_I = {} & 4.1780 - 0.3678\ln G_I^{-1} + 1.4561\ln G_H^{-1} - 0.1621\ln I_T^{-1} - \\ & 1.0116\ln C_P^{-1} - 0.2500\ln G_I^{-2} - 0.2624\ln G_H^{-2} + \\ & 0.1474\ln I_T^{-2} + 1.6077\ln C_P^{-2} + \mu \end{aligned} \quad (6-2)$$

$R^2 = 0.9903$ $\quad F = 178.7284$ $\quad AIC = -2.1118$ $\quad SC = -1.6675$

如果被估计的 VAR 模型所有根的模的倒数小于 1，即都位于单位圆内，则被估模型是稳定的。为了验证模型的稳定性，我们使用 eviews7 软件计算该模型特征方程的特征根的倒数绝对值，如图 6-1 所示，特征根倒数的模型都小于 1，都在单位圆内，这说明该模型是稳定的。为了进一步分析政策时滞问题，我们可以分析该模型的脉冲响应函数（IRF：impulse - response function）。脉冲响应函数描述的是一个内生变量对新息（称为 Innovation）冲击的反应（响应），即描述在随机误差项上施加一个来自系统内部或外部的标准差大小的冲击后，对内生变量的当期值和未来值所产生的动态影响。为了避免“正交”脉冲响应函数 Cholesky 分解的结果严格依赖于模型中变量的次序的缺点，我们采用由 Koop 等（1996）年提出的广义脉冲响应函数，并选取考查期为滞后 15 期。由于要研究的是经济增长、旅游业发展、在校大学生占学生总数的比率对城乡收入差距的影响，所以我们只列出收入差距的响应函数和其他变量对收入差距的响应函数。该模型的广义脉冲响应函数如图 6-2 所示。

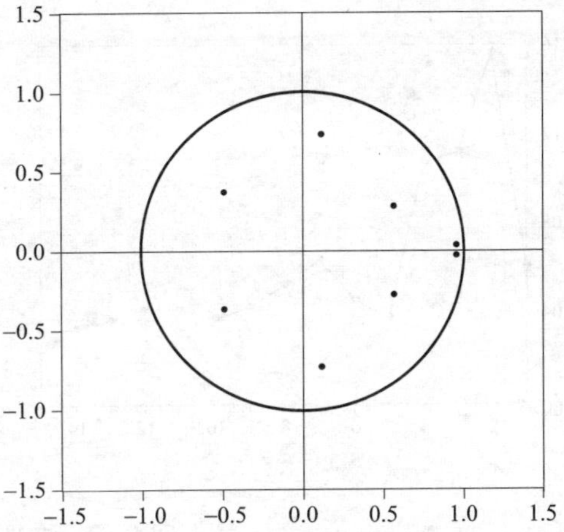

图 6-1 VAR 模型的稳定性检验

图 6-2（a）描述的是收入差距对各内生变量一个标准差新息冲击的响应函数，从收入差距对自身的响应来看，收入差距对自身一个标准差新息冲击的响应开始时有很大的波动，在第 1 期迅速减少到最低点，然后开始上升，到第 4 期时达到极高点后开始下降，在第 7 期达到极低点后再次开始上升，并在第 9 期后在正的响应下基本稳定下来。从图 6-2（a）中可以看出，这种响应具有长期效

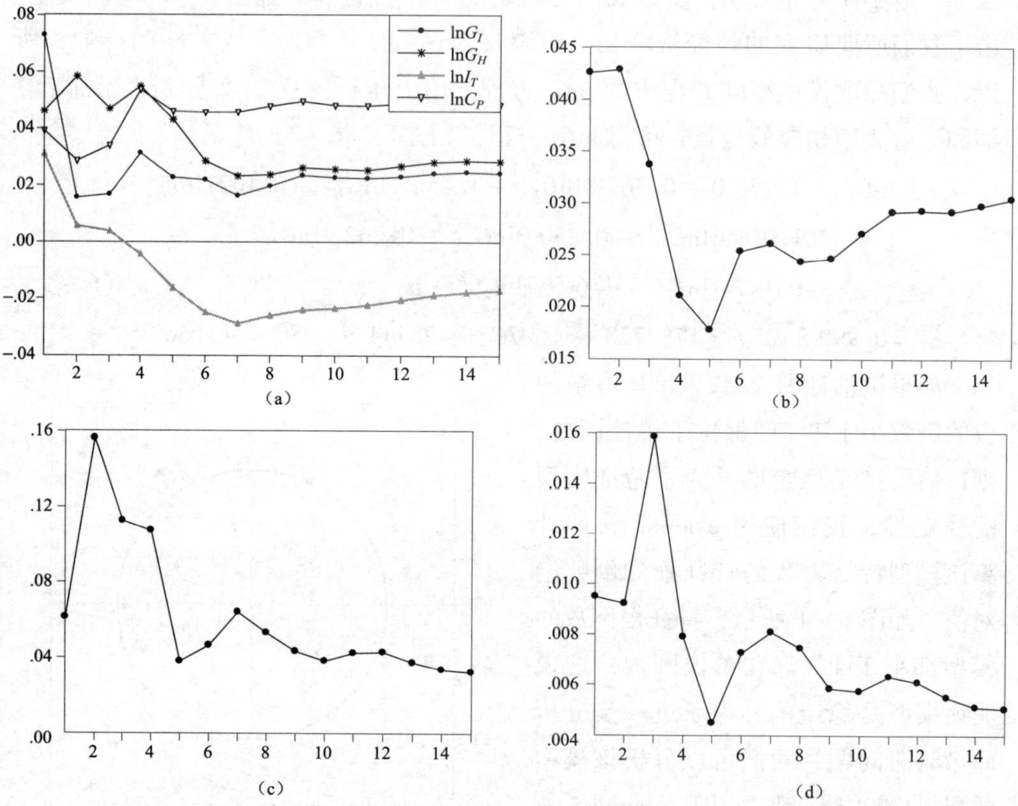

图 6－2　广义脉冲响应函数

应，收入差距一旦扩大，就难以恢复到以前的水平。从收入差距对经济增长的响应来看，收入差距对经济增长一个标准差新息冲击的响应在第 2 期就达到最高点，到第 3 期有所下降后，在第 4 期又达到极高点，到第 7 期达到极低点后开始变得平缓，并具有正的响应，说明经济增长对收入差距的扩大具有长期效应。从收入差距对旅游业发展的响应来看，收入差距对旅游业增长一个标准差新息冲击的响应在第 1 期响应非常强烈，到第 4 期达到负值，到第 7 期达到最低点，然后开始缓慢上升，但其响应为负，说明旅游业发展有利于缩小城乡收入差距。从收入差距对在校大学生占学生总数的比率的响应来看，收入差距对大学生比率一个标准差新息冲击的响应在第 1 期略有减少，达到最低点后开始上升，并在第 4 期达到最高点，然后开始下降，并在第 5 期开始变得平缓，其响应大于对它冲击的幅度。因此，在校大学生占学生总数的比率的增加会加剧城乡收入差距，可能的原因在于：一是城镇居民享有更优越的教育条件，从而使得他们走向社会后具有更高的工资收入；二是同样多的教育费用（如学费、学生伙食费等）的支出，对于农村居民而言，教育费用占收入中的比例要比城镇居民大得多，比如在2011年，学生开支增加115元（按1978年不变价格计算），它将占农民人均纯收入的10%；而对于城镇居民而言，却只占人均可支配收入的3.5%，因此，这也是一种不平等；三是大学生毕业后，更多的是服务于城镇，因此，比较优秀的人员很难留在农村，造成城乡素质“二元结构”，进一步导致收入差距的扩大，这就造成了这样一种事实：农民花自己的钱，却是向城市输送更多的人才。

图6－2（b）是海南地区生产总值对一个收入差距标准差新息冲击的响应函数。从该响应函数来看，地区生产总值对一个收入差距标准差新息冲击的响应开始时比较缓慢，从第2期开始急剧下降，到第5期达到最低点，然后开始上升。从长期来看，其响应为正且呈上升趋势。所以，地区生产总值受到收入差距的冲击后是不稳定的。

图6－2（c）是海南旅游收入对一个收入差距标准差新息冲击的响应函数。从该响应函数来看，旅游收入对一个收入差距标准差新息冲击的响应开始时非常强烈，在第2期就达到最高点，然后迅速下降，到第5期时达到极低点，然后其响应变得平缓，并在第7期达到极大值后有逐渐减少的趋势。因此，海南旅游收入对收入差距的冲击开始时响应很大，但从长期来说，其响应有逐渐减少的趋势，并最终趋于稳定。

图6－2（d）是在校大学生占学生总数的比率对一个收入差距标准差新息冲击的响应函数。从该响应函数来看，教育发展对一个收入差距标准差新息冲击的响应开始时非常强烈，在第2期略有减少后，到第3期就达到最高点，然后迅速下降，到第5期时达到极低点，然后迅速上升，在第7期达到极大值后，其响应变得平缓，从总体上有逐渐减少的趋势。因此，教育发展对收入差距的冲击开始时响应很大，但从长期来说，其响应逐渐减少，最终趋于稳定。

为了进一步研究各内生变量的相对重要性，我们引入Sims在1980年提出的方差分解。方差分解（variance decomposition）是通过分析每一个结构冲击对内生变量变化（通常用方差来度量）的贡献度，分析预测残差的标准差由不同新息的冲击影响的比例，即对应内生变量对标准差的贡献比例，并进一步评价不同结构冲击的重要性。因此，方差分解给出对VAR模型中的变量产生影响的每个随机扰动的相对重要性的信息。将上述VAR模型的$\ln G_I$按照Cholesky顺序$\ln G_I$、$\ln G_H$、$\ln I_T$、$\ln C_P$进行方差分解，如图6－3所示。

从收入差距的方差分解（图6－3）来看，收入差距对自身的贡献度在第1

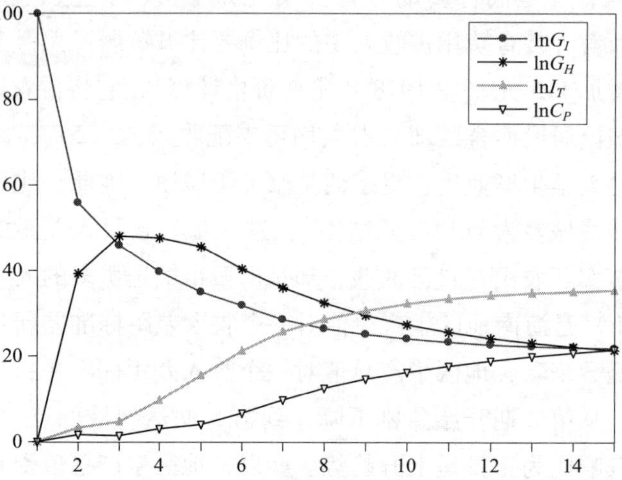

图 6－3　收入差距的方差分解

期为 100%，在第 2 期急剧减少到 55.8%，然后其贡献度缓慢减少，到第 15 期时降至 21.8%。另外，经济增长对收入差距的贡献度在第 2 期急剧上升到 39.3%，在第 3 期达到最大值 48.1%，然后缓慢下降，到第 15 期时达到 21.4%。从旅游收入对收入差距的贡献度来看，其贡献度增长相对缓慢，在第 2 期达到 3.2%，然后在总体趋势上呈缓慢稳步上升的趋势，到第 15 期时达到 35.3%。在校大学生所占学生总数的比重对收入差距的贡献度也呈缓慢上升的趋势，但其上升的速度不如旅游业快，到第 2 期时为 1.6%，然后其贡献度缓慢增加，到第 15 期时增加到 21.5%。从长期来看，就总体而言，旅游收入对收入差距的贡献度略超过 1/3，而收入差距自身、经济增长以及在校大学生所占学生总数的比重对收入差距的贡献度几乎是平分秋色。

3）模型的启示和主要政策建议

通过以上分析我们可以知道，海南社会正处于 Kuznets 的"倒 U 假说"中的随着经济发展收入分配不断恶化的阶段。海南经济发展、高校扩招都会拉大城乡差距，而旅游业的发展却会缩小城乡收入差距。在国际旅游岛建设的背景下，海南旅游业已处于经济增长的核心地位，有关部门必须采取措施，正确处理好经济增长、旅游业发展、教育发展和收入差距的关系，打造完美的国际旅游岛形象，缓解甚至解决海南二元经济结构问题。为此，有关部门应该做好以下几个方面的工作：

（1）要正确处理好经济增长和城乡收入差距的关系

千方百计地增加农民收入，缩小城乡收入差距，让农民在经济发展的过程中得到实惠。虽然海南处于 Kuznets 的“倒 U 假说”中的随着经济发展收入分配不断恶化的阶段，但收入差距的扩大不利于农村经济的发展，不利于社会稳定和人们生活总体水平的提高。所以，要充分发挥政府在收入分配中的调节功能，正确引导收入分配问题，合理调整收入分配政策，收入分配应该适度地向农民倾斜。

（2）要大力发展旅游业，尤其是要发展休闲旅游业

让农民在旅游业发展过程中切实获得更多好处，以缩小城乡差距。要在旅游业的发展过程中切实保护农民利益，坚决制止乘旅游开发之机，损害农民利益的行为。在旅游产品开发的时候，要确保农民的利益得到应有的补偿；要鼓励农民积极投身到旅游业发展的浪潮中来，切实解决农民生活中遇到的实际困难。要制定并完善海南休闲旅游业的扶持政策，建立健全完善的休闲旅游业扶持体系，加大对休闲旅游业的扶持力度。在扶持方式方面，要考虑到如何充分调动农民的积极性和创造性，要从“输血型”扶持转变成“造血型”扶持。要切实处理好旅游业可持续发展与二元经济结构问题的关系。

（3）加大农业技术研究与农村教育的投入力度

注重农业技术的研究与开发利用，加大力度鼓励大学生积极参与农村经济建设，鼓励大学生积极投入到农业以及与农业相关的产业中去，要建立、完善大学生深入农村、服务农村的政策与机制，并建立健全其政策体系。

（4）要千方百计提高农村居民的素质，改善农村生存环境，切实解决农民的实际困难

农村居民的素质必须符合国际旅游岛建设的要求，要提高农村居民在休闲农业中的核心服务理念与核心服务水平、艺术美学的鉴赏能力、农业科技水平等方面的素质，免费为农村居民办好素质补习班，全方位、多角度地提高农村居民的素质。提高农民素质，不仅有利于海南国立旅游岛的建设，也有利于农村劳动力的转移，从而有利于解决海南“二元结构”问题。要解决好城镇化居民的实际困难，如住房问题、子女上学问题、医疗问题等，要让进了城的农民真正享受城市居民的待遇；要切实解决好农村居民尤其是从事休闲农业的农村居民的实际困难，如产品开发问题、资金问题、技术问题、市场问题等。农村居民的素质与农村生存环境密切相关，生存环境的提高有利于农村居民素质的提高，有利于吸引更多的人才服务于农村，因此，要加大农村基础设施建设的投入力度，促进农村“城镇化”进程。

（5）要减轻农村居民的教育负担

减少农村居民子女上学的成本，并让他们获得与城镇居民子女同样良好的教育。要加大农村教育的支持力度，取消农村教育附加费，取消农村子女上学的学费；要鼓励优秀教师到农村去，给予下乡支教教师优惠政策，切实保障下乡支教教师的切身利益；要从各方面确保城乡教育的公平。

总之，要解决海南的二元经济结构问题，必须立足于海南的实际情况，充分发挥政府部门在收入分配中的调节功能，正确处理好经济增长、旅游业发展、高校扩招和城乡收入差距的关系，让农村居民在旅游业发展过程中得到更多实惠，减少经济增长和高校扩招给农村居民带来的不利影响；要努力提高农村居民的素质，改善农村生存环境，切实解决农民的实际困难；鼓励大学生积极投入到农业以及与农业相关的产业中去；要加大农村教育的支持力度，减轻农村居民的教育负担，减少农村居民子女上学的成本，并让他们获得与城镇居民子女同样良好的教育，实现城乡教育平等。

参考文献

［1］Jeffrey M. Woodbridge. Introductory Econometrics：A Modern Approach（4 edition.）South - Western College Pub，2008.

［2］Simon Kuznets. Economic Growth and Income Inequality［J］. The American Economic Review，Vol. 45，No. 1，1955：1 - 28.

［3］W. Arthur. Lewis. Economic Development with Unlimited Supplies of Labour［J］. The Manchester School，1954：55 - 89.

［4］高铁梅．计量经济分析方法与建模：Eviews 应用及实例［M］. 北京：清华大学出版社，2009.

［5］张晓峒．计量经济学基础（第 3 版）［M］. 天津：南开大学出版社，2007.

［6］侯冠平，等．用知识化带动城镇化解决“三农”问题［M］. 河南：领导科学，2004：35 - 36.

［7］王少平，欧阳志刚．我国城乡收入差距的度量及其对经济增长的效应［J］. 北京：经济研究，2007：44 - 55.

［8］吕炜，储德银．城乡居民收入差距与经济增长研究［J］. 北京：经济学动态，2011：30 - 36.

［9］罗佳明．旅游业：架起城乡统筹发展的桥梁［J］. 北京：旅游学刊，2011：5 - 6.

［10］赵磊．旅游发展能否减小城乡收入差距［M］. 北京：旅游学刊，2011：15 - 25.

［11］杜育红，等．农村教育与农村经济发展：人力资本的视角［J］. 北京：北京师范大学学

报：社会科学版，2011：70－78.
[12] 国家发改委宏观经济研究院课题组．公共服务支出对收入差距调节的贡献 [J]．北京：经济学动态，2008：69－72.
[13] 杨俊，黄潇．基于教育差距引致农村贫困的背景观察 [J]．重庆：改革，2010：110－119.
[14] 徐舒．技术进步、教育收益与收入不平等 [J]．北京：经济研究，2010：79－108.
[15] 王广慧，张世伟．教育对农村劳动力流动和收入的影响 [J]．北京：中国农村经济，2008：44－51.
[16] 黄乾．中国农户教育投资的实证分析 [J]．天津：南开经济研究，2005：35－38.

2 海南经济、旅游业、财政支出与城乡收入差距

随着海南经济增长和海南旅游业的发展，海南财政收支也在不断增加，海南城乡二元经济结构也变得日趋凸显。从城乡收入指标来看，差距越来越大：按照1978年不变价格计算，1987年城镇居民家庭人均可支配收入是农村居民家庭人均纯收入的2.0倍，以后各年差距总体趋势逐渐扩大，到2010年，城镇居民家庭人均可支配收入达到农村居民家庭人均纯收入的3.0倍，到2011年，该指标为2.9倍；从城乡收入差距的绝对数来看，以1978年不变价格计算，1987年以来，城乡收入差距最小的是1989年，当年城镇居民比农村居民人均纯收入高262.3元，以后该指标几乎稳年上升，到2011年，城镇居民平均可支配收入比农村人均纯收入高2 125.2元，是1989年的8.1倍。从城乡消费指标来看，城乡消费差距也越来越大：2000年城镇居民人均消费性支出是农村居民人均生活消费支出的2.2倍，以后各年度消费差距几乎稳年加大，到2009年，城镇居民人均消费性支出是农村居民人均生活消费支出的3倍。收入指标是反映人民生活水平的重要指标，消费指标是衡量居民生活水平和福利水平的重要指标。从这两项指标来看，城乡差距呈日趋扩大的趋势。再从居民储蓄水平来看，1987年城镇居民个人平均储蓄是农村居民个人平均储蓄的14.4倍，到1995年，城镇居民个人平均储蓄是农村居民个人平均储蓄的26倍，到2009年，城镇居民个人平均储蓄是农村居民个人平均储蓄的12.4倍。原因可能是，在1995年之前，与城镇居民相比，农民收入太低，边际消费倾向很大，农民将增加的收入（相对城市居民而言）更多地用于消费而无力用于储蓄；1995年之后，储蓄差异的相对数逐渐减

少，一个非常重要的原因可能是，农村居民对未来的预期具有更多的不稳定性，农民只好通过储蓄来增强“安全感”，以防范如生老病死等意外事故所需的费用。二元经济结构的日趋严重，是一个社会公平问题，社会的严重不公也会导致经济效率的损失，甚至有可能成为影响社会稳定的因素。因此，如何解决海南二元经济结构问题、缩小城乡差距，也已经成为摆在政府与经济学者、社会学者面前的日益凸显的重大课题。

1）文献述评

荷兰经济学家、社会学家J·H·伯克在1953年出版的《二元社会的经济学和经济政策》中，最早将“二元结构”概念运用于分析人类社会经济现象。1954年，刘易斯在《无限劳动供给下的经济发展》中首次提出发展中国家经济“二元结构”的理论模型。该模型由一个弱小的现代部门（工业）和一个强大的传统部门（农业）组成。由于两部门工资上的差异，诱使农业剩余劳动力不断向城市工业部门转移。当农村剩余劳动力消失，农业劳动的边际生产率也提高，与工业达到一致时，经济中的“二元结构”也就消失了。刘易斯的追随者拉尼斯、费景汉对刘易斯模型进行了改进，但从实质来说，这些二元经济结构理论描述的是一种资本主义国家所走过的从农业向工业转化、用传统工业化带动农业现代化的发展道路。1955年，美国经济学家、统计学家Simon Kuznets根据经济增长早期阶段（1854—1875年）的普鲁士和处于经济发展后期阶段（1880—1950年）的美国、英国和德国萨克森地区收入差距的统计资料，在他的论文《经济发展与收入不平等》中提出了经济增长与收入分配关系的“倒U假说”，认为“收入分配不平等的长期趋势可以假设为：在前工业文明向工业文明过渡的经济增长在早期阶段迅速扩大，而后是短暂稳定，然后在增长的后期逐渐缩小”。之后中外不少学者企图验证这一假说，也有不少学者企图通过研究收入差距问题的影响因素来寻求解决二元经济结构问题的道路。我国学者对我国特殊历史条件下“二元结构”的成因进行了深入剖析，并探索了解决我国二元经济结构的路径。最具有代表性的观点有以下几种：林毅夫教授等认为，解决“三农”问题要“跳出农业看农业”，用大中城市带动广大的农村；把农民转移到有竞争力的产业就可以解决“二元结构”问题。魏后凯（2002）基于1985—1999年的数据对我国二元经济结构进行了分析，认为我国区域经济发展呈现出典型的“二元结构”特征，这种二元经济结构的形成与外商投资分布的不平衡密切相关。并进一步认为我国东部发达地区与西部落后地区之间GDP增长率的差异大约有90%是来自于外商投资。侯冠平（2004）认为，我国二元经济结构存在的原因主要在于城乡人口素质“二元结构”，主张用知识化推进“二元结构”一元化。陆铭、陈钊（2004）的研究发现，城市化对降低城乡收入差距有显著作用，但地区间人口户籍转换、经济开放、非国有化和政府经济活动等都拉大了城乡收入差距；政府财政支出结构对城乡收入差距有显著影响；中国不断扩大的城乡收入差距与政府城市导向的经济政策密切相关。王少平、欧阳志刚（2007）、吕炜、储德银（2011）认为，城乡收入差距对经济增长的长期效应取决于城乡收入差距水平和经济发展阶段，两者之间的关系会随着发展阶段的不同而存在差异性。国家发改委宏观经济研究院课题组（2008）认为，我国收入差距的扩大已从以正面的动力要素为主向以负面的危机效应为主转化，形成收入差距的主要原因在于收入分配制度，主张加大公共服务支出，特别是教育、医疗、就业及社会保障方面的公共服务支出。赵磊（2011）的研究发现，中国的旅游业发展能够显著缩小城乡收入差距；旅游业发展对农村人均实际收入具有显著正向关系，而与城镇人均实际收入之间关系则不显著，旅游业发展对全国人均收入水平存在显著正向关系。罗佳明（2011）认为，旅游业发展带来的城乡文化交流和融合所产生的作用远比缩小城乡收入差距意义更加重要，主张把传统的种植业转变为体验式休闲旅游业。李永友、沈坤荣（2007）认为，中国的相对贫困水平有逐步上升的趋势，城乡内部相对贫困水平的上升速度存在差异；农村和城镇的相对贫困与经济的发展速度有关，与经济所处的水平无关；中国相对贫困的产生和日趋严重主要来自于财富初始分配环节中劳动力要素价格在不同行业之间存在的较大差异，而财政在减缓初始分配环节造成的相对贫困方面，作用又非常有限，尤其是医疗卫生的支出在某种程度上还进一步扩大了相对贫困水平；相对贫困对经济增长的抑制效应非常显著，主张调控初始分配形成的收入分配差距，实施向低收入群体倾向的支出配置政策，降低相对贫困的深度。魏向赤（2008）认为，最好的公共政策就是为最弱势的群体提供最优质的公共服务，我国基础设施和公共服务跟不上农民的进城速度，“城市化”和“现代化”不过是将原来城乡的“二元结构”转换为城市内部的“二元结构”，他提出要防止把城乡之间的教育不公平转化为城市内部的教育不公平。李明、李慧中（2011）认为，决策者收入优势导致收入差距，且已经构成中国财政支出迅速扩张和结构扭曲的另一个重要原因，收入分配结构调整已成为建设公共财政的一个重要环节。陈鑫、刘生旺（2012）的研究发现，政府雇员收入最高、城市居民收入次之、农村居民收入最低，认为财富分配应进一步向居民倾斜，增加居民收入在 GDP 中所占比重，建立公共服务型政府，规范政府雇员收入，提高政府预算透明度，加快税制改革，健全社会保障体系，缩小城乡居民收入差距。由于使用的数据不同、条件不同、方法不同，得出的结论也千差万别。毫无疑问，这种观点有一定的借鉴作用。但中外学者提出的这些解决二元经济结构问题的各种模型大多是描述资本主义国家走过的、用工业现代化带动农业现代化的发展道路。虽然这些模型与观点有一定的借鉴意义，但应用于我国实践的过程中，缺陷非常明显。按照刘易斯的二元经济结构模型，只要农村劳动力转移到城市，就可以解决二元经济结构问题。可事实上，如今中国社会能坚守农村阵地的只有老人、小孩和妇女们，几乎所有的能够劳动的劳动力都已经来到城市，可为什么还是不能解决二元经济结构问题？因此，本节想利用一系列模型来分析海南旅游业发展、经济增长和收入差距之间的关系，为解决海南二元经济结构问题提供理论依据。

2）模型的构建与实证分析

（1）引进模型因素的基本分析

要分析经济增长、旅游业发展对二元经济结构的影响，可以构建一个模型：一边是度量二元经济结构的指标，另一边是影响这些指标或者影响二元经济结构的各种因素，然后考虑各种因素对二元经济结构的影响。反映二元经济结构的指标很多，只要是城乡差距的指标，都可以用于度量二元经济结构问题。如城乡居民收入差距、消费差别、耐用品购买方面的差别、储蓄差别、文化教育卫生差别、社会保障的差别、生活环境与生活条件的差别等。影响城乡二元经济结构问题的因素也有很多，而且也非常复杂。从总体上来看，影响二元经济结构的因素大体可分为宏观与微观两个方面，如经济的增长、旅游业的发展、各种宏微观经济政策、历史问题和一些偶发事件等，甚至地域问题也是影响二元经济结构的重要因素。另外，上面提到的衡量二元经济结构问题的指标所涉及的因素也是影响二元经济结构问题的因素，如文教卫的差别和生活环境与条件的差别可能影响居民的素质，从而影响收入水平。值得一提的是，海南旅游业的发展对海南经济社会已产生了，并正在产生着，将来还要继续产生深刻的影响，旅游业的发展改变了经济和社会关系，影响着居民收入分配问题，对二元经济结构问题有着复杂而深刻的影响。构建二元经济结构模型，就要理清二元经济结构问题和影响二元经济结构问题的因素之间的关系，找出其间的内在规律。基于对各种影响因素的考量，我们选定了海南经济增长、旅游业发展、财政支出作为对城乡收入差距的影响因素。下面对这些因素的主要关系进行简要分析。

毫无疑问，经济增长是影响收入差距最为重要的原因之一。不同产业、不同部门经济增长速度是不相同的。要获得利润最大化，劳动力使用的原则是使劳动力的边际产品要等于劳动力的报酬（即工资），因此，经济增长要求劳动力要素的报酬增长率要与经济增长率相匹配，因此，不同产业和不同部门之间就会存在劳动力报酬的差异。就城市与农村而言，城市的生产率增长率要高于农村的生产率增长率，因而会引起城乡收入差距的扩大。就旅游业与城乡收入差距而言，旅游业的发展对收入分配的影响较为复杂，至少有以下几个方面：① 部分农民因为旅游业的发展失去了土地，却获得了一定程度的补偿；② 旅游业的发展使财富进一步集中在少数人手里，旅游业的开发者和经营者得利最大，但也会为农民增加就业机会，旅游业发展带来的物价的提高也会让农民获得实惠；③ 旅游产品主要是由城市居民消费，因此，这会使城市居民的部分财富流入旅游业相关人员手中。从财政收入与城乡收入差距来看，这主要取决于政府行为，政府行为可以缩小城乡收入差距，也可以拉大城乡收入差距。因此，需要具体问题具体分析，需要对海南经济、旅游业、财政支出与城乡收入差距之间的关系进行进一步实证分析。

（2）分析方法、指标选取与数据说明

在选择分析方法方面，可以利用了经典的 OLS 法和 VAR 模型。VAR（Vector Autoregression）模型主要用于动态分析，在 1980 年由 C. A. Sims 提出，该模型的提出推动了对经济系统动态分析的广泛应用，是当今世界主流模型之一。从模型赖以建立的数据来看，经典回归模型建立在稳定数据变量的基础上，但对于非稳定变量使用经典回归模型，可能会出现虚假回归等诸多问题。1981 年 Granger 提出协整的思想，以适用于非平稳变量组成的关系式中长期均衡参数估计的技术。如果变量之间有着长期的稳定关系，那么它们之间就是协整的（cointegration），就可以使用经典回归模型方法来建立回归模型。在选择计量指标时，为了将旅游业与经济发展对城乡收入差距的影响区别开来，可以选择城乡收入差距、旅游收入、财政支出和扣除旅游收入后的经济增长以及地区生产总值（GDP）。为了研究方便，用 G 表示海南地区生产总值，用 G_D 表示减去旅游收入之后的 GDP，用 I_T 表示旅游收入，城乡收入差距以城镇居民人均可支配收入与农村居民人均纯收入之差作为衡量指标，记为 G_I。G_D 和 I_T 单位为亿元。用 E_L 表示地方财政支出，单位为万元。海南城乡收入差距单位为元。为了消除价格因素对于时间序列分析的影响，所有的价值指标都用零售商品价格指数（按 1978 年价格）进行平减。为了消除可能存在的异方差性，对有些指标数据经过上述处理后再进行自然对数变换，并分别在前面加 ln。指标数据源于各年度《海南省统计年鉴》，数据取值范围为 1987—2011 年。

（3）序列的平稳性检验、协整检验和 Granger 非因果关系检验

为了分析各变量之间的动态关系，可以引入 VAR 模型，但纳入 VAR 模型的变量必须是协整的。为了检验变量之间的协整关系，首先需要对时间序列做单位根检验。用（C，T，L）表示检验方程含常数项、趋势项和滞后项情况，C 或 T 为 0，表示不含截距或时间趋势，L 表示滞后期，Δ 表示 1 阶逐期差分，用 ADF（augmented dickey-fuller）法对各序列进行检验，结果如表 6－3 所示。

表 6－3　ADF 单位根检验结果

变量	ADF 检验值	（C，T，L）	临界值（1%）	临界值（5%）	结论
$\Delta\ln G_D$	－4. 391 669	（C，0，2）	－3. 788 030	－3. 012 363	平稳
$\Delta\ln I_T$	－3. 657 243	（0，0，0）	－2. 669 359	－1. 956 406	平稳
$\Delta\ln E_L$	－3. 642 192	（C，0，0）	－3. 752 946	－2. 998 064	平稳*
$\Delta\ln G_I$	－6. 266 659	（C，0，0）	－4. 416 345	－3. 622 033	平稳

一阶差分 $\Delta\ln G_D$、$\Delta\ln G_I$、$\Delta\ln E_L$、$\Delta\ln I_T$ 都是平稳序列，即 $\ln G_D$、$\ln G_I$、$\ln E_L$ 和 $\ln I_T$ 都是 1 阶单整序列 I（1）。有些自身非平稳的时间序列的某种线性组合是平稳的，这说明两个变量之间存在着协整关系。上述的 1 阶单整序列 I（1）经过 1 阶差分，变量是平稳的，也就是说，其 1 阶差分的时间序列的某种线形组合可能是平稳的，因此，这些变量之间可能存在着协整关系。如果这两个时间序列存在协整关系，则说明他们之间存在着长期稳定的均衡关系。采用 Johansen 的极大似然法进行协整检验可知，$\ln G_D$、$\ln G_I$、$\ln E_L$ 和 $\ln I_T$ 没有协整方程的原假设在 5% 的显著性水平下被拒绝，而分别至多 3 个协整方程的原假设在 5% 的显著性水平下被接受，结合上文平稳性检验结果可知，在 5% 的显著性水平下，变量 $\ln G_D$、$\ln G_I$、$\ln E_L$ 和 $\ln I_T$ 之间仅存在一种长期均衡关系，这种长期均衡关系能保证变量在任何短期内的偏离都会因为协整而回到长期均衡状态上来。协整分析表明经济变量之间存在某种均衡关系，但二者之间是否构成因果关系，还需要进一步检验。可以采用由 Granger（1969）提出、Sims（1972）推广的检验变量之间因果关系的方法。为了节省篇幅，只将各变量与收入差距的 Granger 非因果关系检验罗列出来，结果如表 6－4 所示。

表 6-4　部分变量间的 Granger 非因果关系检验

原假设	滞后期	样本值	F 值	P 值	结论	原假设	F 值	P 值	结论
$\ln G_I \not> \ln G_D$	1	24	0.738 19	0.399 9	接受原假设	$\ln G_D \not> \ln G_I$	9.547 12	0.005 6	拒绝原假设
	2	23	0.314 57	0.734 0	接受原假设		3.403 38	0.055 8	拒绝原假设*
	3	22	1.128 38	0.369 1	接受原假设		6.657 96	0.004 5	拒绝原假设
	4	21	3.187 13	0.053 2	拒绝原假设*		3.610 43	0.037 4	拒绝原假设
	5	20	2.634 08	0.098 0	拒绝原假设*		3.900 47	0.037 0	拒绝原假设
$\ln G_I \not> \ln E_L$	1	24	0.463 38	0.503 5	接受原假设	$\ln E_L \not> \ln G_I$	3.665 86	0.069 3	拒绝原假设*
	2	23	0.173 70	0.841 9	接受原假设		1.408 16	0.270 3	接受原假设
	3	22	0.787 15	0.519 6	接受原假设		1.681 99	0.213 4	接受原假设
	4	21	0.365 67	0.828 5	接受原假设		0.782 03	0.558 2	接受原假设
	5	20	3.282 33	0.058 1	拒绝原假设*		1.332 46	0.333 1	接受原假设
$\ln G_I \not> \ln I_T$	1	24	2.981 81	0.098 9	拒绝原假设*	$\ln I_T \not> \ln G_I$	0.552 75	0.465 4	接受原假设
	2	23	2.397 35	0.119 4	接受原假设		0.303 85	0.741 7	接受原假设
	3	22	1.319 52	0.304 9	接受原假设		1.234 59	0.331 9	接受原假设
	4	21	2.765 61	0.077 0	接受原假设*		2.166 17	0.134 8	接受原假设
	5	20	4.898 90	0.019 3	拒绝原假设		1.000 84	0.469 1	接受原假设

注：表中 $X \not> Y$，表示 X 不是 Y 的 Granger 原因；$Y \not> X$，表示 Y 不是 X 的 Granger 原因。
*表示在 10% 的显著性水平下被拒绝。

从表 6-4 的收入差距和扣除旅游收入后的经济增长（以下简称经济增长）的 Granger 非因果关系检验来看，收入差距不是经济增长的 Granger 原因的原假设在短期被接受，而在长期被拒绝；经济增长不是收入差距的 Granger 原因的原假设不管是在长期还是短期均被拒绝。原因可能是，经济增长需要资本的积累，在短期内，资本的积累是有限的；而在长期，收入差距扩大引起的资本集中将转化为资本，所以促进经济增长。由于城市本身就是在有利的地理位置上发展起来的，随着经济的发展和人口的集中而成为城市，因此，城市经济发展的速度会快于农村，从而导致城镇居民收入增长的速度快于农村，使得经济增长引发城乡收入差距。从收入差距和财政支出的 Granger 非因果关系检验来看，收入差距不是财政支出的 Granger 原因的原假设在短期和中期内均被接受，而在长期被拒绝，而财政支出不是收入差距的 Granger 原因的原假设在短期被拒绝，在长期和中长期被接受。原因可能是，在短期和中期内，收入差距的扩大虽然会使农村居民相对更加贫困，但有关部门并没有采取相应的措施来增加对农村居民的财政支持，从长期而言，城乡收入差距的扩大需要财政部门拿出更多的资金来消除贫困或相对贫困，从而使财政支出增加，或者说，从收入差距的扩大到财政支出的增加存在明显的时滞问题。另外，财政支出的增加可能会在短期内使城乡收入差距扩大，原因可能是，财政支出更多的是偏重于城市建设与城市居民生活，城市居民直接或间接地得到了财政支出的好处，但这种财政支出只能够增加城镇居民的临时收入，从长期来看，不能转化为城镇居民的内在“产出”能力，因而在长期内，这种财政支出的效果甚微，不会导致城乡收入差距的扩大。从收入差距和旅游收入的 Granger 非因果关系检验来看，收入差距不是旅游收入的 Granger 原因的原假设在短期和长期都被拒绝，在中期却被接受；而旅游收入不是收入差距的 Granger 原因的原假设不论是在长期还是在短期，都被拒绝。原因可能是，收入差距的扩大会使富裕起来的人们有更多的资金投入到旅游业中来，从而促进旅游业的发展。另外，富裕起来的城市居民也有能力消费旅游产品，从而促进旅游业发展，而旅游业的发展会让农村居民得到实惠，从而不会导致城乡收入差距的扩大。

（4）海南收入差距与经济、旅游业和财政支出的实证分析

基于上面的分析，为了寻求收入差距与经济增长、旅游业发展和财政支出的关系，可以考虑建立 VAR 模型。首先根据 *SC* 最小且 *AIC* 最小的原则，选择滞后期为 3。由于本书要考察的是收入差距与经济增长、旅游业发展和财政支出的关系，所以，只列出 $\ln G_I$ 方程。模型结果如方程 6－2 所示。

$$\begin{aligned}\ln G_I = {} & 6.174\,629 - 0.356\,902\ln G^{-1} + 1.072\,067\ln G^{-1} - 0.074\,127\ln I^{-1} + \\ & 0.002\,166\ln E_L^{-1} - 0.032\,864\ln G_I^{-2} + 0.196\,561\ln G_D^{-2} + 0.133\,387\ln I_T^{-2} - \\ & 0.036\,169\ln E_L^{-2} - 0.471\,692\ln G_I^{-3} + 0.269\,894\ln G_D^{-3} + 0.030\,243\ln I_T^{-1} - \\ & 0.055\,350\ln E_L^{-3} + \mu\cdots\cdots \end{aligned} \tag{6-2}$$

$R^2 = 0.994\,007$，$Adj \cdot R^2 = 0.986\,017$，$AIC = -2.331\,249$，$SC = -1.686\,542$

如果被估计的 VAR 模型所有根的模的倒数小于 1，即都位于单位圆内，则被估模型是稳定的。为了验证模型的稳定性，可以使用 eviews6.0 软件计算该模型特征方程的特征根的倒数绝对值，特征根倒数的模都小于 1，都在单位圆内。这说明该模型是稳定的。检验结果如图 6－4 所示。由于所有根都在单位圆内，所以，可以进一步分析脉冲响应函数。脉冲响应函数（IRF：impulse-response function）描述的是一个内生变量对残差（称为 Innovation）冲击的反应（响应），即描述在随机误差项上施加一个来自系统内部或外部的标准差大小的冲击后对内生变量的当期值和未来值所产生的动态影响。主要用于分析政策的时滞问题。为了避免“正交”脉冲响应函数 Cholesky 分解的结果严格依赖于模型中变量的次序的缺点，可以采用由 Koop 等（1996）提出的广义脉冲响应函数，并选取考察期为滞后 15 期。该模型的广义脉冲响应函数如图 6－5 所示。

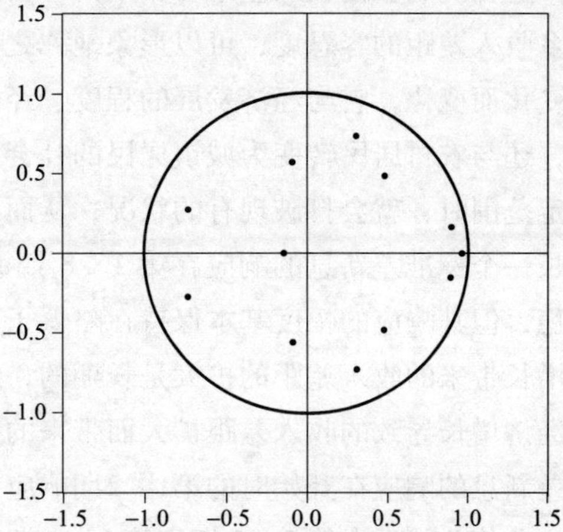

图 6－4　VAR 模型的稳定性检验

1998 年，Pesaran 和 Shin 构建了不依赖于 VAR 模型中变量次序的正交残差矩阵的广义脉冲分解法。广义脉冲分解法较好地避免了变量秩序对响应函数产生的影响。图 6－5 是该模型部分广义脉冲响应函数，所描述的是收入差距对各内生变量一个标准差冲击的响应函数。收入差距对自身一个标准差新息的冲击的响应在开始时非常敏感，在第 1～3 期迅速减少，在第 3～10 期波动不稳，但在第 10 期后变得非常平稳，仅有小幅度正的响应。这说明收入差距自身存在一种内在机

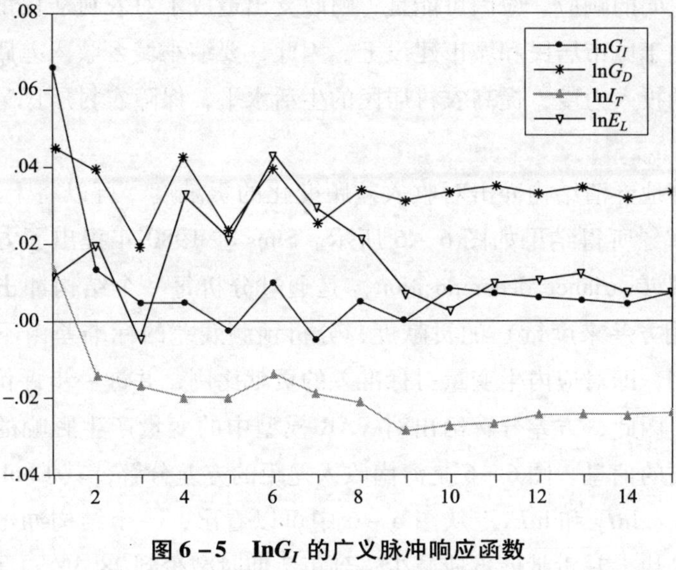

图 6－5　$\ln G_I$ 的广义脉冲响应函数

制，这种机制会使收入差距在长期内不会超过一定的范围，这个范围就是社会对城乡收入差距的容忍度，可以形象地称之为“带宽”，它随着经济的发展和社会的变化而变化，它与经济发展的程度、经济政策、人文环境、社会习俗等因素有关，还与农村居民转变为城镇居民的社会成本和经济成本有关。当收入差距超过一定范围时，就会打破现有的状况，从而导致收入差距的减少。收入差距对经济增长一个标准差新息的响应在第1～8期波动较大，在第8期之后开始变得非常平稳，但其响应的幅度基本保持在略低于对它造成冲击的新息的水平。这说明经济增长带来的收入差距的扩大是长期的，因此，有关部门必须采取相应措施，减少经济增长导致的收入差距扩大而带来的负面效应。收入差距对一个旅游收入标准差新息的响应在开始时的第1～2期响应非常强烈，一个正向冲击在第2期迅速转为负值，然后在第2～5期和第6～9期基本上保持着减少的态势，从第9期后的响应虽然略有增加的趋势，但其幅度远大于对它造成冲击的新息。这说明旅游业的发展会减缓城乡收入差距，原因可能是，旅游业的发展主要是在郊区或者农村，城镇居民的旅游行为会促进农村经济的增长和农民收入的增加。另外，一些旅游企业的开发征用了部分农民的土地，给予了农村居民一定的补偿，这种开发在使农民收入直接增加的同时，也会促进所在地区的经济增长，从而缩小城乡差距。收入差距对一个地方财政支出标准差新息的响应在开始时的响应非常强烈，在第1～6期呈锯齿形波动性上升，在第6～10期的响应逐渐减少，在第10～13期略有增加之后，其响应再次减少，虽然低于对它造成冲击的标准差的新息，但还是保持着正向的响应。原因可能是，财政支出造成了对农村居民的不平等，财政支出主要用于城市居民和城市建设上。因此，要缩小城乡收入差距，必须加大财政对农村的投入力度，提高农村居民的生活水平，保障农村居民最低生活水平的需要。

为了更好地弄清结构冲击对收入差距变化的贡献度，可以将上述VAR模型进行方差分解，所得结果如图6－6所示。Sims在1980年提出了方差分解的方法，方差分解（variance decomposition）是通过分析每一个结构冲击对内生变量变化（通常用方差来度量）的贡献度，分析预测残差的标准差由不同新息的冲击影响的比例，即对应内生变量对标准差的贡献比例，并进一步评价不同结构冲击的重要性。因此，方差分解给出对VAR模型中的变量产生影响的每个随机扰动的相对重要的信息。图6－6是海南收入差距的方差分解，其Cholesky Ordering为$\ln G_I$、$\ln G_D$、$\ln I_T$和$\ln E_L$。从图6－6中可以看出，一个结构冲击后，收入差距反应相对较快，其贡献度迅速减少，到第7期时减少到28.3%，虽然之后还是

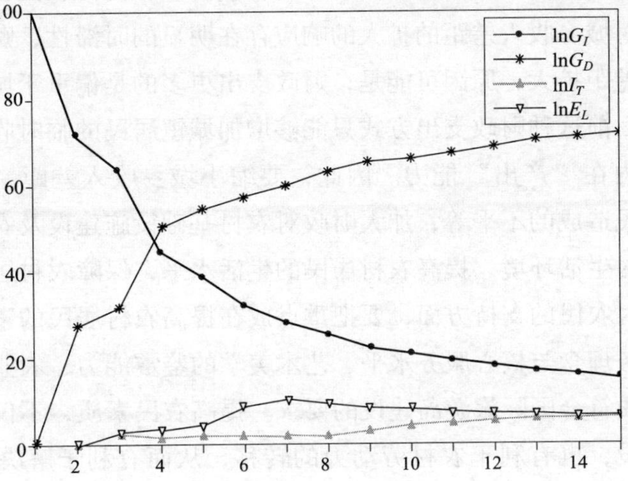

图 6-6 $\ln G_I$ 的方差分解

一直呈下降的趋势，但其下降趋势逐渐变缓，到第 15 期时，其贡献度达到 15.4%。经济增长的贡献度增长非常迅速，到第 2 期就从 0 达到 27.8%，到第 4 期达到 50.6%，以后贡献度增加的速度虽然有所减缓，但一直保持着增加的趋势，到第 15 期时达到 72.1%。旅游收入的贡献度增长速度比经济增长的贡献度的增长要缓慢得多，到第 2 期时为 0.29%，在第 3~8 期时在 2% 左右波动，以后其贡献度逐渐增长，到第 15 期时达到 6.2%。财政支出的贡献度在第 2 期只有极少量的增长，到第 3 期达到 2.7%，到第 7 期其贡献度达到最大值 10.1%，以后各期逐渐减少，到第 15 期时达到 6.4%。因此，从贡献度来看，收入差距的贡献度主要来自经济增长，其次是收入差距自身，然后是财政和旅游业，它们几乎平分秋色。

3）模型的启示和主要政策建议

通过以上分析可知，海南经济社会正处于 Kuznets 的“倒 U 假说”中的随着经济发展，收入分配不断恶化的阶段。海南经济的增长带来了城乡收入差距的扩大，且经济增长带来的收入差距的扩大具有长期效应。从贡献度来看，收入差距的贡献度主要来自于经济增长。因此，有关部门必须调整收入分配政策，采取措施，减少经济增长导致的收入差距扩大而带来的负面影响，千方百计地增加农民收入，减少农村居民的负担，以缩小城乡收入差距。要充分调动农民的积极性和创造性，从“输血型”扶持转变成“造血型”扶持。要大力发展与农业相关的、科技含量高的劳动密集型产业，提高农业的科技含量，提高农民收入。

财政支出对城乡收入差距的扩大的响应存在明显的时滞性，财政支出的增加会使城乡收入差距扩大，原因可能是，财政支出更多的是偏重于城镇建设与城镇居民生活，而目前这种财政支出方式只能够增加城镇居民的临时收入，不能转化为城镇居民的内在“产出”能力。因此，要缩小城乡收入差距，就要减少财政支出对农村居民造成的不平等，加大财政对农村基础设施建设及农民生活的投入力度，改善农村生活环境，提高农村居民的生活水平，保障农村居民最低生活水平的需要。在对农民的支持方面，要把重点放在提高农村居民的素质方面，提高他们的核心服务理念与核心服务水平、艺术美学的鉴赏能力、农业科技水平，使农村居民的素质符合国际旅游岛建设的要求。提高农民素质，不仅有利于海南国际旅游岛的建设，也有利于农村劳动力的转移，从而有利于解决海南“二元结构”问题。

城乡收入差距自身存在一种内在机制，这种机制会使收入差距在长期内不会超过一定的范围，这个范围就是社会对城乡收入差距的容忍度，可以形象地称之为“带宽”，它存在于经济系统内部，随着经济的发展而变化，与经济发展的程度、经济政策、人文环境、社会习俗等因素有关，还与农村居民转变为城镇居民的社会成本和经济成本有关。这种内在机制使收入差距在超过一定范围时，就会打破现有的状况，导致收入差距的减少。因此，政府要减少农村居民城镇化的成本，为缩小城乡收入差距疏通渠道。要解决好城镇化居民的实际困难，如住房问题、子女上学问题、医疗问题等，要让进了城的农民真正享受到城市居民的待遇；要切实解决好农村居民尤其是从事休闲农业的农村居民的实际困难，如产品开发问题、资金问题、技术问题、市场问题等，从全方位、多角度、多途径想方设法来服务于“三农”问题；要充分发挥政府在收入分配中的调节功能，正确引导旅游业的收入分配，要鼓励农民积极参与到旅游业发展的浪潮中来，让农民在旅游业发展过程中切实获得好处；要合理调整收入分配政策，收入分配应该向农民倾斜，要坚决制止乘旅游开发之机，损害农民利益的行为。在开发旅游产品的时候，要确保农民的利益得到充足的补偿。

收入差距的扩大会使城市居民有更多的资金投入到旅游市场，也使城市居民有更大的潜力消费旅游产品，从而促进旅游业的发展，而旅游业的发展会让农村居民得到实惠，减缓城乡收入差距扩大的进程。因此，大力发展海南旅游业，制定并完善海南休闲旅游业的扶持政策，建立健全完善的休闲旅游业扶持体系，加大对休闲旅游的扶持力度，对于缩小城乡收入差距具有重大意义。要切实处理好经济发展、旅游业发展、二元经济结构问题和可持续发展的关系，打造海南旅游业精品；正确处理好各产业发展的关系，理顺旅游业发展和农业、工业、金融业、建筑业等产业发展的关系；要在发展休闲观光农业时，精心设计旅游产品，抓好旅游产品开发，要充分体现海南的地方特色和民族特色，合理布局并提升休闲观光农业的质量水平，打造休闲旅游精品区，并以此发展旅游辐射区。

总之，要解决海南的二元经济结构问题，必须充分发挥政府部门在收入分配中的调节功能，正确引导农民积极参与到旅游开发与建设中来，既要“跳出农业看农业”，更是要立足于海南的实际情况，立足休闲农业、大力发展与农业相关的、科技含量高的劳动密集型产业，大幅度提高农民收入，改善农村生存环境，提高农业的科技含量。只有这样，才能缓解甚至解决海南二元经济结构问题。

参考文献

[1] Jeffrey M. Woodbridge. Introductory Econometrics：A Modern Approach（4 edition.）[J]. South-Western College Pub，2008.

[2] Simon Kuznets. Economic Growth and Income Inequality [J]. The American Economic Review, Vol. 45，No. 1，1955：1－28.

[3] W. Arthur. Lewis. Economic Development with Unlimited Supplies of Labour [J]. The Manchester School，1954：55－89.

[4] 高铁梅．计量经济分析方法与建模：Eviews 应用及实例 [M]．北京：清华大学出版社，2009.

[5] 张晓峒．计量经济学基础（第 3 版）[M]．天津：南开大学出版社，2007.

[6] 魏后凯．外商直接投资对中国区域经济增长的影响 [J]．北京：经济研究，2002（04）：19－26.

[7] 侯冠平，等．用知识化带动城镇化解决“三农”问题 [J]．河南：领导科学，2004（8）：35－36.

[8] 陆铭，陈钊．城市化、城市倾向的经济政策与城乡收入差距 [J]．北京：经济研究，2004（06）：50－58.

[9] 王少平，欧阳志刚．我国城乡收入差距的度量及其对经济增长的效应 [J]．北京：经济研究，2007（10）：44－55.

[10] 吕炜，储德银．城乡居民收入差距与经济增长研究 [J]．北京：经济学动态，2011（12）：30－36.

[11] 罗佳明．旅游业：架起城乡统筹发展的桥梁 [J]．北京：旅游学刊，2011（11）：5－6.

[12] 赵磊．旅游发展能否减小城乡收入差距 [J]．北京：旅游学刊，2011（12）：15－25.

[13] 国家发改委宏观经济研究院课题组．公共服务支出对收入差距调节的贡献 [J]．北京：经济学动态，2008 (09)：69 – 72.
[14] 李永友，沈坤荣．财政支出结构、相对贫困与经济增长 [J]．北京：管理世界，2007 (11)：14 – 26，171.
[15] 李明，李慧中．决策者收入优势与中国的地方财政支出 [J]．北京：财贸经济，2011 (08)：21 – 27，43.
[16] 魏向赤．健全公共财政体制　提供优质教育服务 [C]．2008 年中国教育经济学年会会议论文集，2008 (10)：1 094 – 1 098.
[17] 陈鑫，刘生旺．财政收入、政府雇员收入与居民收入 [J]．山东：山东社会科学，2012 (08)：140 – 145.

3 经济增长　经济差距与粤琼经济合作——基于粤琼经济发展的联立方程模型

1）粤琼经济发展比较和文献综述

1988 年 4 月 26 日，中国共产党海南省委员会、海南省人民政府正式挂牌成立，海南岛脱离广东，成为中国最年轻的省份。可是，海南与广东的差距也越来越大。从全社会固定资产投资总额来看，1987 年和 1988 年广东分别是海南的 14. 6 倍和 16. 1 倍，到 2010 年广东是海南的 13. 6 倍，从 1987 年到 2010 年的 24 年，广东平均每年全社会固定资产投资总额是海南的 15. 6 倍；从历年实际利用外资金额来看，1987 年和 1988 年广东分别是海南的 60. 8 倍和 6. 6 倍，到 2010 年广东是海南的 15 倍，从 1987 年到 2010 年的 24 年，广东平均每年实际利用外资金额是海南的 14. 1 倍；从投入来说，广东与海南的距离拉开的不是很大，但从经济增长的幅度来说，却相差很远。从 GDP 来看，1987 年和 1988 年广东分别是海南的 13. 8 倍和 13. 7 倍，到 2010 年这个距离扩大到 25. 1 倍；从人民生活水平来看，1987 年城镇居民人均可支配收入和农村居民人均纯收入，广东分别是海南的 1. 25 倍和 1. 23 倍，到 2010 年这个差距分别达到 1. 73 倍和 1. 69 倍。同时，两省的城乡收入差距也一直呈扩大的趋势。就广东而言，1988 年城镇居民可支配收入是农村人均纯收入的 1. 96 倍，到 2006 年扩大到 3. 15 倍；就海南而言，1988 年城镇居民可支配收入是农村人均纯收入的 1. 96 倍，到 2010 年扩大到 2. 95 倍。这两个省从投入方面来看没有太大的变化，为什么产出却发生了如此深刻的变化？如何提高海南产出效率并增进人民福祉，有效减缓粤琼经济差距增大的趋势，甚至缩小粤琼经济差距和城乡收入差距，成为摆在政府和经济学者面前的重大课题。

区域经济理论至少可以追溯到重商主义的贸易保护主义理论，解释区域经济合作与区域经济保护可以借助于国际贸易理论。但贸易合作与自由贸易主义思潮的兴起，应该从亚当·斯密的《国富论》开始，他从分工入手，阐述了分工与自由贸易的重要性，提出著名的绝对优势理论。他的学生大卫·李嘉图在他的研究的基础上，在其代表作《政治经济学及赋税原理》中提出了相对优势理论，即比较成本贸易理论。20 世纪 30 年代，赫克歇尔和他的学生俄林在前人研究的基础上提出了要素禀赋理论（H－O 理论）。汉密尔顿、李斯特等从落后国家的利益出发，提出了幼稚工业保护理论。阿根廷经济学家劳尔·普雷维什从发展中国家的利益出发，提出了中心－外围理论，指出了“中心”国家与“外围”国家之间在国际经济关系中的不平等关系。1990 年，哈佛大学商学院教授迈克尔·波特在他的《国家竞争优势》一书中，又提出了国家竞争优势理论，它既是基于国家的理论，也是基于公司的理论，这一理论试图解释如何才能造就并保持可持续的相对优势。1858 年凯瑞在他的《社会科学原理》一书中，应用万有引力原理解释社会现象，从此人们开始利用引力模型分析国际贸易与区域合作。丁伯根（Jinbergen，1962）为了说明在由多个国家组成的世界里贸易流量的不对称现象，即大国的贸易量占其 GNP 的比重小于小国的，建立了贸易引力模型。我国学者陈喜强等在 2008 年“区域经济合作与区域经济发展理论”研讨会上，在区域经济发展中的合作动力、机制及绩效评介，我国东中西部区域经济差异与合作方式，区域经济合作与区域经济增长，区域经济空间布局与产业布局问题，区域经济合作中的地方政府作用问题等方面做了文献综述。张可云等（2009）基于环境保护的区域合作，提出构建经济和生态双效益的区域合作机制。林江等（2011）基于泛珠三角区域框架，提出了区域合作可以显著改进科技成果转化效率，他们认为，地方政府的科技拨款、政府相关的鼓励科技政策、R&D 投入和风险投资等对“泛珠三角”地区科技成果转化效率具有显著正向效应，而企业所得税则抑制了科技成果转化效率。巨拴科（2010）提出了欠发达地区与发达区域经济合作的能力结构关系模型，认为安康应从产业工人队伍建设、产业集聚、产业发展能力、投融资渠道、政府合作及企业家队伍建设等方面不断提升综合能力，以加强安康与西安经济合作的匹配性与稳定性。这些研究为我们研究粤琼经济合作提供了理论借鉴。

2）粤琼经济系统的实证分析

（1）分析方法与数据、符号说明

为探索粤琼经济合作路径，我们需要考察粤琼经济联系。粤琼经济联系如图6－7的模型图所示。海南和广东各自都有影响自身经济总量（如地区生产总值等）的因素，这些因素都会以各种方式影响经济增长。一方面，各种影响自身经济总量的指标又会直接或间接地影响对方经济增长。我们假设这些影响都是通过经济总量来影响对方经济的。另一方面，各种影响经济增长的因素还可能直接或间接地影响收入差距。为了比较方便，本书将所有价值指标都按1978年不变价格进行了平减，外汇指标按当年汇率换算成人民币后平减。所有数据来自历年《广东省统计年鉴》和《海南省统计年鉴》，并将本书所用符号列表，如表6－5所示。

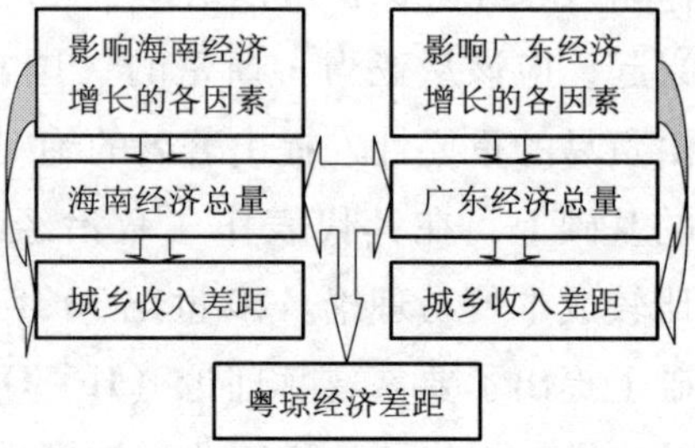

图6－7　粤琼经济联系模型图

表6－5　表示指标符号及单位

符号	表示指标	单位	符号	表示指标	单位	符号	表示指标	单位
GDP	地区生产总值	亿元	*TFI*	全社会固定资产投资总额	亿元	*GY*	粮食产量	万吨
RTFE	旅游外汇收入	亿元	*OCIP*	历年实际利用外资金额	亿元	*TEIV*	进出口总额	亿元
TI	国内旅游收入	亿元	*TRSC*	社会消费品零售总额	亿元	*GIOV*	工业总产值	亿元
ING	城乡收入差距	元	*DIU*	城镇居民人均可支配收入	元	*RRI*	农村居民人均收入	元
GDP_t	粤琼 GDP 之比	倍数	y	下脚标表示广东：粤		－1	上角标表示滞后1期	
ln	取自然对数		q	下脚标表示海南：琼		－2	上角标表示滞后2期	

如果用 X 表示影响因素向量，α 为常数，β 为常数向量。我们可以将模型系统写成如下形式：

$$\begin{cases} \ln GDP_q = \alpha_q + \beta_q \ln X_q + \ln GDP_y^i + \mu_q & \text{海南经济影响因素} \\ \ln GDP_y = \alpha_y + \beta_y \ln X_y + \ln GDP_q^j + \mu_y & \text{广东经济影响因素} \\ \ln ING_q = \alpha_1 + \beta_1 \ln GDP_q + \mu_1 & \text{海南城乡收入差距} \\ \ln ING_y = \alpha_2 + \beta_2 \ln GDP_y + \mu_2 & \text{广东城乡收入差距} \\ \ln GDP_t = \ln GDP_y - \ln GDP_q & \text{粤琼经济差距恒等式} \end{cases}$$

其中，β_q、β_y为行向量，$\ln GDP_y^i$ 和 $\ln GDP_q^i$ 为列向量。

（2）模型系统的建立与估计

广东和海南过去就是一个省份、一个整体、一个系统，海南 1988 年才建省，只不过是建省前后，这一系统参数发生了变化。为了探索粤琼经济变量之间这种千丝万缕的联系，我们可以建立并估计广东与海南经济的系统方程。最早建立联立方程系统的是克莱因，他在 1950 年建立的、旨在分析美国在两次世界大战之间的经济发展的小型宏观计量经济模型，在宏观计量经济模型的发展史上占有重要地位。但他建立的是行为方程系统，行为方程系统不能用于分析两个省份之间的联系，为此，我们建立结构性方程系统。我用经济增长指标（GDP）表示产出，影响本省经济的各种显著变量作为因变量，这样就构成了结构性方程。由于我们要估计的是结构性方程，传统的估计方法是无效的，所以我们采用了三阶段最小二乘法。由于方程存在残差自相关，所以在 $\ln GDP_y$ 方程和 $\ln INGy$ 方程中加入 AR（1）项以消除残差自相关。在系统估算过程中，我们剔除了不显著变量，加上有些变量之间存在严重的线性相关，所以，我们在系统中只选取了有限的几个变量。用三阶段最小二乘法估计结果和恒等方程式，如表 6－6 所示。

表 6－6　三阶段最小二乘法估计结果和恒等方程式

方程 $\ln GDP_q$	变量	$\ln TI_q$	$\ln TRSC_q$	$\ln DIU_q$	$\ln GY_q$	$\ln GDPy^{-1}$	
	系数	0.218 791	0.486 516	1.227 08	－0.453 546	－0.508 585	
	t 值	4.223 669	2.347 691	3.685 214	－2.574 65	－2.145 150	
	工具变量	$\ln GDP_q^{-2}$	$\ln TI_q^{-2}$	$\ln RRI_q^{-1}$	$\ln GIOV_q^{-2}$	$\ln DIUy^{-1}$	
	R^2：0.991 204，调整后 R^2：0.989 135				DW 值	1.933 865	
方程 $\ln GDPy$	变量	$\ln TEIVy$	$\ln TIy$	$\ln DIUy$	$\ln RRIy$	$\ln GDP_q^{-1}$	AR（1）
	系数	0.488 588	0.210 098	－0.917 27	1.099 62	0.523 644	－0.513 080
	t 值	11.249 08	4.859 061	－7.930 660	9.802 158	11.050 81	－2.444 860
	工具变量	$\ln TRSCy^{-1}$	$\ln TEIVy^1$	$\ln RRIy^{-1}$	$\ln DIUy$	$\ln TFIy^{-1}$	C
		$\ln GDPy^{-1}$	$\ln TIy^1$	$\ln GDP_q^{-2}$	$\ln GDP_q^{-2}$		
	R^2：0.998 438，调整后 R^2：0.997 95				DW 值	1.733 899	
方程 $\ln ING_q$	变量	常数项	$\ln GDP_q$				
	系数	2.718 414	0.821 812				
	t 值	30.135 80	43.766 24		DW 值	1.958 674	
	工具变量	$\ln TRSC_q^{-2}$	C		R^2：0.989 269，调整后 R^2：0.988 733		

续表

方程 $\ln INGy$	变量	常数项	$\ln GDPy$	AR（1）			
	系数	2.624 528	0.599 910	0.779 714	DW 值	1.790 852	
	t 值	3.191 235	6.235 460	5.924 998	R^2：0.988 628，调整后 R^2：0.987 491		
	工具变量	$\ln TFIy^{-1}$	C	$\ln INGy^{-1}$	$\ln GDPy^{-1}$		
恒等方程式：$\ln GDP_t = \ln GDPy - \ln GDP_q$							

（3）模型系统的情景模拟分析

为了进一步考察粤琼经济联系，我们需要对系统进行模拟分析。我们假设模型中的某变量从2008—2010年在原来的基础上连续追加，用以考察对经济规模等指标的影响。各模拟结果如表6－7所示，表中的各指标均为增长率（%）。由于系统模型中粤琼经济联系是通过滞后一期来影响的，所以，有些指标在2008年的响应为0。

情景1：海南城镇居民人均可支配收入从2008—2010年连续每年增加100元。海南城镇居民人均可支配收入会导致海南经济的增长，也会增强海南居民的购买力、增加对广东产品的消费，也会增加海南企业和社会的需求，从而导致广东经济的增长。但广东经济增长的幅度要小于海南经济的增长幅度，所以会使粤琼经济差距缩小；经济的增长和城镇居民人均可支配收入的增加，会使城乡收入差距扩大，但海南扩大的幅度要超过广东扩大的幅度。

情景2：广东城镇居民人均可支配收入从2008—2010年连续每年增加100元。广东城镇居民人均可支配收入的增加，会使他们更加倾向于购买更为高档的消费品，如更高级的小轿车等，或者更有能力消费，诸如旅游之类的劳务，这些商品与劳务往往不是由广东生产或提供，所以会减少本省生产的商品与劳务的消费，从而会导致广东GDP的减少。富裕起来的广东城镇居民也还增加对海南商品（如旅游商品）的消费，使海南经济增长。因此，粤琼经济差距会缩小。海南经济的增长又会扩大海南城乡差距。广东城镇居民收入的增长既有使城乡收入差距扩大的趋势，也有使差距缩小的趋势：城镇居民收入的增长本身就是拉大了差距，但由于经济增长速度的减少，会使差距减少，再加上富裕起来的广东城镇会促进城镇化进程，并消费更多的农村商品，也会使农村务工者的工资增加。城乡收入差距是扩大还是缩小，在于两种力量的对比，就广东的这种情况而言，可能后者略胜于前者。

表 6－7　情景模拟结果

%

年度		2008	2009	2010	年度		2008	2009	2010
情景 1：海南城镇居民人均可支配收入增加 100 元	DIU_q	4.1	3.7	3.42	情景 5：广东进出口总额增加 1 000 亿元	$TEIVy$	9.9	11	8.9
	GDP_q	5.05	4.56	2.85		GDP_q	0	－2.33	－2.55
	$GDPt$	－4.81	－1.86	－0.47		$GDPt$	4.74	7.72	5.66
	$GDPy$	0	2.61	2.36		$GDPy$	4.74	5.21	2.97
	ING_q	4.13	3.73	2.34		ING_q	0	－1.92	－2.1
	$INGy$	0	1.56	1.41		$INGy$	2.82	3.09	1.77
情景 2：广东城镇居民人均可支配收入增加 100 元	$DIUy$	2.39	2.12	1.98	情景 6：海南国内旅游收入增加 10 亿元	$TEIVy$	31.3	26.4	22.6
	GDP_q	0	1.11	0.98		GDP_q	6.14	5.26	2.91
	$GDPt$	－2.15	－2.98	－2.17		$GDPt$	－5.79	－1.98	－0.19
	$GDPy$	－2.15	－1.91	－1.21		$GDPy$	0	3.17	2.72
	ING_q	0	0.91	0.81		ING_q	5.02	4.3	2.39
	$INGy$	－1.29	－1.15	－0.73		$INGy$	0	1.89	1.62
情景 3：海南粮食产量增加 10 万吨	GY_q	5.45	5.33	5.54	情景 7：广东国内旅游收入增加 10 亿元	TIy	2.33	1.92	1.59
	GDP_q	－2.38	－2.33	－1.79		GDP_q	0	－0.25	－0.2
	$GDPt$	2.44	1.1	0.57		$GDPt$	0.48	0.65	0.41
	$GDPy$	0	－1.25	－1.23		$GDPy$	0.48	0.4	0.2
	ING_q	－1.96	－1.92	－1.47		ING_q	0	－0.2	－0.17
	$INGy$	0	－0.75	－0.74		$INGy$	0.29	0.24	0.12
情景 4：广东农村居民人均纯收入增加 100 元	$RRIy$	7.38	6.62	5.98	情景 8：海南社会消费品零售总额增加 10 亿元	$TRSC_q$	11.2	9.5	8.5
	GDP_q	0	－3.9	－3.52		GDP_q	5.28	4.5	2.65
	$GDPt$	8.1	11.7	8.2		$GDPt$	－5.01	－1.69	－0.31
	$GDPy$	8.14	7.3	4.4		$GDPy$	0	2.73	2.33
	ING_q	0	－3.22	－2.9		ING_q	4.32	3.68	2.17
	$INGy$	4.81	4.32	2.62		$INGy$	0	1.63	1.39

情景 3：海南粮食产量从 2008—2010 年连续每年增加 10 万吨。由于生产更多的粮食需要占用更多的资源，所以会引起海南经济总量的减少。海南粮食产量的增加会冲击广东市场，使广东 GDP 减少，并进一步缩小两省的城乡收入差距。海南粮食产量增加对广东经济增长的影响要小于海南的影响，最终导致粤琼经济

差距的扩大。

情景4：广东农村居民人均纯收入从2008—2010年连续每年增加100元。对于广东而言，农民收入的增加要以广东经济总量的增长为前提，经济总量的增长会更多地促进城镇居民收入的增大，从而拉大城乡收入差距。另外，广东农民收入的增长，说明社会消费了更多的广东产品；对广东商品消费的增加，会导致海南经济总量的减少；海南经济总量的减少拉大了粤琼经济差距，但海南经济总量的减少又缩小了海南城乡收入差距。

情景5：广东进出口总额从2008—2010年连续每年增加1 000亿元。广东进出口总额的增加会导致广东地区生产总值的增长，从而使粤琼经济差距扩大。广东经济的增长会使城乡差距扩大。广东进出口的增加对海南经济具有双重作用：一方面会扩大对海南商品的需求，拉动海南经济增长；另一方面会减少海南的进出口，不利于海南经济增长。两种力量比较的结果是后者大于前者，从而使海南经济略有下降，海南经济的收缩使海南城乡收入差距略有缩小。

情景6：海南国内旅游收入从2008—2010年连续每年增加10亿元。这不仅会促进海南经济增长、缩小粤琼经济差距，而且会促进广东经济增长。原因可能是，旅游收入的增加，意味着国内更多的游客消费海南旅游产品，同时也意味着海南经济的增长；经济增长会使海南增加对广东产品的消费。另外，来海南的国内游客一部分也倾向于再去广东。由于海南国内旅游收入增加对海南经济影响更大，所以最终导致粤琼经济差距的缩小。但是，经济增长会使两省的城乡收入差距扩大，相比而言，对海南的影响更大。

情景7：广东国内旅游收入从2008—2010年连续每年增加10亿元。广东国内旅游收入的增长会使广东经济增长并扩大粤琼经济差距，也会使广东城乡收入差距扩大。由于国内到广东的游客更多的是二者择一：到了广东旅游，就会放弃了到海南旅游的机会，所以会减少海南的旅游收入，使海南的经济缩小，进而缩小海南城乡差距。

把情景7与情景6相比，我们惊奇地发现：同样是国内旅游收入增加10亿元，但带来的效益却相差甚远，甚至广东国内旅游收入增加10亿元给广东带来的经济效益还不如海南国内旅游收入增加10亿元给广东带来的经济效益更大。

情景8：海南社会消费品零售总额从2008—2010年连续每年增加10亿元。社会消费品零售总额会拉动海南经济增长并缩小粤琼经济差距，另外，海南商品有很大一部分原本就来自广东，所以，海南社会消费品零售总额的增加也会促进广东经济的增长。经济增长会使两省城乡收入差距扩大，但对海南的影响要大于对广东的影响。

(4) 模型系统的进一步分析

在系统估计的过程中，我们经过了很多次尝试。由于方法与细节的不同，各种结论也会略有差异，但有些东西我们注意到是始终没有改变的。在系统估计的过程中，我们发现，$\ln GDP_q$ 方程中各变量的系数之和始终小于1，因此，我们有理由认为，海南经济结构和经济增长方式有必要改变；而 $\ln GDP_y$ 方程中各变量的系数之和始终大于1，因此，我们认为广东经济结构和经济增长方式基本上是合理的。我们认为这一发现是非常重要的，因为这解释了粤琼经济差距越拉越大的现实，也说明了粤琼经济联系中，广东经济的主导地位和海南经济的从属地位分别处于劳尔·普雷维什理论中的“中心”与“外围”。从系统方程中的 $\ln GDP_q$ 方程来看，广东经济对海南经济的影响因子为负，原因可能是，广东经济的发展会占用更多的社会资源，如更多的资金注入广东、更多的农民前往广东务工，从而导致海南可用资源的减少。从系统方程中的 $\ln GDP_y$ 方程来看，海南经济对广东经济的影响因子为正，原因可能是，海南经济的发展会扩大对广东商品的需求，从而拉动广东经济的增长。这从另一方面说明了粤琼经济联系中广东经济的主导地位和海南经济的从属地位。广东与海南经济地位的不对等，广东处于经济发展的中心，而海南属于广东经济发展的外围，这是我们需要面对和解决的问题。如何打破这种格局，让海南在经济发展中获得更多的收益，甚至也成为经济中心的一极，我们认为，首先必须优化产业结构，树立自己的产业品牌和产品品牌。要把海南建成中国联系世界、世界联系中国的纽带或窗口。要把这一目标纳入海南长远的发展规划，并提请纳入国家发展战略计划。这是一个非常艰巨的系统工程。

由于该系统模型是对粤琼经济联系的一个小小的模拟，在一定程度上反映了粤琼经济的内在联系，所以也存在一定的缺陷性。其缺陷在于指标比较笼统，没有将情景的影响进一步细分，原因是：一方面，缺乏必要的数据；另一方面，详细的情景影响因素分析不是一个小模型能做到的。这也是我们今后需要进一步研究的方向。

3）结论与政策建议

海南自建省以来，粤琼经济差距一直在扩大，两省的城乡差距也在扩大，并且还有进一步扩大的趋势。从经济关系来说，粤琼经济关系不对等，海南经济发展从属于广东，广东处于经济发展的中心，而海南处于经济发展的外围。这从系统的模拟中可以得到较好的证实。海南要摆脱对广东经济的依附地位、促进粤琼经济的发展、实现粤琼经济合作的双赢，必须打破目前的系统模式，只有打破这种格局，才能获得经济的长足增长，才能更好地实现双赢。如何打破这种格局，让海南摆脱经济依附地位，甚至成为经济中心的一极，我们认为，首先必须优化产业结构，树立自己的产业品牌和产品品牌，要在“海南特色”与产品质量上下功夫。从旅游业发展来看，应该把海南建成中国乃至世界休闲旅游的中心和旅游消费的乐园。要把海南建成一个中国联系世界、世界联系中国的纽带和窗口。要把这一目标纳入海南长远发展规划，并提请纳入国家发展战略计划。

海南经济发展有利于广东经济的发展，因此，广东政府可以采取一些措施鼓励各企业到海南投资，鼓励社会各阶层与企事业单位消费海南产品。这将在促进海南经济发展的同时，更好地促进广东经济发展。同时，广东可以充当第三方，为海南与其他地区的经济合作架起桥梁，帮助海南加强海南与其他地区的联系与合作。在旅游业方面，广东可以向游客宣传、推荐海南旅游产品，并协助海南开发新的“海南风味”的旅游产品。海南国内旅游收入的增加给社会带来的效益要远远大于广东旅游收入增加带来的社会效益，甚至广东国内旅游收入增加10亿元给广东带来的经济效益还不如海南国内旅游收入增加10亿元给广东带来的经济效益更大。从海南方面来说，要为引进外来资金制定更加灵活、更加优惠的政策。但这种优惠政策也不能盲目，要正确引导外来资金的投入，要把资金主要用于“海南特色”“海南风味”的产品研发项目和把海南推向国际化方面。

海南实现经济发展本身就是对广东经济的一大贡献，因为海南经济的发展会促进广东经济增长。所以，在粤琼经济合作中，海南更重要的是采取措施，实现海南自身经济的长足发展。海南不仅要着力吸引各种投资、正确引导产业投资，使海南实现产业的优化升级，还要着力打造适合经济发展的土壤与环境，可以考虑建立诚信系统，要在严厉打压违法犯罪的同时，把一些无诚信、不守义的人拉入黑名单，加大违法犯罪和道德缺失的成本，为海南的投资与消费创造更好的条件，以促进海南经济更好更快地发展。

在促进经济发展的同时，还要正确处理好经济发展与社会公平的关系，要尽可能缩小贫富差距和城乡差距。我们在研究中发现，经济增长会拉大城乡收入差距，但收入差距不会对经济增长起促进作用。相反，差距的扩大也不利于社会稳定，从而不利于经济增长。因此，在引导产业优化与升级的时候、在引导投资流向的时候，要重点优先考虑促进农业、农村发展，有助于加快城市化建设的项目。

参 考 文 献

[1] Krugman & Obstfeld, International Economics: Theory and Policy [M], Addison Wesley, 8th edition, 2009.

[2] Jeffrey M. Woodbridge. Introductory Econometrics: A Modern Approach: 4 edition [M]. Atlanta Botanical: South – Western College Pub, 2008.

[3] [英] 亚当·斯密. 国民财富的性质和原因的研究（上）[M]. 郭大力、王亚楠，译. 北京：商务印书馆，1983：5 – 12.

[4] [英] 大卫·李嘉图. 政治经济学及赋税原理 [M]. 郭大力、王亚楠，译. 北京：商务印书馆，1962.

[5] [美] 迈克尔·波特. 国家竞争优势 [M]. 李明轩，等，译. 北京：华夏出版社，2002.

[6] 高铁梅. 计量经济分析方法与建模：Eviews 应用及实例 [M]. 北京：清华大学出版社，2009.

[7] 张可云. 北京与周边地区　基于环境保护的区域合作机制研究 [J]. 北京：社会科学，2009（01）：33 – 39.

[8] 巨拴科. 基于能力结构关系模型的欠发达与发达区域经济合作研究 [M]. 北京：中国软科学，2010（05）：99 – 107.

[9] 林江. 区域合作与科技成果转化效率 [J]. 上海：财经研究，2011（12）：129 – 139.

[10] 陈喜强，等. 区域经济合作与发展中的相关前沿问题研究 [J]. 北京：经济研究，2008（08）：157 – 160.

4 发展休闲农业，解决海南二元经济结构问题

海南城乡二元经济结构日趋严重。从城乡收入指标来看，差距越来越大：1989 年城镇居民家庭人均可支配收入是农村居民家庭人均纯收入的 1.9 倍，绝对数前者比后者高出 257 元。以后各年差距总体趋势渐渐扩大。到 2008 年，城镇居民家庭人均可支配收入达到农村居民家庭人均纯收入的 3 倍，绝对数前者比后

者高出1 872元[①]。二元经济结构的日趋严重，不仅影响社会的公平，更会导致效率的损失，甚至有可能成为社会不稳定的因素。因此，解决海南二元经济结构问题、缩小城乡差距已经成为摆在政府与经济学者、社会学者面前日益凸显的重大课题。最早将“二元结构”概念运用于分析人类社会经济现象的是荷兰经济学家和社会学家J·H·伯克，他在1953年出版的《二元社会的经济学和经济政策》中有相关分析。1954年，刘易斯在他的《无限劳动供给下的经济发展》中首次提出了发展中国家经济“二元结构”的理论模型。该模型由一个弱小的现代部门和一个强大的传统部门组成。由于两部门的工资差异，诱使农业剩余劳动力日益向城市工业部门转移。当剩余劳动力消失，劳动的边际生产率也提高，与工业达到一致时，经济中的“二元结构”也就消失了。刘易斯的追随者拉尼斯、费景汉对刘易斯模型进行了改进，但从实质来说，这些二元经济结构理论描述的是一种资本主义国家所走过的从农业向工业转化、用传统工业化带动农业现代化的发展道路。我国学者对我国特殊历史条件下“二元结构”的成因进行了深入剖析，并探索了解决我国二元经济结构的路径。中外学者提出的那些解决二元经济结构问题的各种模型几乎都是描述资本主义国家走过的、用工业现代化带动农业现代化的发展道路。虽然这些模型与观点有一定的借鉴意义，但在应用于我国实践的过程中，缺陷非常明显。就解决海南“三农”问题而言，既要“跳出农业看农业”，更要立足于海南实际情况，要大力发展休闲观光农业，大幅度提高农民收入，改善农村生存环境，提高农业的科技含量与旅游观光的观赏价值。这是缓解甚至解决海南二元经济结构的重要路径。

1）发展休闲农业的必要性和制约因数分析

（1）发展休闲农业的必要性

休闲农业又称观光农业，是20世纪70年代在一些发达国家和地区率先发展的一种新兴产业，是指为能满足人们精神和物质享受而开辟的可吸引游客前来开展观赏、品尝、娱乐、劳作等活动的农业，它以农业为基础、以旅游为手段、以城市为市场、以参与为特点、以文化为内涵，是一种以农业和农村为载体的新型生态旅游业[②]。包括观光农园、市民农园、农业公园、教育公园、休闲农场、森林公园、民俗观光村等多种形式。

---

① 收入差距数据使用了商品零售价格指数进行调整，1978年价格=1。

② http：//baike. baidu. com/view/499146. htm.

发展休闲农业对海南国际旅游岛建设和海南经济的发展具有重要的战略意义：① 发展休闲农业是海南国际旅游岛建设的必然要求，也是建设国际旅游岛的重要举措。休闲农业的发展本身就是对国际旅游岛建设的一大贡献。② 发展休闲农业是解决海南二元经济结构的必然要求。发展休闲农业可以提高农民收入水平，改善农村生活环境，为农业发展注入新的生机。③ 发展休闲农业是可持续发展的必然要求和低碳经济的必然要求。也是解决城乡二元经济结构的重要途径。

（2）发展休闲农业的制约因数分析

发展休闲观光农业要受很多因素的制约，主要可分为宏观因素和微观因素，影响旅游业的因素必然也会影响休闲农业。宏观因素包括中国经济的发展规模与旅游业的发展状况、重大事件、国际经济形势和利率问题；微观因素主要有规模经济问题、农民在休闲旅游业中所能获得的利益和农民的素质。

① 中国经济的规模和旅游业的发展状况。

中国经济的规模首先会直接影响旅游业的发展，而休闲农业本身就是旅游业的一个重要组成部分，在很大程度上依赖于旅游业的发展。考虑国内经济对海南旅游业的影响：用 INC_{LY} 表示海南旅游收入，用 GDP_{CH} 表示中国的国民收入。对 1993—2010 年的数据直接用线性函数来表示海南旅游收入与中国 GDP 的关系，用最小二乘法回归就可得方程：

$$INC_{LY} = 1\,867.159 + 0.058\,276 GDP_{CH} + \mu \qquad (6-3)$$

$t =$（9.551 418）（55.673 25）

$R^2 = 0.994\,864$，$DW = 1.992\,434$，$T = 18$，（1993，2010）

$F - statistic = 3\,099.511$

从该方程中可以看出，海南旅游收入与中国的国民收入存在非常强的线性关系。中国 GDP 每增加 1 亿元，海南的旅游收入在 95% 以上的可能性上就要增加 5.61 万 ~6.05 万元。休闲农业的价值要建立在旅游业的基础之上，没有旅游业，休闲农业将与一般农业没有任何区别。从这一模型可以看出，海南旅游收入增长受到中国经济增长的影响较大。这也决定了休闲农业发展的缺陷。

② 重大政治、经济等事件。

不同的重大事件对旅游业产生的影响也是不相同的。例如非典使海南旅游业出现负增长，海南旅游收入由 2002 年 9 538 百万元下降到 2003 年的 9 355 百万元；相反，一些促进旅游业发展的事件与政策却会促进海南旅游业的发展，从而促进休闲农业的发展，如 2000 年海南省与世界旅游组织签订了合作协议，成功策划和举办了首届中国海南岛欢乐节，使全省旅游饭店开房率结束多年徘徊在50%的局面，一举跃上60%；兴办了第四届“岛屿观光政策论坛”会议，承办了由世界旅游组织和联合国环境署联合主办的“亚洲—太平洋地区岛屿可持续旅游业国际会议”，展示了海南旅游的整体接待水平，为今后海南发展会展、旅游开创了新路①。2001年的博鳌论坛也使海南为世人所知，从而促进了旅游业的发展。

③ 国际经济形势和汇率问题。

考虑国内外经济对海南旅游业的影响。用RF表示汇率，用GDP_W表示世界GDP总值。回归结果如下：

$$\ln INC_{LY} = 0.831\,267 + 0.734\,754\ln\left(GDP_{CH}/RF^{0.8}\right) + 0.122\,414\ln\left(GDP_W \times RF^3\right) + \ln\mu \quad (6-4)$$

$t =$ (3.460 453) (40.003 93) (3.333 864)

$R^2 = 0.993\,663$, $Adjusted\ R^2 = 0.992\,818$, $DW = 1.752\,289$, $T = 18$ (1993－2010), $F-statistic = 1\,176.081$

化简并对方程两边求时间的导数。用$\dot{inc}_{ly}$表示INC_{LY}的增长率，用$\dot{gdp}_{ch}$表示GDP_{CH}的增长率，用$\dot{gdp}_w$表示GDP_W的增长率，用$\dot{rf}$表示汇率RF的增长率，用$\dot{\mu}$表示其他因素的贡献率，则可得增长方程如下：

$$\dot{inc}_{ly} = 0.734\,754 \times \dot{gdp}_{ch} + 0.122\,414 \times \dot{gdp}_w - 0.220\,561 \times \dot{rf} + \dot{\mu} \quad (6-5)$$

该方程说明，中国的经济增长和除中国之外的世界经济增长对海南旅游收入的贡献率大约分别为73.5%、12.2%，人民币汇率升值对海南旅游收入的贡献率约为－22.1%，贡献率为负，说明人民币升值会对海南旅游业产生不利影响。人民币汇率升值，一方面使外国居民来海南旅游的成本增加，从而减少海南旅游产品的消费；另一方面，也会使国内居民前往国外旅游的成本减少，从而增加国外旅游产品的消费，同时减少本国旅游产品消费，最终会对海南旅游业产生不利影响。根据国家统计局公布的数据，国内居民出境人数与国内旅游人数的比例从1994年的7.1%上升到2008年的26.8%；入境旅游人数与国内旅游人数的比例从1993年的10.1%和2001年的11.4%下降到2009年的6.6%，我国国内游客到达人数占世界国外游客到达人数的比率从2000年的11.9%下降到2007年的6%②。

---

① http：//www.smehi.gov.cn/qynj/2009/3_ 3_ 1.html.

② 数据根据国家统计局公布的相关数据求得。

④ 农民在发展观光旅游业中所能获得的利益和能否充分发挥旅游业和休闲农业的积聚效用问题。

农民能否在发展休闲观光农业中获利、获利多少，这是决定发展休闲观光农业成败与否的关键。要发展休闲农业，必须使农民从休闲农业中获取利益。在发展休闲观光农业的初期，由于行业的集群效应没有充分表现出来，观光休闲行业没有达到规模经济阶段，发展休闲观光农业可能会遇到一定困难，农民可能无法从中获益。因此，需要政府的支持。但一旦达到规模经济阶段，政府就可以不再支持，农民也能维持较高的收益。

⑤ 农民素质问题。

农民素质是一个非常重要的方面，不仅会影响观光旅游业的发展，也会影响农民的收入。在观光旅游方面的素质主要包括技术水平、审美能力、旅游服务意识等。技术水平可以在做中学习，审美能力和旅游服务意识则需要长期培养。

3）主要结论和政策建议

海南二元经济结构问题日趋严重，已经成为政府与经济学者、社会学者面临的重大课题。虽然中外学者提出不少解决二元经济结构问题的模型，但这些模型几乎都是描述资本主义国家走过的、用工业现代化带动农业现代化的发展道路。基于海南的实际情况，这些模型的适用性非常小。在海南国际旅游岛建设的背景下，解决海南二元经济结构问题应该立足农业、抓住国际旅游岛建设的契机，大力发展休闲农业，用旅游业带动休闲农业的发展，用休闲农业进一步推进海南国际旅游岛建设的步伐。为此，应该做好以下几个方面的工作：

（1）制定并完善海南休闲旅游业的扶持政策，建立健全完善的休闲旅游业扶持体系，加大对休闲旅游的扶持力度

在扶持方式方面，要考虑到如何充分调动农民的积极性和创造性，要从“输血型”扶持转变成“造血型”扶持。

（2）提高农村居民的素质，解决人口素质“二元结构”问题

农村居民素质必须符合休闲农业发展的要求，主要提高以下几个方面的素质：核心服务理念与核心服务水平、艺术美学的鉴赏能力、农业科技水平。农民素质必须符合海南国际旅游岛建设的需求，这样不仅有利于海南国际旅游岛的建设，也有利于农村劳动力的转移，从而有利于解决海南“二元结构”问题。

（3）要切实解决农民的实际困难

一方面，要解决好城镇化居民的实际困难，如住房问题、子女上学问题、医

疗问题等，要让进了城的农民真正享受城市居民的待遇；另一方面，要切实解决好农村居民尤其是从事休闲农业的农村居民的实际困难，如产品开发问题、资金问题、技术问题、市场问题等。要从全方位、多角度、多途径想方设法来服务于“三农”问题，减弱甚至消除海南二元经济结构问题。

（4）要建立突发事件的预警机制

建立突发事件的预警机制，以便积极主动地采取措施防范风险；要充分认识国际经济对海南旅游业的影响，及时调整旅游产品的对外价格，为国际游客营造和谐的环境。

（5）要在发展休闲观光农业时，精心设计旅游产品，抓好旅游产品开发

要充分体现海南的地方特色和民族特色，合理布局并提升休闲观光农业的质量水平，打造休闲旅游精品区，并以此发展旅游辐射区。在设计旅游产品时，要把高端客户群和中低端客户群区别开来，以最大限度地获取收益。

（6）要切实处理好旅游业发展与发展的可持续性的关系

即解决好海南旅游业可持续发展和二元经济结构问题的关系，处理好海南旅游业的合理开发与旅游业精品打造之间的关系，正确把握好度与量、质与量之间的关系。

参考文献

[1] Jeffrey M. Woodbridge. Introductory Econometrics: A Modern Approach: 4 edition [M]. Atlanta Botanical: South - Western College Pub, 2008.

[2] Simon Kuznets. Economic Growth and Income Inequality [J]. The American Economic Review, Vol. 45, No. 1, 1955: 1 - 28.

[3] W. Arthur. Lewis. Economic Development with Unlimited Supplies of Labour [J]. The Manchester School, 1954: 55 - 89.

5 构建海南农村物流体系，推进二元经济一元化

“物流体系”是指物品从供应地向接收地的实体流动过程中，将运输、储存、装卸、搬运、包装、流通加工、配送、信息处理等基本功能实现有机结合而成的一个整体。目前，海南物流体系发展处于起步阶段，基础设施极不完善，其

他方面还很不成熟，物流发展水平跟不上经济的发展水平，这就需要着力构建海南农村物流体系。要在构建该体系的同时，积极主动地向农民讲解物流知识，因地制宜，以人为本。在现代信息化经济社会中，农村物流对农村经济发展有着广泛而深远的影响，对于提高城乡人民生活水平、增加农民收入起着重要作用。随着社会信息化的推进，特别是电子商务的兴起，农村物流体系的构建必须逐步得到重视。要合理利用资源，优化城乡资源配置。

因此，构建海南农村物流体系，有利于城乡物质流通，有利于促进城乡二元经济一元化，同时，也有利于城市居民生活水平的提高。

1）构建海南农村物流体系的必要性

海南农村物流体系指为农村生产、生活和其他经济活动提供物流支持和服务的经济组织所组成的体系。海南农村物流体系主要由三部分组成：农产品物流体系、农村日用工业品物流体系和农用生产资料物流体系。海南农村物流指服务农村生产、生活而发生的一系列物质资料从供应者到需求者的运动过程。它涉及运输、储存、加工、包装、装卸、搬运、配送和信息管理等方面。海南农村物流的特点有：发展成长慢、规模小、发展不平衡，发展也缺乏规划，政府缺乏宏观调控手段，基本由市场机制推动。海南农村物流体系的特点有：农村物流的分散性、农村物流的季节性、农村物流的差异性和农村物流的多样性。海南省物流业的发展主要集中于海口市，交易额差不多占了一半。

总体而言，海南目前物流体系的基础设施比较完善。从海南与外界的联系来说，目前有三个办法：一是乘飞机，二是坐轮船，三是乘汽车。① 海南省航空事业发展很快，已接受我国内地和香港几十家航空公司的班机起降，很好地实现了与北京、上海、天津、广州、沈阳、太原、西安、香港、新加坡、曼谷、吉隆坡等 39 个国内外大中型城市通航。② 公路方面：海南岛陆上交通以公路为主，通车里程达 1.7 万余公里①，以“三纵四横”为骨架，有干线直通各港口、市、县，并有支线延伸到全岛 318 个乡镇和各旅游景点，形成纵横交错、四通八达的环岛交通网络。③ 海运方面：海南四面环海，海运是本省交通的重点。全省 68 个天然港湾，开辟港口 24 个，与 24 个国家和地区有航运业务往来。海南省内交通以公路为主。环岛东线高速公路和环岛西线高速公路是通达各市县的快速通道，构成环岛高速公路网。目前海南各市县的主要交通工具是富有特色的“三脚

① 1 公里 =1 千米。

猫”“风采车”“摩的”等。

自建省以来，海南物流市场每年以30%的比例增长，尤其是在反季节蔬菜、热带水果、海洋渔业、农产品及水产品加工等方面，物流的需求潜力巨大。构建海南农村物流体系是很有必要的。

（1）构建农村物流体系是海南省进一步发展热带高效农业的内在要求

目前，海南省农村物流体系不健全，冷库容量不足，已成为制约海南热带农产品产量扩张和农民收入稳定与增长的主要因素。海南的农产品上市时间高度集中，本地销售市场容量有限，这在很大程度上决定了海南农产品物流的发展，这样就需要外部市场的支撑。近年来，海南热带高效农业的发展得到重视，质优的热带水果、冬季瓜菜的品种和数量不断上升，这就造成运输和销售问题日益突出。只有加快农村物流体系的构建及相应的冷藏保鲜设施的完善，方可调节农产品的出售时间并减少损耗，从而达到缓解农产品销售，稳定物价，为农业增效和农民增收提供平台。所以，构建农村物流体系对海南进一步发展热带高效农业意义重大。

（2）构建海南农村物流体系是提高海南农产品资源竞争力的需要

海南农村物流体系是在CAFTA（中国东盟自由贸易区）下发挥好海南农村热带农业，完善农产品物流体系，充分达到农产品市场的低成本、高效率、标准化、安全性等功能的必然要求。中国内地“白色革命”的兴起和“中国－东盟自由贸易区”的推进，使海南农村物流体系的发展面临新的机遇和挑战。农村物流体系的构建，将使农产品物流体系得以完善，从而使海南农业产业链达到同行竞争的制高点，使农村农业的资源优势转化成竞争的优势。

（3）构建海南农村物流体系是保障农产品质量安全的需要

建成后的海南农村物流体系在物流园区里有农产品批发市场和冷藏保鲜区，它们的功能是把分散的小规模农户生产与大市场相连接，依市场客户的需求统一配置生产资料，提供专业化技术培训和农产品质量安全检测系统，为农产品提供安全保障。

2）构建海南农村物流体系的内容

（1）基础设施的建设

2012年琼州海峡跨海通道建设被列入国家“十二五”规划纲要，“天堑变通途”不再是梦想。近10年来，海南的水利、交通、信息化、能源等基础设施建设取得重大成果。新建农村和垦区公路1.48万公里，新增水库库容8.63亿立方米，新增发电装机容量135万千瓦。交通、能源、水利、通信等基础设施网络正在加快形成。东环高铁通车把海南推进了“高铁时代”；海口美兰、三亚凤凰机场两大国际机场双双晋升千万人次机场行列，一南一北形成“双千万机场”互动格局，“四方五港”的建设引领亿吨现代化大港在琼岛崛起。目前，东环高速公路有了动车，海口绕城高速开通，北部湾最高等级的洋浦30万吨原油码头迎来了第一艘巨型油轮“诺神”号。10年里，海南先后建成的25个城镇污水处理和19个垃圾处理项目，改变了大部分城镇没有污染物处理设施的历史；海南国际会展中心、省博物馆、省图书馆、省歌舞剧院、省健身中心等一批公共文化生活基础设施相继建成，大大提升了海南公共文化水平。10年间，海南农村基本上通了水泥路，村民们告别了坎坷的泥路，瓜菜好卖了，价高了。全省共修建1.48万公里乡村公路和垦区公路，促进了城乡统一，也使农产品物流速度加快，效率提高。

（2）相关部门政策的支持

2010年2月28日，洋浦启运港退税政策支持海南发展现代物流业，同时还积极配合制定海南省适用《中西部地区外商投资优势产业目录》的政策审批条目。综合研究运用洋浦保税港区、海口综合保税区的优惠政策，支持海南加快发展现代物流业。进一步加强海关监管场所的标准化和规范化建设，研究制定与国际通行做法接轨，更简化、更宽松的旅客进出境便捷通关措施，加快农村产品的流通。

近年来，国务院关于推进海南国际旅游岛建设中有关现代物流业和交通运输相关产业发展的意见：加快发展现代物流业，依托洋浦保税港区和海口综合保税区，大力发展航运中转等业务，促进国际物流、保税物流及农村物流的加快发展。由此可见，海南农村物流在以上政策的支持下会发展得更好。

（3）农民的物流意识和高素质的物流团队

现代的物流是一种观念和实践的革命。各行各业都在倡导不同的文化。而物流企业文化的核心是物流企业相关成员的思想观念，它决定着物流企业成员的思维方式和行为方式，是物流企业无形的支柱与约束。要培养海南农民的物流意识。现代农村的物流绝大多数是农产品的流通，也是为了满足客户需要而对商品、服务以及相关信息从产地到消费地的高效、低成本流动和储存进行的规划、实施与控制的过程。这一过程也很复杂，所以，需要提高农村农民的物流意识。大力加强农村农民的教育，提高农民科学文化素质。例如，可以在农村村民委员会的宣传栏上张贴一些物流方面的知识，并告诉他们如何结合当地的实际情况运用这些知识等。注意培养农民的现代化综合素质。农民物流知识的提高与其自身素质和社会环境都有直接关系。

海南农村农民物流意识的提高离不开一个健全的物流知识环境。为培养高效、高素质的物流团队，针对当前农村物流意识和知识不完善的现实，我们需努力建设一个公平、有序、健康的物流知识环境，让农民认识到物流知识的学习与运用是农产品高效流通的准则，是人们获得可观收入的武器。培养高效、高素质的物流团队应该加强对农村物流从业人员和物流企业内部人员的专业知识的培训、在职培训等。通过不同方式和各种渠道，培育海南物流市场急需的物流管理人才。采取多种形式，加速海南人力资源的开发和培养，加快发展在校生的学历教育，鼓励高等院校开展物流专业本科、硕士、博士等多层次的专业学历教育，同时高等院校应该不拘一格地吸纳有创业想法和经验的农民进入大学校园学习物流知识和各学科知识，在此过程中，各院校应积极做好探索物流职业资格认证的工作，借鉴或引进国外成熟的相应职业资格认证系统。

（4）制定鼓励政策，培育与壮大农产品物流主体

省委省政府在税费政策和价格、土地政策等方面，明确给予商贸流通企业、物流园区、物流配送中心、第三方物流企业各项鼓励、优惠政策。将物流产业作为第三产业的一个重要组成部分。

我们知道，农产品物流作为现代物流的重要组成部分，在很大程度上是衡量海南现代化程度的重要标志。海南是一个旅游大省，也是一个农业大省，务农人员基数大，农产品在经济中占有重要地位，它涉及整个旅游产业运行的效率与质量，关系到农业产业化和现代化的发展，因此，壮大其主体应该做到以下几点：根据农产品的季节性和分散性的特点进行物流运作体系的构建；物流服务业竞争的趋势要求发展专业化物流体系；农业产业环境的变化要求建立和完善农产品物流体系。

3）构建海南农村物流体系的技术关键

（1）信息化的程度

海南农村物流虽然起步低、基础设施落后、人才队伍物流知识不扎实，但是从长远看，海南农村物流的发展将偏重智能信息化建设。海南电商等对物流行业有着严重依赖产业的快速发展，加大了物流体系的压力，有迹象表明，智能信息化的建设将是新一代物流建设发展的重点。

2011 年是我国进入“十二五”时期的开局之年，也是海南国际旅游岛建设

的关键之年。全省信息化工作的指导思想是：以科学为发展的主题，以规划为引领，以信息化支撑海南岛的建设为重点，以信息化立法为保障，从全省的实际出发，大力发展信息产业，强力推进信息化，支撑海南农村物流建设，继续深化电子政务应用，而加快发展社会事业和公共服务领域信息化，积极推动信息兴农工程，强化信息安全保障和信息化基础工作，全面提升全省经济社会信息化水平。而加快发展物流领域的信息化，积极推动信息兴农工程。应该做到以下几点：贯彻落实信息化专项规划，明确信息化建设的目标和任务，组织实施《海南省“信息智能岛”规划（2010—2020年）》，营造良好的物流信息化环境；大力发展信息产业，推进物流产业园区建设；加强物流信息产业园区基础设施的建设和公共技术服务平台的建设，进一步加大招商引资力度；开展物流信息化培训，完善信息化人才培训体系。

（2）加快农村金融软件和硬件的改进

金融是经济发展的推动力，农村物流的发展依赖于金融的支撑。与经济发达的地区相比，海南农村经济基础比较薄弱，生产力水平较低，经济效益总体不高，金融部门支持物流的发展更为重要。

2013年计划金融总量指标稳定增长。① 金融业增加值达到150亿元，力争实现155亿元。② 金融业增加值占GDP的比重达到4.6%，力争达到4.8%，占第三产业增加值比重达到10%，力争达到11%。全年资本市场直接融资90亿元以上，力争达到100亿元。可见海南的金融业绩有增长的势头。同时农村信用社也要发挥作用，普及好惠农和支农的政策，大力支持农村物流的建设。

海南农村金融硬件的改进应做到以下几点：① 完善金融基础设施建设，优化发展现有的条件。一是要加快社会信用体系建设；二是编制《海南省社会信用体系建设规划（2013—2015年）》，搭建省级信用信息平台。② 做好金融教育和宣传工作，综合利用报刊、网络设备、会展、村民委员会等工具进行宣传，从而使海南农民加深掌握物流与金融关系方面的知识。同时，海南农村金融也要做好结合《海南省2013年金融服务项目建设和金融改革创新指导意见》，加快农村金融服务体系建设；增加农村有效信贷投放；推进农村金融改革与创新开放。

（3）交通工具的现代化

近年来，海南衔接岛外的海陆空基础设施提升缓慢，联动岛内的农村交通基础设施不够健全，一直制约着海南社会经济的发展。而今后的几年是海南建设实现中期目标的关键5年。在这个背景下起草的《海南省国民经济和社会十二个五年规划纲要草案》，将着力提升海南岛基础设施“外联内通”的能力，基本构建起与岛外对接顺畅、覆盖全岛的现代基础设施体系。“内通”方面涉及海南农村物流交通工具的现代化，科学强化全岛基础设施建设；城乡有机对接、区域有机对接、各类交通工具零距离换乘无缝对接，全省交通基础设施实现网络化、现代化等。

关于完善海南的交通方面，要注意以下几点：① 公路，加快通往各乡镇公路的建设和加快绕城公路的建设，继续做好高速公路大修、中修及配套设施改造的建设，抓好东线高速公路海口至琼海段扩建工程的前期工作。② 水运，加强港口基础设施建设，增强吞吐量，利用现代化技术管理。③ 空运，逐渐增加对外航线，加强服务。同时积极筹建琼粤跨海大桥、海底隧道，加强与岛外的联系。农村交通工具——汽车的现代化是符合历史的发展趋势的。这里的现代化应包括汽车的性能要好，尤其是安全性、舒适性要符合人们的要求；汽车必须是节能减排和低碳环保型的；汽车的外形要漂亮，不是脏、老、破、旧的；车上应有导航系统。注重提高驾驶员的文化水准、法制观念、心理素质、应急能力。按照各地区域经济发展的总目标，把海南农村区域内所有的交通资源进行统一规划、统一管理、统一组织、统一调配，最终形成“区域交通一体化”。

4）构建海南农村物流体系的设想

（1）建立农村物流园区

在农村城乡结合部建立若干个中转场，实行集约化经营，发挥物流园区的辐射作用，是海南农村物流发展的一条路径。因为农村物流是一个典型的“双向物流”，物流园区通过“双向物流”，使现代物流成为连接农村和城市的桥梁和纽带，成为帮助农民致富的渠道。

从海南的交通分布图分析来看，可把海口市的府城镇、儋州市的东城镇、万宁市的万城镇、三亚市的天涯镇和琼中黎苗族自治县营根镇作为农产品物流的节点和园区来发展，一是考虑到这几个镇之间有省道相连，交通便利；二是这几个镇正好把整个海南岛分成“一个中心，四个基本点”，如图6－8所示，可以使各市县农产品高效流通，并起到连接市县的作用。

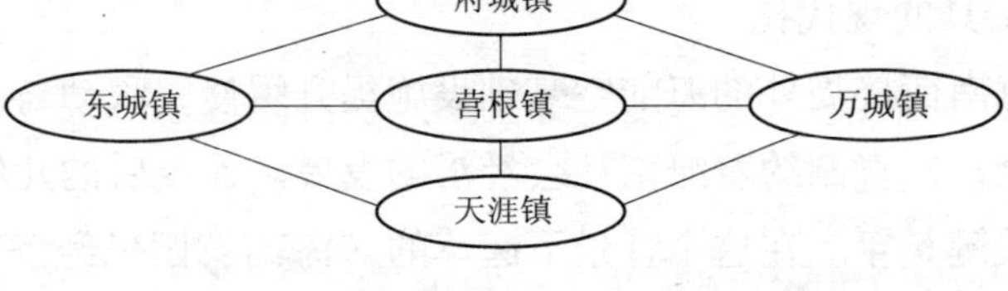

图6－8　物流园区定点分布图（一个中心，四个基本点）

由于海南农村物流呈现分散性的特点，因此，应该根据实际的需要，重点发展这几个镇的物流园区。在营根镇建立物流园区，一是该镇位于海南岛的中部；二是该镇是琼中的中心城市，有一定的经济基础支持，可以起到将海南岛中部及周边地区的农产品进行科学分流的作用，其余四个镇物流园区的作用大多如此。

（2）完善农产品配送体系

国务院《关于促进物流业健康发展政策措施的意见》强调，要把农产品物流业的发展放在优先位置，加大政策扶持力度，加快建立畅通高效、安全便利的农产品物流体系，着力解决农产品物流经营规模小、环节多、成本高、损耗大的问题。海南有得天独厚的自然条件，但是几乎没有形成专业的农产品配送体系与规模，要在构建海南农村物流体系的过程中完善农产品配送体系。农产品的配送包括水果、冻品、调料、鲜猪、牛、羊、家禽、海鲜等产品，主要为酒店、饭店、饮食市场等提供全方位的配送服务。

通过对海南及周边环境餐饮行业及农产品流通市场的调查发现，在海南大型的酒店、企事业单位，大多数有后勤采购部门，经营较好的连锁饭店几乎没有自己的配送公司，它们主要依靠专人采购，或是小商贩、小菜贩送菜，并没有较为专业的食品、农产品配送的专业区域和机构为其服务。在国外，餐饮行业的食品蔬菜有 70% 以上是由专业配送机构配送的。为此，要建立农产品配送体系，实施农贸市场升级改造的工程，对农产品运销实施规范化管理。研究建设海南物流园区，促进海南农产品信息、加工、包装、运销、冷藏及物流配送体系的发展，用好农产品加工及流通体系建设专项资金，引进国内外大型投资集团或农产品流通龙头企业来海南投资开办市场，加快农村流通服务体系建设的步伐。继续实施农贸市场升级改造工程，对新建成的农贸市场在卫生及安全管理方面要高标准、严要求、要使其起到表率作用。据了解，2009 年海南共引导支持 15 家连锁企业承办实施“万村千乡市场工程”，全年共补贴国家下达的资金 388 万元，带动企业投资 7 670 万元，扩大营业面积 33 000 平方米，增加销售额 2.6 亿元。使用国家下达的补贴 600 万元，扶持了 3 个大型农产品批发市场项目建设。创建了“公司 + 农民合作社 + 基地农户”的生产经营模式以及“银行 + 农业保险 + 检测机构”的综合保障机制。

总之，结合海南农产品的特点和海南物流园区的特点，继续推进农村物流体系和农产品基地的建设和管理。积极整合各类资源，有计划、有重点地扩大农产品园区基地规模。抓好农产品标准的实施，积极推进农产品分拣分级及包装标准化，把农产品的收购、储存、加工、配送、交易以及检测等所有环节纳入标准化、规范化的管理轨道。

(3) 培养农村现代物流专业人才队伍

根据海南省农村实用人才的基本现状和国家有关部门提出的基本界定原则与方法，从提升行业现代物流管理水平出发，建设好海南农村现代物流专业化人才队伍，实现物流、商流、信息流、资金流“四流合一”，加快行业现代物流建设的步伐。

物流是企业的第三利润源，而人是企业的第一资源。高素质的物流人才队伍在整个企业价值创造中具有不可替代性。为了培养农村现代第三方物流专业人才队伍，应做到以下几点：

① 打造复合型物流人才队伍，适应行业现代化物流发展的趋势。在物流行业步入标准化、流程化、信息化的大形势下，我们需要一支敬业、专业的物流人才队伍。敬业是前提，没有敬业精神就不可能持之以恒地做好任何一项工作。专业是基础，向农民普及物流专业基础知识，现代物流工作流程越来越精细化，岗位越来越专业化，农民没有经过培训、掌握一定的技能，是很难胜任物流工作的。因此，只有打造复合型物流人才，才能切实保障行业现代物流建设的高效运行。

② 分层次建设农村物流人才队伍，提高农村物流人才综合素质。培养海南现代农村物流专业人才队伍，应分三个层次：即制定物流发展规划的高层管理人才队伍、负责物流运行管理的中层管理人才队伍、确保物流正常运转的基层人才队伍。首先，专业性发展要有前瞻性，能够有制定规划的管理人才；其次，培养较高执行力的中层管理队伍；再次，培养敬业、高效的基层员工队伍。这三类人才在农村现代物流的运作中发挥着不同的作用。

③ 认识农村物流人才队伍培养的重要性，提升物流运作水平。一流的物流必定有一流的人才队伍，这样的队伍才能有效提高物流运作效率，达到降低物流成本的目的，才能提升农村物流的服务质量，最终形成优质、高效、低成本的行业现代物流体系。同时还要有相关部门的政策支持，才能最终达到农村物流高效运转，农村经济和谐发展的目标。

总结与展望

海南农村物流体系的构建，涉及的内容丰富，理论体系全面，必要性理由充分。涉及的内容分别有：基础设施的建设，相关部门政策的支持，培养高素质的物流团队，壮大农产品物流主体，信息化的程度，农村金融硬件和软件的改革，交通工具的现代化，物流园区的建立等。其中，“建立物流园区”是本节的重点。书中提到的五个园区的建成将很好地充分利用本地丰富的农产品资源来发展农村和城镇市场。它们形成的物流网络体系，合乎流通体系所形成的产业链结构，最终实现体系价值的最大化。但是海南农村物流的现状还存在很多不足，比如农村物流的分散性、农村物流的季节性、农村物流的差异性、农村物流的多样性等。这会给海南农村物流体系的构建和运作带来困难。

海南省是我国唯一的热带省区，也是我国冬季瓜果和经济作物的重要生产基地。因此，构建和完善海南省农村物流体系，既是进一步发展热带高效农业的内在要求，也是保障农产品质量安全的需要。现代物流在海南乃至中国属于一个新兴产业，目前处于起步阶段。从宏观和外部环境来看，海南农村物流发展存在着各种瓶颈，如长期以来受“重商流”“轻物流”理论和思想的影响，对物流在经济发展和企业中的作用和地位缺乏足够认识和重视；物流的建设没有统一的技术指标，很不规范；缺乏物流法的约束；长期受计划经济体制和观念的影响，对于支撑物流发展的基础设施建设、信息网络建设等缺乏统筹规划，各部门、各地区各自为政，闭门造车，缺乏协作，尚没有形成统一、开放的物流市场；金融体制和社会保障机制不健全；第三方物流市场薄弱等；从微观环境来说，农村物流管理与运作也不容乐观，因此，分析及对比世界和我国海南的物流发展状况，为海南现代农村物流发展的方向和发展的途径提出积极的建议和指导，不仅十分迫切，同时也十分必要。围绕构建海南农村物流体系的内容进行规划，海南的物流体系将会更上一层楼，人们的生活也会越来越好。

参考文献

[1] 王新利．试论农业产业化发展与农村物流体系的建立［J］．北京：农业经济问题，2003(04)：3-25.

[2]［美］唐纳德·J·鲍尔索克斯．供应链物流管理［M］．北京：机械工业出版社，2009：171-194.

[3] 周启蕾．物流学概论［M］．北京：清华大学出版社，2008：2-39.

[4] 邵举平．物流管理信息系统［M］．北京：清华大学出版社，2005：135-150.

[5] 李静芳．现代物流管理［M］．北京：清华大学出版社，2009：241-308.

[6] 夏鲁平，柳树滋，董保健．海南农业发展与乡村建设二十年［M］．海口：南方出版社，2008：108-187.

[7] 谢水清．论农村物流的内涵与特点［J］．重庆：重庆交通学院学报，2006（03）：

60 - 65.
[8] 刘国光. 海南经济发展战略 [M]. 海口：南方出版社，2008：50 - 62.
[9] 杨丽平. 开放与监管并重：外资银行在华三十年回顾与展望 [DB/OL]. 中国银监会网站，http：//www.cbrc.gov.cn.
[10] 赵春雨. 黑龙江省粮食物流发展的主要问题及对策 [J]. 哈尔滨：北方经贸，2004 (12)：31 - 43.

6 让蓝色海洋体验式旅游为海南经济再添生机

海南自1988年建省以来，各届政府都非常重视旅游业的发展，旅游规模逐渐扩大，旅游收入不断增长。扣除物价因素的影响，2011年海南旅游收入比1988年增长了39.6倍，旅游人数比1988年增长了24.3倍，其中，入境旅游人数比1988年增长了13.4倍。旅游业逐渐成为海南经济的支柱产业和主要经济增长点。但是，海南的区位优势还没有充分发挥出来，而且，近些年来海南旅游业在经济增长中所占的地位有所削弱，1988年海南旅游业收入占GDP的比重仅为3.7%，到1999年海南旅游业收入占GDP的比重达到15.2%，到2000年这一指标略有下降后，在2001年又接近15.2%，可是，以后各年度旅游业收入占GDP的比重逐渐下降，到2011年时，海南旅游业收入仅占GDP的12.9%，旅游业渐渐丧失了发展的后劲。因此，要促进海南经济增长、推动海南旅游业的发展，必须探讨出一条新的旅游业发展路径。这一路径就是发展蓝色海洋体验式旅游，带动海南新一轮旅游业发展。这条路径将给海南经济增长和旅游业发展带来新的契机，同时也将面临前所未有的挑战。

1）文献综述

苏联的E·T·扎斯拉夫斯基等（1982）认为，广义的海上旅游可能起源于腓尼基时代，腓尼基人为了贸易向地中海盆地外面航行，进入大洋，并沿着欧洲西海岸航行。"科学性质的"海上旅游，起源于公元前5世纪的希罗多德（Herodotos）和公元前4世纪的皮沙斯（Pytheas）。斯特拉波（Strabon）游览了许多国家，完成他的地理名著。中世纪，宗教旅游（朝圣）特别普遍。商品货币关系的发展，促进了商务旅游的发展，这些旅行不是为了游憩和疗养，要消耗大量体力。只有科学技术变革才能把旅行、旅游和娱乐消遣概念密切联系起来，产生为旅游服务的特殊形式的生产力，它包括在世界大洋水域及其沿岸的客运业（包括专门的旅游客运）、服务业、饮食业以及为娱乐休养服务的专门设施及游乐场。董志文、张广海（2004）认为，海洋旅游开发离不开海洋文化，提出滨海旅游区必须从文化导向上突出海洋文化特征；开发与保护并举，实现海洋旅游与海洋文化协调发展；加快海洋文化名城的建设；强化海洋文化意识，培育海洋文化人才。王大悟（2005）以海洋文化与海洋旅游的关系为切入点，提出对海洋旅游资源进行客观科学评估的重要认识，并阐述了舟山海洋旅游和谐发展的策略。陈娟、杨敏（2009）从海洋旅游资源与开发、海洋旅游经济、海洋旅游文化、海洋旅游环境、海洋旅游管理、滨海旅游城市、海岛旅游七个方面对中国海洋旅游研究内容进行综述和评价，认为我国基础理论及研究方法需要加强与完善、研究领域及角度需要进一步深入与拓展，要建立海洋旅游资源评价指标体系，综合评价海洋旅游影响，塑造滨海城市的旅游形象，加强海洋旅游的区域合作，切实解决好海洋旅游安全问题。2001 年 6 月澳大利亚旅游业发展报告首次提到体验式旅游，体验式旅游（徐林强，2006）是一种预先设计并组织的、游客需要主动投入时间和精力参与的，对环境影响小、附加值高的旅游方式，游客通过与旅游产品间的互动，获得畅爽旅游体验，实现自我价值。它是从休闲旅游发展而来的一种以追求心理愉悦体验为终极目标的旅游。黄郁成、黄光文（2003）通过对江西安义古村旅游开发和浙江奉化腾头村现代农村旅游开发的比较分析，提出农村旅游开发的资源主要是农事活动、农村聚落、农民生活、农业生态、农业收获物等农村事务要素。邓爱民（2010）以武汉市石榴红村乡村旅游发展为例，分析石榴红村体验式旅游项目开发的基础，设计出石榴红村体验式旅游项目开发体系，并从形象、产品、营销和活动四个方面提出相应的开发策略。李湘豫等（2011）围绕河南佛教文化体验式旅游开发的活动、环境、体验和收益等方面的分析，提出提炼主题文化、统筹开发规划、创新体验特色、发挥整体优势的河南佛教文化体验式旅游开发建议。

2）三沙市的成立为海南旅游业发展带来了机遇和挑战

三沙市的成立为蓝色海洋体验式旅游的发展带来了前所未有的巨大机遇。三沙市的成立使海南拥有了三个地级市，同时也使海南成为全国面积最大的省份。而西沙、南沙、中沙群岛环境优美，资源丰富，因此，在海洋辽阔的三沙市开发海洋旅游业，具有得天独厚的优势，有着巨大的发展空间，可为海南省旅游业发展注入新的生机。三沙市群岛包括 200 多个岛、礁、沙、滩，岛屿面积大约有 13

平方公里，海域面积有200多万平方公里，接近全国陆地面积960万平方公里的1/4。从市场前景来看，我国包括大陆和岛岸的海岸线全长虽然超过3.2万公里，但绝大部分居民都生活在内地；虽然沿海人口分布密集，但所占全国人口总数的比例较小，随着我国经济的不断发展和居民可支配收入水平的提高，人们对旅游产品的需求也与日俱增，海洋旅游产品对内地居民将具有莫大的吸引力。因此，在我国发展蓝色海洋体验式旅游具有广阔的市场。依托三沙市这些岛、礁、沙、滩开发旅游产品，发展蓝色海洋体验式旅游，将会大大带动和促进海南经济和旅游业的发展，在增进海南居民福祉、提高三沙市的国际知名度、维护国家海洋主权和领土完整等方面将起着不可估量的作用。

但是，由于三沙市自然环境的独特性，且三沙市具有独特的政治、经济与军事地位，所以，三沙市的旅游产品开发和旅游业的发展可能会面临着严峻的挑战。

（1）西沙、南沙、中沙群岛的许多岛礁都是因为珊瑚造礁形成的，所以生态系统非常脆弱，极易遭到破坏

如果过度开发三沙市旅游产品或不适当发展三沙市旅游业，甚至有可能对三沙市旅游资源造成毁灭性的破坏。因此，三亚市旅游业开发战略将关系到三沙市自然环境的前途和命运，关系到三沙市旅游业能否可持续发展。

（2）基础设施严重匮乏，需要投入大量的人力、物力、财力

三沙市的设立，公路、桥梁、机场、港口等交通基本建设及市政建设必须首先提上议事日程，而旅游业的发展将使基础设施建设更具迫切性。尽管在人口相对集中的永兴岛上建有现代化的机场和可以停靠5 000吨位船只的码头，其他基础设施和配套设施如超市、邮局、电信、医院、银行等也比较齐全，但是随着城市人口的逐渐增加和旅游业的勃勃兴起，三沙市的基础设施亟待兴建或扩建，其他人口稀少岛屿或者无人岛屿，则更需加大基础设施建设力度，来满足该区域经济增长和旅游业发展的需要。另外，即使是位于三沙市交通枢纽的永兴岛的面积也大约只有2.13平方公里，除了市政府大楼以外，尚无其他现代化的民用住宅和商用建筑。而发展蓝色海洋旅游、深度开发三沙市的旅游资源，必须有一定量的民用住宅和商业地产，甚至需要建设各种级别的酒店以满足旅游业发展的需要。

（3）三沙市海域面积达200多万平方公里，不仅海域辽阔，而且海洋气候变幻莫测，国际环境更是复杂多变

在如此复杂的自然环境与国际环境条件下，在如此辽阔的海域开发蓝色海洋

体验式旅游产品，对我国来说无论如何都是一个崭新的挑战。

3）渐进式稳健开发蓝色海洋体验式旅游，带动海南新一轮旅游业发展

面对机遇和挑战，我们必须渐进式合理开发三沙市蓝色海洋体验式旅游，以稳步带动海南新一轮旅游业的发展。蓝色海洋体验式旅游是指以海洋为主要载体，让游客全方位参与和经历某种或多种海洋生活与海洋活动，并通过这些活动过程的参与，在体验海洋魅力的同时，获得精神上与感官上的满足，从中感悟经历的快乐。渐进式开发，就是在开发旅游产品的过程中，要坚持由小到大、由近到远的原则。具体说来，开发三沙市蓝色海洋体验式旅游要抓好以下几个方面的工作：

（1）三沙市的稳定与发展，关系到国家的核心利益

鉴于三沙市在政治、经济、军事等方面的重要战略地位，必须把三沙市的开发升格为国家战略。要切实把发展蓝色海洋体验式旅游当作三沙市开发战略和海南旅游业发展战略的重中之重。

（2）要保护性地开发三沙市旅游产品，重点发展蓝色海洋体验式旅游

在开发过程中必须稳中求进，采取渐进式开发的方式来合理开发三沙市蓝色海洋体验式旅游，以保证三沙市的可持续发展。这是三沙市生态环境的脆弱性和旅游业可持续性发展的必然要求，也是海南海洋经济发展和海南旅游业战略转型的必然要求。基础设施建设和旅游设施的建设必须建立在可持续发展的基础之上，要在开发前必须制定好自然资源和旅游资源保护的可行性方案。要慢慢摸索出适合中国内地居民消费的海洋旅游产品，切忌盲目开发和过度开发。要在有序开发中保护旅游资源和生态环境，并在有序开发和切实保护中发展三沙市的旅游业，壮大海南海洋经济，促进海南经济与社会的发展。

（3）要建立健全旅游行业的法律法规，培养优秀的执法人员，加强旅游业执法和海上执法，确保游客的安全和基本利益

在制定旅游业法律法规时，应广泛征求各种社会群体的意见，以保证法律法规的完善有效；要培养和向社会招聘一大批优秀的执法人员，让他们参与到三沙市旅游开发的一线中去；要严格执法、严格监管，严厉打击各种违法犯罪行为，对任何违法犯罪行为决不姑息，对于一些恐吓游客、恶意宰客的行为要从严从重打击；对于游客的合理要求要做到有求必应，对游客的投诉必须在最短的时间内做出正确反应，最大限度地减少投诉成本，切实维护游客的正当权益。

（4）要扶持建设一批优秀的旅游企业，培养大批优秀的旅游业从业人员，打造三沙有特色的旅游品牌

从业人员不仅要业务娴熟，而且要作风过硬、品质优良，并要具有较强的突发事故处理能力；要在加大执法力度的同时，在对旅游从业人员管理和旅游企业管理方面下功夫，增加旅游企业和旅游业从业人员的透明度和自觉性，建立三沙市旅游业征信系统，对于旅游行业中的害群之马，坚决将其拉入旅游产业黑名单。要让游客在体验海洋旅游的同时，感受到家的温馨。

（5）要用战略的眼光来制订一个切实可行的三沙市蓝色海洋体验式旅游产品开发计划

要坚持由小到大、由近到远、先易后难、循序渐进的原则开发三沙市旅游产品。由小到大不是指先办小企业、后办大企业，而是指旅游行业规模逐渐增大，要切忌遍地开花、一哄而上的做法。要在制定好完善的自然资源保护方案的前提下，优先开发那些效益好、品位高、影响大、见效快的旅游产品。

（6）三沙市的开发要兼顾效率与公平

要调动海南居民的积极性，鼓励海南居民积极参与到三沙市的旅游产品开发中去，要让海南居民在三沙市的开发中真正得到实惠。同时，也要防止收入分配的过度集中，坚决取缔旅游行业中的过分垄断行为。

总之，稳健发展三沙市蓝色海洋体验式旅游，不仅对于海南旅游业的转型和海南经济发展具有重大意义，而且对于切实行使国家主权具有重要意义。因此，要把三沙市的开发升格为国家战略，要把三沙市的旅游产品开发作为三沙市开发的重点，要用蓝色海洋体验式旅游带动海南新一轮旅游业的发展，促进海南经济与社会的发展，以提高人民福祉，更好地维护国家海洋主权和领土完整。

参考文献

[1] 黄郁成，黄光文．论农村旅游开发的资源凭借［J］．北京：旅游学刊，2003（02）：73－76.

[2] 邓爱民．我国乡村体验式旅游项目开发研究——以武汉市石榴红村为例［J］．北京：农业经济问题，2010（07）：37－41.

[3] 李湘豫，梁留科，韩辉．河南佛教文化体验式旅游 ASEB 分析［J］．河南：地域研究与开发，2011（08）：98－102.

[4] [苏联] E·T·扎斯拉夫斯基. 海洋旅游地理和海上旅游资源利用 [J]. 周桂明，译. 湖南：经济地理，1985 (04)：314－318.

[5] 董志文，张广海. 海洋文化旅游资源的开发研究 [J]. 江西：求实，2004 (11)：222－223.

[6] 王大悟. 海洋旅游开发研究——兼论舟山海洋文化旅游和谐发展的策略 [J]. 上海：旅游科学，2005 (10)：68－72.

[7] 陈娟，杨敏. 中国海洋旅游研究现状与发展趋势 [J]. 山西：经济问题，2009 (12)：113－115.

第七章

结　论

“三农”问题不仅是一个城乡经济“二元结构”一元化的问题，而且是一个城乡居民素质“二元结构”一元化的问题。这两者是相互影响、相互制约的：前者是“三农”问题的外因和外在表现，后者是“三农”问题的内因；解决经济“二元结构”是解决人口素质“二元结构”的重要目的，而解决人口素质“二元结构”是彻底解决经济“二元结构”的必备手段。所以，解决人口素质“二元结构”是解决“三农”问题的前提和基础。因此，必须千方百计地提高农民素质，推进知识化进程，变人口压力为人口优势；要用知识化推进和带动城镇化和农业产业化，加速知识型小城镇建设，统筹城乡发展，提高县域经济的科技含量，提高农民收入；要积极培养一批村级优秀骨干，带领农村居民进行农村经济建设；要深化农村产权制度改革，促进农村多种形式联合企业的发展；同时，政府要实施有效的扶持政策并与农民的积极自救相结合。只有这样，才能实现城乡“二元结构”一元化，才能从根本上解决“三农”问题。

提高农村居民收入水平、缩小城乡居民收入差距问题是“三农”问题的核心内容。从“三农”问题的实证分析可知，经济系统内部存在着一种自动稳定机制，当城乡收入差距受到影响收入差距的因素的冲击时，收入差距增长率在短期内会产生作用，但在长期内会恢复到原有水平。因此，要解决城乡收入差距问题，就必须形成一种新的机制，否则，只有持续的冲击，才会在长期内对城乡收入差距问题产生影响。

附 录

表1 中国生产总值、城乡居民收入、城市化率和高校招生人数

年 份	国内生产总值/亿元	人均GDP/元	城镇居民家庭/元	农村居民家庭/元	价格总指数(1978=100)	城市化率/%	高校招生人数/万人
1978	3 645.20	381.20	343.40	133.60	100.00	17.92	40.2
1979	4 062.60	419.30	387.00	160.70	101.29	18.96	27.5
1980	4 545.60	463.30	477.60	191.30	107.37	19.39	28.1
1981	4 891.60	492.20	491.90	223.40	109.95	20.16	27.9
1982	5 323.40	527.80	500.00	270.10	112.03	21.13	31.5
1983	5 962.70	582.70	526.00	309.80	113.71	21.62	39.1
1984	7 208.10	695.20	608.00	355.30	116.90	23.01	47.5
1985	9 016.00	857.80	739.10	397.60	127.19	23.71	61.9
1986	10 275.20	963.20	899.60	423.80	134.82	24.52	57.2
1987	12 058.60	1 112.40	1 002.20	462.60	144.66	25.32	61.7
1988	15 042.80	1 365.50	1 181.40	544.90	171.42	25.81	67.0
1989	16 992.30	1 519.00	1 375.70	601.50	201.93	26.21	59.7
1990	18 667.80	1 644.00	1 510.20	686.30	206.17	26.41	60.9
1991	21 781.50	1 892.80	1 700.60	708.60	212.15	26.94	62.0
1992	26 923.50	2 311.10	2 026.60	784.00	223.61	27.46	75.4
1993	35 333.90	2 998.40	2 577.40	921.60	253.13	27.99	92.4
1994	48 197.90	4 044.00	3 496.20	1 221.00	308.05	28.51	90.0
1995	60 793.70	5 045.70	4 283.00	1 577.70	353.65	29.04	92.6
1996	71 176.60	5 845.90	4 838.90	1 926.10	375.22	30.48	96.6
1997	78 973.00	6 420.20	5 160.30	2 090.10	378.22	31.91	100.0
1998	84 402.30	6 796.00	5 425.10	2 162.00	368.39	33.35	108.4
1999	89 677.10	7 158.50	5 854.02	2 210.30	357.33	34.78	159.7
2000	99 214.60	7 857.70	6 280.00	2 253.40	351.97	36.22	220.6
2001	109 655.20	8 621.70	6 859.60	2 366.40	349.16	37.66	268.3
2002	120 332.70	9 398.10	7 702.80	2 475.60	344.62	39.09	320.5
2003	135 822.80	10 542.00	8 472.20	2 622.20	344.30	40.53	382.2
2004	159 878.30	12 336.00	9 421.60	2 936.40	353.96	41.76	447.3
2005	184 937.40	14 185.00	10 493.00	3 254.90	356.71	42.99	504.5
2006	216 314.40	16 500.00	11 759.50	3 587.00	360.28	44.34	546.1
2007	265 810.30	20 169.00	13 785.80	4 140.40	373.97	45.89	565.9
2008	314 045.40	23 708.00	15 780.80	4 760.60	396.03	46.99	607.7
2009	340 902.80	25 608.00	17 174.70	5 153.20	391.28	48.34	639.5
2010	401 512.80	30 015.00	19 109.40	5 919.00	403.41	49.95	661.8
2011	472 881.60	35 181.00	21 809.80	6 977.30	423.17	51.27	681.5
2012	519 322.00	38 353.52	24 565.0	7 917.0	434.18	52.57	685

表2　海南生产总值、旅游收入和城乡居民收入

年 份	历年生产总值/亿元	人均生产总值/元	农村居民家庭人均纯收入/元	城镇居民家庭人均可支配收入/元	旅游收入/亿元	商品零售价格指数(1978 年 =100)
1987	57.28	925	502	986	1.14	157.8
1988	77.00	1 220	609	1 196	2.87	201.7
1989	91.32	1 420	696	1 367	3.14	255.8
1990	102.42	1 562	778	1 650	4.09	257.3
1991	120.52	1 804	916	1 799	5.17	265.3
1992	184.92	2 719	1 026	2 318	9.44	288.4
1993	260.41	3 755	1 320	3 072	37.74	357.3
1994	331.98	4 702	1 620	3 920	47.99	434.5
1995	363.25	5 063	1 872	4 770	52.39	483.6
1996	389.68	5 346	2 156	4 926	57.23	494.7
1997	411.16	5 567	1 820	4 850	61.67	491.2
1998	442.13	5 912	1 966	4 853	66.96	474
1999	476.67	6 294	2 119	5 338	72.46	457.9
2000	526.82	6 798	2 231	5 358	78.56	457.4
2001	579.17	7 315	2 285	5 839	87.89	446.9
2002	642.73	8 041	2 423	6 823	95.38	439.7
2003	713.96	8 849	2 588	7 259	93.55	441.5
2004	819.66	10 067	2 818	7 736	111.01	456.5
2005	918.75	11 165	3 004	8 124	125.05	460.6
2006	1 065.67	12 810	3 256	9 395	141.43	466.6
2007	1 254.17	14 923	3 791	10 997	171.37	484.3
2008	1 503.06	17 691	4 390	12 608	192.33	516.7
2009	1 654.21	19 254	4 744	13 751	211.72	508.9
2010	2 064.50	23 831	5 275	15 581	257.63	532.3
2011	2 522.66	28 898	6 446	18 369	324.04	561.0
2012	2 855.26	32 374	7 408	20 918	379.12	579.0